现代职业教育研究文库

U0646129

企业参与职业教育办学机制
国际比较研究

○ 王世斌　潘海生　郄海霞　著

京师职教

zjfs.bnup.com | www.bnupg.com

北京师范大学出版集团
BEIJING NORMAL UNIVERSITY PUBLISHING GROUP
北京师范大学出版社

Vocational Education

图书在版编目(CIP)数据

企业参与职业教育办学机制国际比较研究 / 王世斌,潘海生,郗海霞著. —北京:北京师范大学出版社,2018.3

(现代职业教育研究文库)
ISBN 978-7-303-23562-9

Ⅰ. ①企… Ⅱ. ①王… ②潘… ③郗… Ⅲ. ①职业教育－产学合作－对比研究－世界 Ⅳ. ①G719.1

中国版本图书馆 CIP 数据核字(2018)第 046350 号

出版发行:北京师范大学出版社 www.bnup.com.cn
　　　　　北京新街口外大街 19 号
　　　　　邮政编码:100875
印　　刷:北京玺诚印务有限公司
经　　销:全国新华书店
开　　本:787 mm×1092 mm　1/16
印　　张:12.5
字　　数:300 千字
版　　次:2018 年 3 月第 1 版
印　　次:2018 年 3 月第 1 次印刷
定　　价:32.80 元

策划编辑:王云英　　　　　责任编辑:康　悦
美术编辑:高　霞　　　　　装帧设计:高　霞
责任校对:李云虎　　　　　责任印制:陈　涛

前　言

产教融合、校企合作和工学结合一直是我国职业教育改革创新的重点，也是职业教育理论研究和实践探索的难点。2016 年 4 月以来，我们课题组承担了中国职业技术教育学会的课题，参与起草《中国职业教育 2030》，其专题是研究职业教育中企业办学主体作用的发挥及其实现途径。就这个专题而言，2030 年的愿景是企业参与职业教育的社会责任意识得到普遍增强，法律地位得到明确，激励保障措施得到完善；企业成为职业教育的办学主体、治理主体、培养主体和评价主体，成为技术创新、工匠精神塑造、人人出彩的重要场所。

本课题组依托中国职业技术教育学会校企合作工作委员会，开展了较为系统的国别研究。企业参与职业教育办学是国际职业教育发展的共同趋势和核心动力。无论是以双元制为主要特色的德国职业教育，或者是以现代学徒制和新学徒制为主的英国和澳大利亚职业教育，还是以学校教育为主的北美职业教育，均离不开企业在其中所发挥的作用。我们通过对德国、英国、澳大利亚、美国、加拿大、法国、日本七国企业参与职业教育办学的法律法规、发展历程、参与模式的历史分析，阐释企业在职业教育中的角色、责任及其实现机制。研究发现各国不论社会制度和文化传统如何，均通过法律法规、政策和制度保障并鼓励企业积极参与职业教育，形成了较成熟的组织运行机制，推动各国校企良性互动。然而，由于历史、法律法规、管理制度、文化传统等方面的差异，各国企业在参与职业教育办学的具体过程中，在参与模式、运行机制等方面形成了各自的特色。本研究对于丰富我国职业教育校企合作基本理论，指导职业教育校企合作实践具有重要的意义，以期激发企业活力，深入推进产教融合、校企合作和工学结合。

在本书中，我们集成了《中国职业教育 2030》部分专题的研究成果和课题组近年来在校企合作领域国际比较研究的成果。课题组希望通过持续研究，更加明确企业的职业教育主体地位；推动企业积极参与职业教育战略和政策制定，进而使企业享有办学权利、负有办学义务和承担办学责任；创新职业教育办学模式，鼓励企业以多种形式参与职业教育，建立企业参与职业教育的成本核算和补偿激励机制；发挥企业在现代职业教育治理体系中的作用；理顺政府、行业、企业、院校的关系和企业在现代职业教育治理机制中扮演的重要角色；建立企业参与职业教育的资质认证制度，实现企业的高质量参与；发挥企业文化的传承与创新作用，塑造中国工匠精神；充分发挥企业主体作用，传承传统文化，培育中国工匠文化，加强工业文化进校园，将工业文化作为技能人才职业认同培养的重要内容，将企业作为工匠精神培养的重要场所；依托"一带一路"，引领中国职业教育走向世界；积极推动我国优秀职业院校在国外办学，推广中国职业教育模式，形成中国职业教育品牌，促进我国职业教育的国际化发展。

本书遵循"先国别研究，后综合比较"的研究思路，在阐述企业参与职业教育办学机制相关理论的基础上，分别从法律法规、发展历程、运行机制、主要模式、发展趋势五个维度分析德国、英国、澳大利亚、美国、加拿大、法国、日本七国企业参与职业教育办学的具体情况，展现各国企业参与职业教育办学的特色；以此为基础，再从整体上对各国企业参与职业教育的办学机制进行比较分析，重点从企业参与职业教育办学的发展历程、法律和政策保障、运行机制和主要模式四个方面总结归纳国外企业参与职业教育办学机制的共性特征；最后，结合我国实际，提出有针对性的建议。

本书的内容安排如下：第一章"绪论"，介绍了研究背景、研究意义和研究现状，阐述了企业参与职业教育办学机制的理论基础，包括实用主义教育理论、新职业主义理论、利益相关者理论和交易成本理论；第二章"德国企业参与职业教育办学机制"，介绍了德国职业教育概况和发展历程，梳理和研究了德国企业参与职业教育办学的相关法律法规、运行机制、主要模式和发展趋势；第三章"英国企业参与职业教育办学机制"，介绍了英国职业教育概况和发展历程，梳理和研究了英国企业参与职业教育办学的相关法律法规、运行机制、主要模式和发展趋势；第四章"澳大利亚企业参与职业教育办学机制"，介绍了澳大利亚职业教育概况和发展历程，梳理和研究了澳大利亚企业参与职业教育办学的相关法律法规、运行机制、主要模式和发展趋势；第五章"美国企业参与职业教育办学机制"，介绍了美国职业教育发展概况和发展历程，梳理和研究了美国企业参与职业教育办学的相关法律法规、运行机制、主要模式和发展趋势；第六章"加拿大企业参与职业教育办学机制"，介绍了加拿大职业教育概况和发展历程，梳理和研究了加拿大企业参与职业教育办学的相关法律法规、运行机制、主要模式和发展趋势；第七章"法国企业参与职业教育办学机制"，介绍了法国职业教育概况和发展历程，梳理和研究了法国企业参与职业教育办学的相关法律法规、运行机制、主要模式和发展趋势；第八章"日本企业参与职业教育办学机制"，介绍了日本职业教育发展概况和发展历程，梳理和研究了日本企业参与职业教育办学的相关法律法规、运行机制、主要模式和发展趋势；第九章"企业参与职业教育办学机制的比较分析"，从国际视角梳理了企业参与职业教育办学的发展历程，比较了企业参与职业教育办学的法律和政策保障、运行机制和主要模式；第十章"借鉴与启示"，阐释了我国职业教育办学主体的内涵，分析了企业在我国职业教育办学中的主体地位，根据国际经验和我国实际，从法律制度建设、体制机制创新、激励与约束政策等方面提出了加强企业参与职业教育的建议。

在本书的写作过程中，我的博士研究生王春玲、韩喜梅、刘新钰积极参与研究工作，协助我们完成了部分资料收集和初稿撰写工作，在此一并表示感谢。本书的内容涉及国外有代表性国家的职业教育的发展历程、政策制度、参与模式等，既有历史分析，也有理论研究和现实探究。由于时间仓促、研究能力有限，本书难免有不完整和不准确之处，恳请读者提出宝贵意见和建议。

王世斌于天津大学

2017 年 9 月 26 日

目　录

第五章　美国企业参与职业教育办学机制

第六章　加拿大企业参与职业教育办学机制

第七章　法国企业参与职业教育办学机制

第八章　日本企业参与职业教育办学机制

第一章 绪 论

第一节　研究背景与研究意义

　　职业教育是现代国民教育体系的重要组成部分,在实施科教兴国战略和人才强国战略中具有特殊地位。促进产教融合、校企合作、工学结合是我国职业教育发展的重要内容。建立和完善中国特色现代学徒制是职业教育主动服务经济社会发展要求,推动职业教育体系和劳动就业体系互动发展,打通和拓宽技术技能人才成长通道,推进现代职业教育体系建设的战略选择;是深化产教融合、校企合作,推进工学结合、知行合一的有效途径;是全面实施素质教育,将提高职业技能和培养职业精神高度融合,培养学生社会责任感、创新精神、实践能力的重要举措。校企合作作为职业教育改革与发展的重要方向,同时也是创新职业教育可持续发展的动力因素,是高职院校与企业互动共育人才的一种有效形式。从理性的角度思考企业参与职业教育的问题,企业参与职业教育既是一种实现职业教育使命的体现,也是企业作为社会主体之一理应承担的社会责任。这也使得市场经济的公益性价值得以实现,同时也推进企业与学校走上互利共赢的道路。[①] 在特定的时代背景下大力发展我国的校企合作事业,有着重要的现实意义。

一、研究背景

(一)国际背景

　　在经济全球化、政治多极化、科学技术日新月异的今天,根据本国经济社会发展的需求,世界各国都在积极发展本国的职业教育,也开展了不同形式的校企合作。例如,德国的职业教育已发展成为世界各国职业教育的典范,"德国高等教育与企业之间的交流合作十分普遍"[②],工学结合的教育模式对德国的社会经济发展具有推动作用。德国的产学研合作主要出现在专科大学和职业学院。德国的校企合作办学模式是"双元制",具体是指学生在学校进行专业知识以及普通科学文化知识的学习之后去企业接受实践技能训练,以标准的技术工人(应用型人才)为最终的培养目标。"双元制"模式的显著特点是校企间具有健康稳定的合作关系,一旦高校与企业之间建立了对应的合作关系,那么这种合作关系将是长期稳固的。产学研的合作实效是合作双方最注重的切合点。美国政府十分重视本国职业教育的发展,也非常注重科学技术的发展。美国政府出台了许多能够推动科学技术发展的政策法规,其中校企合作办学是美国最重要的"发展武器",是促进科技发展与实践应用的最有效途径之一,因此校企合作办学在美国各州备受瞩目。美国是目前世界上实施校企合作办学规模最大、开展时间最早的国家之一。在牛津大学和剑桥大学传统弥漫的英国,其职

---

① 周红缨、赵恒伯:《企业参与职业教育现状及其再认识》,载《企业经济》,2012(12)。
② 邓秋实:《校企深度合作办学机制的探究》,硕士学位论文,哈尔滨理工大学,2014。

业教育在不断发展的过程中也获得较好的发展，但英国早期并没有形成系统的产学研合作办学体系，以企业和高校的自发行为为主。英国政府也没有进行有益的政策引导，所以没有形成具有本国特色的校企合作办学教育实践。直到 20 世纪 50 年代，英国逐渐摸索出一条基于本国发展特色的校企合作办学之路，形成了后来极具本国特色的校企合作办学模式。"科技立国"是日本的基本国策。日本十分注重科研技术的发展，因此，日本政府对校企合作办学的重视程度非常高。日本校企合作办学的最大特点就是"官产学"①合作。日本政府通过各项政策和法规，不断支持和鼓励各大国立高校投身于校企合作办学的洪流中成为不同形式校企合作办学中的中流砥柱；产学研合作形式也随着企业和市场的各种产业需要而变化。总之，世界各国都在积极开展具有本国特色的职业教育，不断形成适合本国企业参与职业教育的办学机制。

(二)国内背景

我国经济社会正处在加速转型和升级的关键时期，对于人才的要求越来越高，急需具有一定自主实践与创新能力的应用型人才。为此我国出台了一系列政策法规促进职业教育发展。例如，教育部出台了《卓越工程师教育培养计划》，提倡行业与企业深度参与工科学生的培养过程，要培养造就一大批创新能力强、适应经济社会发展需要的高质量各类型工程技术人才，为国家走新型工业化发展道路、建设创新型国家和人才强国战略服务。《国家中长期教育改革和发展规划纲要(2010—2020 年)》指出推进"教学、科研实践紧密结合，学校、家庭、社会密切配合，加强学校之间、校企之间、学校与科研机构之间合作""创立高校与科研院所、行业企业联合办学培养人才的新机制"，还提出"建立政府指导下以企业为主体、市场为导向、多种形式的产学研战略联盟，通过共建科技创新平台、开展合作办学教育、共同实施重大项目等方式，培养高层次人才和创新团队"。

校企合作在我国的不断实践和发展过程中得到了广泛的认同；职业教育校企合作理念深入人心；校企合作成为职业院校的主要办学形式。从合作内容看，职业院校愿意在实习实训、专业设置、课程设置、科技服务、员工培训等各个方面与企业开展全方位的合作。与此同时，根据作者所在课题组的调查结果，我国的校企合作在实践过程中存在一些需要改进的地方，具体如下。①企业校企合作需求不足。调查数据显示，当前企业对于合作职业院校毕业学生的需求不高。从样本企业每年招聘的新员工来源看，与企业合作的职业院校的学生并不占优势，67％以上的样本企业每年新招聘的员工中来自合作职业院校的比例不足 20％，只有大约 33％的企业每年新招聘的员工中来自合作职业院校的比例高于 20％。②校企合作深度不足，有待提升。根据企业与职业院校合作的战略相关性，职业教育校企合作深度可以划分为不同的层次。调研结果显示，目前职业教育校企合作渠道比较单一，主要围绕实习实训展开，合作水平较低。③职业教育校企合作质量有待提升。企业每年接受的实习学生的人数相对较少，59％的样本企业每年接受的实习学生少于 100 人。在实习的安排上，企业主要将学生作为生产岗位的员工使用，

---

① 邓秋实：《校企深度合作办学机制的探究》，硕士学位论文，哈尔滨理工大学，2014。

较少考虑技能人才培养的客观规律，主要根据单位生产的需要安排学生实习，使得学生实习对口率比较低。而学校更希望企业在安排学生实习的过程中，按照专业设置而不是企业生产需求进行安排。学生实习对口率不高的问题是学校比较关注的问题。在学生实习方面，企业提供的相应的配套资金很少。大约63%的被调研企业每年用于学生实习的配套经费少于10万元。④职业教育校企合作动力不足。从心理学上讲，满意是一种心理状态，是客户的需求被满足后的愉悦感，是客户对产品或服务的事前期望与实际使用产品或服务后实际感受的相对关系。从统计数据看，关于目前的校企合作现状，企业的满意度均值为4.33，明显高于职业院校的满意度3.04。这可以解释为（目前技能基础上的技术进步尚未成为我国企业获得竞争力的普遍形式）企业对现在的校企合作的需求以获得低成本的人力资源从而降低人力成本的需求等期望不高的需求为主，现有的以生产实习为主的校企合作基本满足了企业这种低水平的需求。这从另一个层面印证了当前企业参与校企合作的热情远低于院校参与校企合作的热情，企业参与校企合作的动力不足。无论是借鉴国外发达国家成功的校企深度合作办学经验，还是从我国产学研合作办学的历程来分析，我们都不难发现，校企合作办学对学生的手脑配合能力、创新实践素养和团队协作能力等的锻炼和培养都有着不可替代的作用。这是解决我国当前各类人才与社会需求相脱节的问题的有效途径。总之，加强我国校企合作发展的过程要把握好特定的国内与国际背景，促进我国职业教育事业更好地发展。

二、研究意义

职业教育是我国现代教育体系的重要组成部分，因此，大力发展职业教育对我国教育事业的发展意义重大。当前我国就业和经济发展正面临两大变化：社会劳动就业需要加强技能培训；产业结构优化升级需要更多的高级技工。高职院校是培养技能型人才的重要阵地，然而高职院校出于多种原因，如实训设备缺乏、与企业缺乏沟通等，其培养的部分毕业生因为不适应企业的需要，往往毕业就失业。要培养出满足企业需要的技能型人才，高职院校就很有必要和企业合作，了解它们对人才的要求。在上述国际背景和国内背景之下，研究企业参与职业教育的办学机制有着重要的理论意义与实践意义。

(一)理论意义

课题组通过对国内现有的关于企业参与职业教育办学的相关理论进行查找和分析后发现，目前理论界对我国高等职业教育校企合作的研究还处于起步阶段，理论准备不够充分，实践经验总结不够，尤其是关于企业参与职业教育办学机制的国际比较研究更为缺乏。因此，进一步研究世界不同国家企业参与职业教育的办学机制有很重要的理论意义。本书将通过研究德国、英国、澳大利亚、美国、加拿大、法国和日本的企业参与职业教育的办学机制，进一步丰富我国校企合作的相关理论研究。

(二)实践意义

校企合作有利于培养我国社会主义建设急需的实用型、技术型人才；有利于改革人才培养模式；有利于实现高职院校的培养目标；有利于实现企业资源与学校资源的有机整合，优化资源配置；有利于激励企业参与学校人才培养计划和人才培养过程，深化教学改革；有利于培养出企业所需要的人才；有利于培养学生对未来工作的适应能力，增强其就业能力。

1. 加强校企合作，可以促进我国经济更好更快发展

从 20 世纪 80 年代开始，我国经济体制逐渐由计划经济向社会主义市场经济转轨，这不仅促进了我国经济持续高速增长，也推动着我国产业结构的不断调整和产品的不断创新。随着经济全球化和世界金融危机的影响，全球进入新一轮产业转移和转型周期，且伴随着中国人口红利逐渐消失的现实，这迫使中国经济发展模式必须由"追随模仿型经济"向"创新创业型经济"转变。而中国制造向中国创造转变，关键要看人才。随着产业转型升级速度的加快，经济发展对高素质技能型和高端技能型人才的需求日益增长；且在当今知识经济条件下，企业发展离不开创新，而创新更依托高素质的技能型人才。然而相关资料显示，我国大陆地区 35％ 的企业面临人才短缺问题的困扰，且这一比例呈逐年上升趋势。[①]

人才培养的根本在教育。以培养具有一定文化知识和实践技能的劳动者为目标的职业教育，兼具教育与经济的双重属性，它通过向社会输送技术技能型人才来推动经济发展。本质上是跨界教育的职业教育，其人才培养必然与劳动力市场需求有着密切的联系。而企业是最接近劳动力市场需求信息的参与者，几乎没有谁比它更能及时了解劳动力市场需要何种类型的技能劳动者。因此，推动企业参与职业教育，加强校企合作，提高技能型人才培养质量是我国经济发展的必然要求。

2. 加强校企合作，可以进一步促进高等职业教育质量的提升

20 世纪 80 年代中期，我国开始建立职业教育体系的基本框架，使职业教育的实现形式得到不断充实和发展。同时，随着 1996 年《中华人民共和国职业教育法》的颁布以及 1999 年后普通教育扩招政策的到来，职业教育的法律地位得以确定，且规模也得到扩大，这使得职业教育逐渐普及并被社会大众认可。[②]

2005 年以后，数量及规模发展到新阶段的职业教育开始探索内涵式发展。很多发达国家的实践表明职业教育的发展不仅影响着整个国家教育发展的成败，同时也影响着国家经济发展的命脉。因此，如何快速有效地发展职业教育成为我国教育领域新的研究课题。根据发达国家的实践经验，企业直接参与并举办职业教育，已成为当前职业教育发展的主流趋势。近年来，我国政府在结合我国本土国情的基础上，积极借鉴发达国家校企合作办学的经验，出台了一系列大力推进职业教育校企合作办学的政策，将校企合作、推动职业教育高质量发展作为国家发展的战略重点。

2005 年，《国务院关于大力发展职业教育的决定》明确提出发展职业教育必须坚持

---

① 赵海婷：《企业参与职业教育校企合作的动因、障碍及促进政策研究》，载《职教论坛》，2016(9)。
② 宋丽：《企业参与职业教育校企合作积极性研究》，硕士学位论文，天津大学，2013。

职业院校与企业的紧密配合，大力推进工学结合、校企合作的培养模式。2006 年，《教育部关于全面提高高等职业教育教学质量的若干意见》，也提出了工学结合、校企合作等一系列措施，同年正式启动了"国家示范性高等职业院校建设计划"。2010 年，《国家中长期教育改革和发展规划纲要（2010—2020 年）》提出职业教育应坚持校企合作的方针，设法调动行业和企业参与职业教育的积极性，建立健全政府主导、行业指导、企业参与的办学机制，完善各项校企合作办学法律与政策，实现校企合作办学的法制化、制度化。

随着经济的快速发展，社会对于高技能、高素质人才的需求不断增加，因此，企业参与职业教育不仅是一种办学潮流，更是一种科学培养满足市场需求的技能型人才、实现国家推动职业教育高质量发展重要战略的教育模式。

3. 加强校企合作，是解决"用工荒""就业难"等社会实际问题的需要

随着产业的升级与调整，基于技能的技术进步成为企业获得竞争力的关键。技能人才与技术进步之间的内生性关系决定了高技能人才增加的速度直接关系到技术进步的速度。[①] 从我国技能人才的供给数量看，技能人才短缺的现象十分突出；从素质看，技能人才的素质与国外差距明显；从结构看，高技能人才比例过低。[②] 根据中国就业网的数据统计，自从 2008 年以来，我国东部地区就出现了"用工荒"问题且较为严重，一些行业的工人需求甚至达到了 30% 的缺口；[③] 同时，根据全球知名管理咨询公司麦肯锡的最新报告，到 2020 年，我国用人单位将需要 1.42 亿高技能人才。如果劳动者的技能不能随着社会需求进一步提升，我国将面临 2400 万的人才供应缺口。在"用工荒"现象引起社会广泛关注的同时，毕业生就业难问题也成为困扰社会大众的又一现实问题。连续几年的"史上最难就业季"使就业形势更加严峻，也使毕业生的就业心理更加忐忑。"就业难"问题不仅仅出现在高等教育领域，同样也存在于职业教育领域。

一边是急需人才的企业"用工荒"，一边是大学生"就业难"，两者并存的现象，也在一定程度上反映了我国人才结构失衡、产业结构失调的问题。这说明职业学校培养出来的技能型人才不能满足劳动力市场的需求，也在一定程度上反映出以学校教育为主的职业教育体系在应对劳动力市场需求变化时的相对滞后性，从而需要企业参与到职业教育办学当中，根据企业的实际需求来变革人才培养模式，提升职业教育培养的人才与社会发展需求的适切性，进而解决"用工荒""就业难"等社会实际问题。[④]

---

① M T Kiley, "The Supply of Skilled Labour and Skill-biased Technological Progress," *Finance & Economic Discussion*, 1999, 109(458), pp. 708-724.

② 潘海生、王世斌、龙德毅：《中国高职教育校企合作现状及影响因素分析》，载《高等工程教育研究》，2013(3)。

③ 詹勇虎：《浅谈高职校企合作——基于用工荒与就业难双重背景的分析》，载《中国科技投资》，2012(Z1)。

④ 彭洲美：《企业参与职业教育研究——以三一重工为例》，硕士学位论文，湖南农业大学，2014。

第二节 概念界定与研究综述

一、概念界定

(一)校企合作

根据现有的关于校企合作的主要观点,"校企合作"被界定为"一种利用学校和企业两种不同的教育环境和资源,采取课堂教学与学生参加实训工作有机结合的方式,培养适合不同用人单位需要的具有职业素质和创新能力人才的教育模式"[①]。与校企合作相近的概念有产学研合作、产教结合、产学合作、工学结合、半工半读、工读交替等。为清楚地把握校企合作的概念,我们有必要对上述概念进行辨析。在 2005 年 8 月召开的职业教育工学结合专题会议上,教育部时任部长周济首次明确了工学结合人才培养模式与校企合作的关系,即工学结合"这种人才培养模式的转变是以校企合作办学模式为基础和前提的,校企合作办学模式是实行工学结合、半工半读人才培养模式的体制保障"。产学研合作、产教结合是指产业与教育的合作或结合,是一种教育思想;校企合作是产学研合作和产教结合的下位概念、工学结合的上位概念,所以校企合作是工学结合的体制基础,是一种办学模式;工学结合是校企合作的下位概念,是基于操作样式和实践规范的概念,是一种人才培养模式;半工半读和工读交替是工学结合的下位概念,是工学结合在实践中的两种具体形式。[②]

在国外,与校企合作相近的一个概念是"合作教育",关于"什么是合作教育",目前还没有一个统一的说法。世界合作教育协会(WACE)的描述是:"合作教育将课堂上的学习与工作中的学习结合起来,有利于学生将理论知识应用于现实的实践中,然后将在工作中遇到的挑战和见识带回学校,促进学校的教与学。"美国国家合作教育委员会的描述是:"合作教育是一种独特的教育形式,它将课堂学习与在公共或私营机构中的有报酬的、有计划的和有督导的工作经历结合起来,它允许学生跨越校园的界限,面对现实世界去获得基本的实践技能,增强学生的自信和确定职业方向。"合作教育在我国也有具体的实践,例如,上海工程技术大学在 20 世纪末学习加拿大滑铁卢的经验,采用"一年三学期,工学交替"的办学模式进行产学合作教育试验,标志着我国校企合作引入阶段的开始。它的基本原则是产学合作、双向参与、互利互惠;实施的途径和方法是工学结合、顶岗实践;要达到的目标是提升全面素质,适应市场经济发展对人才的需求。[③] 校

---

① 陈启强:《论我国高等职业教育中的校企合作》,硕士学位论文,四川师范大学,2008。
② 耿洁:《职业教育校企合作体制机制研究》,博士学位论文,天津大学,2011。
③ 陈启强:《论我国高等职业教育中的校企合作》,硕士学位论文,四川师范大学,2008。

企合作的概念根据其范围的不同，可以分为狭义的校企合作和广义的校企合作。狭义的校企合作特指学校和企业的合作，而广义的校企合作则指教育部门与产业部门或行业机构、职业学校与企业或其他职业教育机构共同举办职业教育的一种教育模式，包括所有形式和类型的合作。在一定的语境下，广义的校企合作还是一个概念的集合，代表产学研合作、产教结合、工学结合、工学交替、半工半读和双元制、学徒制、合作教育、官产学合作等一组概念。因此，校企合作体制机制的研究，要在具体的实践环境中把握校企合作的含义。校企合作培养模式是高等职业教育的一种新型办学模式，它和传统的单一校园环境的办学模式相比，有自己的独特性，即校企合作培养模式更强调育人主体和育人环境的双元性、学生实践情景的真实性、"双师型"教师队伍培养的有效性和人才通道的直接性。

(二)机制和体制

为深入研究不同国家企业参与职业教育的办学机制，本书首先对"机制"和"体制"两个概念做出明确界定。根据《辞海》的定义，机制借指事物的内在工作方式，包括有关组成部分的相互关系以及各种变化的相互联系；体制是指国家机关、企事业单位在机构设置、领导隶属关系和管理权限划分等方面的体系、制度、方法、形式等的总称。体制通常指体制制度，是制度外在的具体表现和实施形式，是一个以权力的配置为中心，以结构、功能、运行为主体，由各种设施和相应的规范所构成的体系；机制通常指制度机制，从属于制度，简单地说，机制就是制度加方法或者制度化了的方法，是指制度系统内部组成要素之间按照一定方式产生的相互联系和作用的制约关系及其功能。虽然体制和机制有区别，但两者也是一组相互关联、不可分割的整体；一定的体制背后蕴含着一种特定的运行机制。体制是管理的组织支撑，运行机制是管理体制的特定内涵；机制是在一定的体制下形成的，体制是比机制更基础、稳定、普遍的制度范畴。在整体运行中，构成机制的各要素之间的配置方式和组织形式以及调节功能不同，则机制的运行过程和特点就不同。体制决定机制，因此，在不同的体制条件下，机制各个构成要素之间的联结、作用关系及功能各不相同。机制即运行机制，重在事物内部各部分的机理即相互关系，涉及决策、信息、资源、法规等要素，主要研究决策体系、运行模式、法律保障机制和经费筹措机制四个方面。职业教育校企合作的机制以裁定的体制为前提，即当职业教育校企合作的体制被确定后，与之相适应的合作机制则相应产生。校企合作的体制从组织结构上保证机制的有效实施；机制从功能发挥上验证体制，并促进体制的不断改进和优化。[①] 本书采用"机制"的提法，强调校企合作体制和机制两者的整体性，通过对校企合作在不同国家实践经验和政策法规的分析，进一步总结提炼出对我国校企合作的发展有启示意义的对策建议。

---

① 耿洁：《职业教育校企合作体制机制研究》，博士学位论文，天津大学，2011。

二、研究综述

(一)国外相关研究

国外关于校企合作的研究的开始时间较早，研究的内容和范围也比较广泛。对于企业参与职业教育办学的相关研究，很多学者都认为校企合作各方要想从中获益，就要在一定的规则基础上互相理解、及时沟通并保持统一的行为。另外，学者也对企业参与职业教育办学的影响因素进行了分析。有外国学者认为学校为企业的创新战略提供了重要资源。企业若想在校企合作中获得收益，不仅要投入人力参与职业学校的管理，与职业学校建立长期的合作关系，还要建立交流平台，及时与职业学校进行沟通，交流彼此的想法。对合作项目的反馈能更好地满足企业的需求。另外，合作过程中和合作后的管理和监督也很重要。[①] 还有外国学者认为校企合作的参与主体必须相互理解，在合作时要了解各方的需求、所要面对的压力以及合作中的负面影响，要在行为上保持一致，这样才能从中获益。[②] 还有外国学者认为企业的规模和创新活动对企业参与职业教育办学的意愿有所影响，也就是说，如果企业认为与职业学校合作能够对企业的创新活动起到重要作用，那么企业就很有可能参与校企合作。另外，他们也提到完善的政策体系能够为企业和职业学校的合作提供有力支持。[③] 有美国学者认为经济动力是企业承担社会责任的主要来源。除此之外，制度动力和道德动力也会促使企业承担社会责任。要想达到理想状态，校企合作必须同时满足这三方面动因。[④] 美国经济学家通过调查研究指出由于大企业更容易产生规模效益，成本分担能力更强，所以大企业能比同类小企业提供更多的员工培训。世界银行对德国职业教育发展的调查显示，企业规模与雇主参与"双元制"的积极性有很大关系，即企业规模越大，企业参与办学的积极性越高。

目前国外校企合作的制度相对来说比较完善，企业参与职业教育办学的积极性也都很高，校企合作的机制也很健全。更多的研究将注意力放在如何让校企合作使校企双方获利更多以及如何使职业教育更好地带动经济的发展上。

(二)国内相关研究

本书对国内校企合作研究现状的把握，主要通过对中国知网中主流期刊的文献进行计量分析。在中国知网中，我们以"校企合作"和"合作教育"为关键词，将文献来源限定为

---

① Pertuze J A，Calder E S and Greitzer E M，et al.，"Best Practices for Industry-University Collaboration,"*Mit Sloan Management Review*，2010，51(04)，pp. 89-90.

② White N C，"The Minerals Industry，Universities and Researchers：Different Needs，Mutual Dependence," 11th SGA Biennial Meeting on Let's Talk Ore Deposits，Antofagasta，2011.

③ Segarra-Blasco A and Arauzo-Carod J M，"Exteral Sources of Innovation and Industry-University Interaction：Evidence from Spanish Firms,"Seminar on University-Industry Linkages，Cambridge，2005.

④ Mark S. Schwartz and Alrchie B. Carroll，"Corporate Social Responsibility：A Three-Domain Approach,"*Business Ethics Quarterly*，2003，13(4)，pp. 503-550.

"核心期刊"和"CSSCI来源"期刊，得到有效文献2538篇，利用文献计量软件 Ucinet 6.1、Sati 3.0 和 CiteSpace 5.0 对所得的有效文献进行分析，即可得到校企合作研究的社会网络分析图谱。图谱显示，我国校企合作研究的关键词社会网络图谱网络密度的紧密程度较高（网络密度主要用来衡量社会网络中各个节点之间连线的紧密程度）。根据校企合作的社会网络分析图谱，我们即可总结出我国校企合作研究的主要领域。中心度和词频较高的关键词可能是在一段时间内国内学者共同关注的话题，即相关领域的研究热点。这些热点可以通过校企合作研究的高频关键词（如表 1-1 所示）来分析。根据 Sati 3.0 的输出结果，我们得到我国校企合作研究排名前20的高频关键词有校企合作、职业教育、高职院校、人才培养、高职教育、合作教育、工学结合、产学研合作教育、人才培养模式、校企合作模式、办学模式、专业设置、长效机制、对策、运行机制、教育模式、订单培养、问题、教学改革、职业院校。

表 1-1　校企合作研究高频关键词

序号	关键词	频率	序号	关键词	频率
1	校企合作	1354	21	校企合作机制	28
2	职业教育	203	22	职教集团	26
3	高职院校	181	23	实践教学	26
4	人才培养	174	24	产学合作	25
5	高职教育	160	25	教学计划	24
6	合作教育	89	26	高技能人才	23
7	工学结合	73	27	教育改革	22
8	产学研合作教育	67	28	基地建设	22
9	人才培养模式	66	29	集团化办学	18
10	校企合作模式	66	30	企业文化	17
11	办学模式	60	31	企业顶岗实习	16
12	专业设置	44	32	实习实训	16
13	长效机制	44	33	实训基地	16
14	对策	37	34	教育质量	15
15	运行机制	36	35	技术创新	14
16	教育模式	32	36	院校建设	14
17	订单培养	31	37	应用型人才	14
18	问题	30	38	双主体	11
19	教学改革	29	39	立法	10
20	职业院校	29	40	协同创新	9

数据来源：根据 Sati 3.0 输出结果整理得到。

我们将严格筛选后符合条件的文献，按照要求对相关参数进行设定，运行

CiteSpace 5.0.R2，得到我国校企合作研究的关键词可视化图谱。可视化图谱中节点的大小用圆圈的大小表示，即图中的圆圈越大，代表相应的关键词出现的频率越高；而中心度主要反映的是"圆圈在整个可视化图形中的位置"，中心度越高代表对应的关键词与其他关键词"共同出现"的概率越大，从而也能进一步反映相应关键词在所研究领域的重要地位。笔者结合排名前40的高频关键词、社会网络分析图谱、聚类分析结果以及关键词共现可视化图谱，进一步总结提炼出我国校企合作研究的主要领域。

第一，关于校企合作模式研究的主要观点如下。①订单式培养合作模式[①]，该模式是指用人单位与培养单位签订用人协议，双方共同制订人才培养计划，充分利用双方的有利资源，共同参与人才培养过程，实现预定的人才培养目标，最后由用人单位按照协议约定安排学生就业的合作办学模式；②"五位一体化模式"[②]，该模式主要是指招生、就业、教学、科研与基地一体化，企业、社会、教学空间一体化，课堂、课外、假期教学时间一体化，产学研教学过程一体化，重点学科、重点专业与区域重点产业一体化；③"六位一体"人才培养模式[③]，该模式将基地、招生、教学、科研、管理、就业六个环节紧密结合，是实现校企合作联合培养高职人才的有效途径之一；④高职教育"三位一体"校企合作模式[④]，以项目为纽带，实现教师、企业代表、学生"三位一体"化的校企紧密合作，是解决校企合作中"一头冷一头热"问题的一种有效途径；⑤"2＋1"式人才培养模式[⑤]，该模式是高职教育人才培养模式之一，除了具有高职教育培养模式目标的职业性、技能性和实用性外，同时也是校企合作办学的重要形式及主要载体之一；⑥"整合—互动"模型[⑥]，构建"整合—互动"型校企合作是我国高职院校目前开展校企合作的理想模式和创新模式，并且从实践经验角度总结了这种模式的特点与优势；⑦"蝴蝶模式"[⑦]，该模式强调依靠四股力量、三个体系、两个调研和一个运行机制来保障高职校企合作模式创新的顺利进行。

第二，关于校企合作双方行为的研究如下。潘海生等人认为成本与收益是影响企业培训的决定性变量。[⑧] 不完全竞争市场条件下的工资挤压效应改变了企业培训成本与收益的格局，形成了成本偏好和技能偏好等不同的企业培训策略。由于培训策略增长空间的差异，在"技术进步—技能变动—边际生产率提升—工资挤压效应"的动力传导机制影响下，企业培训策略由成本偏好型向技能偏好型变迁。在我国企业整体表现出成本偏好为主的企业培训策略的现实背景下，推动企业培训策略变迁应提升技能需求与技能供给的对接效

---

① 张永良、张学琴：《高职"订单式"人才培养模式的有效机制探索》，载《中国高教研究》，2007(6)。

② 应玉明、应爱娟：《"五位一体 校企合作"办学模式实证研究——以高职计算机专业教学为例》，载《科技咨询导报》，2007(1)。

③ 韩鹏：《高职"六位一体"校企合作办学模式探析》，载《教育与职业》，2006(23)。

④ 秦建华、曹雨平：《高职教育"三位一体"校企合作模式的探索与实践》，载《江苏工业学院学报(社会科学版)》，2007(4)。

⑤ 于桉、韩大伟：《"2＋1"订单人才培养模式探究》，载《辽宁农业职业技术学院学报》，2007(3)。

⑥ 何伟强、刘晓明：《"整合—互动"型校企合作高职人才培养模式的运行机制》，载《职业技术教育》，2008，29(20)。

⑦ 汤大莎：《蝴蝶模式——校企合作人才培养的创新模式》，载《职教论坛》，2006(24)。

⑧ 潘海生、高常水：《企业参与职业教育策略变迁机理及政策启示》，载《教育研究》，2016，37(8)。

率，构建技能需求与技能供给有效对接的组织保障，完善技能需求与技能供给有效对接的制度保障，降低技能需求与技能供给有效对接的经济成本。潘海生等人认为由于不完全市场中的工资挤压效应，企业参与职业教育办学的行为会随着技术进步呈现出由成本偏好型向技能偏好型转移的倾向，但其过程受到企业个体性因素的影响。[①] 在问卷调研的基础上，他们利用有序 probit 模型对当前我国企业参与技能培训的偏好及个体性差异进行了分析。结果表明，我国企业参与技能培训的行为在整体层面显示出显著的技能偏好属性，相反成本偏好属性却并不明显。同时，企业规模、核心生产要素等企业个性特征对企业参与技能培训的行为也有影响，使不同类型的企业在参与技能培训中表现出偏好性的个体性差异。

第三，关于校企合作的内涵、意义、理论、功能及利益分配等方面的研究的主要观点如下。胡延华认为高职院校校企合作的实质就是高职院校的虚拟经营、虚拟扩张、弹性扩张。[②] 校企之间要做到深层次的有效合作和无缝对接，必须通过政府、高校及企业间的"三螺旋"伙伴关系来实现。[③] 政府应在职业教育寻找校企合作的目标对象，即中小企业的过程中发挥重要作用。职业教育如果能把自己的目标市场定位在中小企业，将拥有最广大的市场。[④] 巩航军以丰田 T-TEP 学校为例，认为 T-TEP 校企合作模式真正实现了"订单式"人才培养，并且互惠互利、资源共享，实现了双赢，完成了职业学院与企业的无缝对接，堪称职业教育校企合作的典范。[⑤] 何静等人针对高职教育校企合作、工学结合的新举措，提出要使实践教学走出校园，逐步介入市场、进入市场、融入市场，切实培养适应社会需要的高技能应用型人才，提出以就业为导向，围绕市场做文章，采取"三出三入"的教改措施，落实"三步走"的教改方案，使实践教学走出校园。姚东伟以具体的专业为例，提出提高汽车检测与维修人才培养质量，必须树立为社会和企业服务的理念，以"围绕专业办产业，办好产业促专业"为原则，大力推进产教研结合，强化校内实验室和实训基地建设，不断对教学内容和教学方法进行变革，面向市场办学，走可持续发展、良性循环的校企合作之路。

第四，利用多学科视角对校企合作的研究如下。马希才借鉴关系营销的相关理论，从组织设计、资源配置、文化整合三方面对高职院校开展校企合作提出建议，以实现校企合作的可持续发展。王自勤利用博弈论的方法，通过对企业与企业之间参与校企合作教育的博弈进行分析，得出企业参与校企合作教育动力不足的原因在于企业陷入了"囚徒"困境；从对博弈论的分析出发，从行业协会、政府、大企业等不同角度探讨了走出"囚徒"困境的途径，并对浙江物产集团与浙江经济职业技术学院的校企合作案例进行了实证分析。邹伟从新制度经济学的视角分析了影响高职院校深化校企合作的主要制度性因素，并分别针对

---

① 潘海生、林宇、王世斌：《基于有序 PROBIT 模型的企业参与职业教育办学的动机偏好与差异性分析》，载《国家教育行政学院学报》，2017(7)。

② 胡延华：《在校企合作中实现高职院校的"虚拟经营"和弹性扩张》，载《清华大学教育研究》，2004(5)。

③ 刘福成：《基于三重螺旋的校企合作策略》，载《技术经济》，2007(9)。

④ 李淑云：《职业教育校企合作的未来发展趋势》，载《职教论坛》，2007(3)。

⑤ 巩航军：《论丰田 T-TEP 学校高职校企合作的典范意义》，载《教育与职业》，2007(21)。

校内实训基地和校外实训基地的建设提出了相应的降低校企合作交易成本以促进校企合作的制度性措施等。总之，现有关于校企合作的研究对国际校企合作成功经验的借鉴和研究还较为匮乏。因此，笔者将利用比较的视野对德国、英国、澳大利亚、美国、加拿大、法国、日本企业参与职业教育的办学机制进行研究。

第三节 理论基础与研究框架

企业参与职业教育实践有其重要的理论支撑。本书运用的主要理论有实用主义教育理论、新职业主义理论、利益相关者理论和交易成本理论等。不同的理论基础为企业参与职业教育办学提供了不同的理论支撑。例如，新职业主义教育是指向提高就业能力的教育，具有鲜明的现代职业特点，对世界职业教育和培训发展产生了深远而持续的影响。它提出的核心技能（关键能力）思想和理论，引起了人们的极大关注，成为相关领域研究的焦点。新职业主义教育对于我国的职业教育校企合作具有重要意义。又如，利益相关者理论以各利益相关者的利益诉求为视角，主张高职院校校企合作要以高职院校、企业、政府、学生、教师、社会等众多利益相关者的互利共赢为根本目的，在均衡各利益相关者利益分配的前提下，解决合作中因利益产生的问题，旨在充分调动各方参与高职院校校企合作的积极性，推进职业教育的可持续发展。

一、理论基础

(一)实用主义教育理论

1. 实用主义教育理论的基本内容

实用主义教育是现代西方教育思想中的一个重要派别，是美国的教育家杜威在吸收借鉴前人思想成果的基础上创立的。杜威的实用主义哲学的核心思想是经验。以经验论为核心，杜威又建立起独特的认识论。当前我国深化职业教育改革与发展的任务非常艰巨，因此，研究杜威的实用主义教育理论对于我国职业教育改革事业非常重要。

实用主义（Pragmatism）一词原意为行动、实际。实用主义创始人皮尔士在《怎样使我们的观念清楚明白》一文中指出观念与经验发生联系时才具有意义。如果一种观念不能用于实际行动，不能在实际行动中产生效果，那么这种观念就毫无意义。因此，杜威强调知行合一的教育观，强调教育与劳动相结合，强调联系知识和行为、教育与劳动的重要纽带就是"从做中学。"

（1）知行合一观指导职业院校明确自身定位

杜威认为旧教育的最大问题是学科与生活的隔绝，即学科变成了书本上的东西，他认为知识和行为应当是合一的。在教学方法上，杜威反对把知识从生活中孤立地拉出来作为直接追求的事件。他批判传统教学无视学生本身的需要，批判只是将成人的经验从外部灌输给儿童的教育方法。他提出教学中最好的方法是使学生在活动中得到经验和知识。因此，教学要从学生的现实生活出发，并依附于学生的现实生活。在这一观念的引导下，职业教育要认清自身定位，明确自身与普通教育的不同在于职业教育以培养具有生产经验和生产技能的应用型人才为主；职业教育学生仅习得知识是不够的，还需要在真实场景中获得锻炼，才能将理论与实际相结合，从而提高职业技能。企业的参与可以为学生提供真实的工作环境和锻炼生产技能的机会，为学生的知识转换提供实践机会，将知识理论从上层位置融入底层的实践，注重以学生的技能培养为主，实现职业教育的培养目标。

（2）劳教结合观促进有效就业和自我教育

杜威的劳教结合观认为教育是社会生产的一部分。现代科学技术快速发展，更加强调社会生产、社会生活和个人发展与有用的知识相联系，要求教育为社会生产培养适应社会发展的劳动者，帮助学生为将来进入社会做好准备。而不是像以前那样，培养人才只为统治阶级的政治统治服务。因此，教育与社会生产、社会生活的紧密联系是教育适应社会的必然①，而帮助学生选择一份职业、找到一份工作甚至获得就业的实用技能便成为学校义不容辞的责任。企业参与职业教育办学，使企业融入人才培养的过程，才是真正的教育与生产劳动相结合。学生一方面在学校学习职业知识，另一方面在企业生产岗位锻炼职业技能，在企业参与的过程中获益颇多。学生将在校学习的理论知识在岗位上加以检验和实践，同时根据工作环境和工作条件及时补充和丰富职业知识，更加有效地为就业和自我教育做好准备，从而顺利走向社会，完成向生产行业的过渡，并通过生产劳动获得经济效益。

（3）"从做中学"是维持企业参与职业教育办学的持久动力

"从做中学"是杜威全部教学理论的基本原则。从课程设置、教学方法到教学组织形式、教学过程，"从做中学"的原则始终贯穿于教学过程之中。因此，教学过程应该就是"做"的过程。杜威认为"从做中学"也就是从活动中学，从经验中学，他使得学校里知识的获得与生活过程中的活动联系了起来。杜威指出贯彻"从做中学"的原则，会使学校所施加于它的成员的影响更加生动、更加持久并含有更多的文化意义。企业参与到职业教育的人才培养中，才能使得学校和社会相统一，才能从根本上提升职业教育的办学效果。职业院校要针对自身人才培养的目标，为学生提供实践的机会，为学生提供相应的工作经历，帮助学生在真实场景中发现问题、分析问题和解决问题。这种锻炼机会和工作经历对于学生来说是一种更重要的学习，能为他们进入职业市场做准备，帮助他们早日成为有能力、有责任心的公民。这不仅能为企业生产带来适宜的人才，更利于为社会经济发展提供充分的人力资源。

2. 杜威的实用主义职业教育观

关于职业教育，杜威实用主义教育理论进行了深刻的反思。第二次世界大战以来，全世界范围内的教育发展呈现出"普通教育职业化、职业教育普通化"的基本倾向。杜威认为

---

① 陈解放：《合作教育的理论及其在中国的实践》，博士学位论文，华东师范大学，2002。

传统的职业教育存在着三方面的问题：职业训练与文化修养的背离、职业追求与个人发展的对立、职业教育与社会发展的脱离。杜威发现当前职业教育的危险倾向在于"所有特异的职业都会变得过分强调它的专门化的一面，过于排斥一切，而全神贯注于它的一个方面"，其实质就是注重技能或技术方法，而牺牲它所包含的意义。① 在杜威看来，教育的任务不是要助长这种倾向，而是要预防这种倾向，使科学研究工作者不仅是科学家，教师不仅是教书匠，牧师不仅是穿着牧师服的人，等等。职业教育业已招致一种普遍性的误解，即以职业为中心的教育，不是仅属于金钱性质，就是具有狭隘的实用性质。② 从中可以看出，人成了实现某一外在目的而依据的工具与手段，人们越来越倾向于把职业教育在理论和实践方面解释为生存技能教育，将其视为人为了生存而从事某种职业所必备的一种生存技能教育。同样，在此影响下，学校日益沦为制造业和商业的附属机关，成为经济型、企业型的培训机构。杜威主张对当前的社会和职业教育予以改造。这一改造落实到当前职业教育的改造上就是用一个自由的精神去鼓舞职业教育并使其充满着一个自由的内容。③

首先，杜威对职业的概念做出了全新的解释。他认为职业就是指"任何形式的继续不断的活动，这种活动既能为别人服务，又能利用个人能力达到种种结果"④。杜威所认为的职业既包括体力性劳动和脑力性劳动，也包括职业道德、工作品质等。目前我们对于职业教育的理解还是相对比较狭隘的，即我们使职业教育的"职业性"属性不够凸显，将职业教育的办学定位范围限制在对学生的职业技能的培训上，而忽略学生在真实工作环境中所要掌握的组织能力、问题解决能力、情感意志等方面品质的培养。

其次，杜威阐发了职业对于个人自由发展的重要意义。⑤ 职业能使个人的特异才能和他的社会服务实现平衡。真正适当的职业能够使一个人的能力得到适当运用，从而打破传统的人与环境的二元对立。人在职业中的自由状态即人能够适应职业所带来的变化并及时调整自身的能力结构，以满足职业岗位的需求并使个人价值的实现最大化。当今社会日新月异，职业变化也越来越频繁，因而对人的整体素质提出了新的要求，要求人能够适应职业的变化，在职业中找寻存在的价值和意义，达到企业所提供的工作环境与学生在校习得的职业知识和职业技能之间的和谐状态，即人适应职业，同时职业不断促进人的发展，二者之间相互促进。

最后，杜威阐释了实施职业教育以及良好的职业教育环境的重要性。职业是民主社会中具有普遍性的重要事物。社会经济的新发展给职业教育提出了诸多方面的挑战，对个人的智力和文化修养提出了更高的要求，也对职业环境提出了新的挑战。缺乏职业教育，"工人就不可避免地降低到成为他们所操作的机器的附属品的角色"⑥。没有良好的职业教

---

① ［美］约翰·杜威：《民主主义与教育》，324 页，北京，人民教育出版社，1990。
② ［美］约翰·杜威：《民主主义与教育》，324 页，北京，人民教育出版社，1990。
③ ［美］约翰·杜威：《人的问题》，324 页，上海，上海人民出版社，1965。
④ ［美］约翰·杜威：《民主主义与教育》，335 页，北京，人民教育出版社，1990。
⑤ 田方林：《试析杜威的实用主义职业教育观》，载《教育与职业》，2008(6)。
⑥ ［美］约翰·杜威：《民主主义与教育》，330 页，北京，人民教育出版社，1990。

育环境的熏陶，职业教育的效果是难以实现的。因此，职业教育要注重技能训练与文化修养、职业追求与个人发展、职业教育与社会发展相结合，将教学与工作有机结合，通过某种职业(作业)来组织知识，进行教学的"主动作业"。对于职业教育来说，良好的职业环境有助于真正提高教育质量，为职业技能的提升提供切实有效的实践机会。职业教育与企业的结合，恰好满足了职业教育对环境条件的需求。

对于当前的职业教育来说，传授知识技能必然不可或缺，但是在新的时代特征之下，知识技能的传授有了更加便捷的途径，但是职业情感、职业道德、文化素养等的培养却依然不足。职业教育能够为学生提供知识技能，但是在知识的实践方面，如何更有效地将知识应用于生产一线的实践当中，如何建立起知识和生产岗位技能之间的联系，如何培养学生在工作场所的组织能力、管理能力以及问题解决能力等都是我们所要深入思考的问题。因此，对于职业教育来说，仅仅有职业知识和技能是不够的，通过职业教育建立教育与社会之间的联系，帮助学生更好地适应岗位、适应社会环境才是职业教育真正所要关注的问题。从这种综合、宽泛的职业教育的目的出发，职业学校应提供较大范围的职业教育的经验，同时为学生提供更加广泛的职业实践空间。

3. 实用主义对企业参与职业教育观的启示

杜威的实用主义的根本意义在于对现实生活和实践的强调，最为关注的是处于现实生活中的人的生存和命运以及如何通过行为和实践过程来处理人与环境之间的关系。杜威的实用主义是为人的生产和发展服务的。

(1)还原职业教育的社会意义，将职业教育与现代产业发展相联系

现代产业的发展导致社会分工越来越细，对专业性有更高的要求，同时也要求个人具有更高的素质和更强的适应能力，从而为个人的发展提供更多的可能，因此，职业教育必须与社会生产生活相联系。我国职业教育坚持"以服务发展为宗旨，以促进就业为导向"，凸显了职业教育对于经济的社会服务性，以此来提升职业教育在现代社会生产中的重要意义。面对大工业时代的发展，杜威提出了"泛职业教育观"，强调职业能力和职业道德等方面素质的培养，强调将职业教育置于社会生产的大环境中。教育是以人为本的事业，绝对不能脱离生产实践，不能脱离人自身的需要。人处于一定的经济社会中，需要通过就业来满足自身的基本需求以及更高层次的精神需求，而职业教育有时通过培养职业人来满足人们的就业基本技能的需求。因此，职业教育必须具备社会意义，将自身发展与现代产业的需求紧密结合，满足学生的就业需求；坚持"以服务发展为宗旨，以促进就业为导向"，促进学生为职业发展而学习，使职业教育真正成为社会性教育。

(2)升华企业的教育意义，将企业融入职业教育的办学过程

企业是一个生产性的经济组织，其目的是投入最小的成本而实现利益最大化。面临当前新的发展形势，企业自身需要通过积极的变革才能在激烈的竞争中占据优势地位。为了满足自身对于人才的素质需求，企业迫切需要增强自身实力，追求生产创新和高素质人才，所以企业越来越成为职业教育办学的重要参与主体之一并发挥着积极的作用。长期以来，企业不仅承担着经济生产的责任，也肩负着重要的社会责任。企业参与到职业教育

中，可以通过为学校中的学生提供真实有效的工作环境来实现对技能型人才的培养。企业所能够提供的实习设备、技能教师、工作准则等都是学生进入工作场所之后所要面对的真实情况。学生通过在企业中增强实践技能的学习，达成合作教育的目标，才能满足企业所提出的人才规格质量的要求，以适应市场大环境的发展，从而推动国民经济的发展。升华企业的教育意义，有助于人才开发和企业后备人力资源的储备。企业通过行使社会责任，为学生提供培训的设备和机会，以此实现自身的社会价值，获得社会荣誉感。

（3）认识教育规律，指导职业教育改革

教育处于一个动态交互的开放系统，与其所处的大环境中的政治、经济、文化等相互融合、相互作用，通过相互之间的能量流动和价值产生有机联系，最终共生于一个和谐的生态系统之中。在这个大系统中，职业教育与经济的关系尤其紧密，职业教育存在的目的就是传承人类的生产生活经验并在此基础上不断更新创造，培养满足经济社会发展所需要的技能型人才。我们不应该仅从经济的角度，而更应该从个人和社会的角度来理解职业教育：人是教育过程中的主体；职业教育是一种培养职业人的活动，是一个实现社会发展与人的发展相统一的过程。职业教育与人的发展有着本质的联系，人的发展和社会的发展构成了教育活动的客观依据。社会不断发展变化，职业教育也应该随之改变。职业教育要坚持服务于经济生产和社会发展的服务方向，依据学生的发展状态和社会的发展形势，改变自身的办学模式，加强与企业的联合，及时了解行业动态，改变教育手段、形式等，通过订单班、校企合作以及顶岗实习等诸多实践方式促进对学生的培养，实现职业教育的办学目标，形成校企之间的强强联合。

（二）新职业主义理论

1. 新职业主义的相关理论研究

（1）新职业主义的核心能力理论研究

核心能力理论是新职业主义的核心理论，是整个新职业主义理论体系的支柱。核心能力理论的构建离不开学术性教育和职业教育，新职业主义由此找到两种教育的结合点。

核心能力是新职业主义教育理论体系的重要内容。新职业主义教育中的核心能力，是指一种可迁移的、从事任何职业都必不可少的且通用的关键能力，它是从业者适应经济社会发展、技术进步、工作组织变化以及面对未来职业生活等都必须具备的能力。在一些国家，核心能力也称为关键能力、通用能力等。核心能力是指具体的专业技能和专业知识以外的能力，是从业者为应对不断更新变化的岗位职业所需要具备的问题解决、人际交往、团队合作以及决断力等方面的能力。

（2）新职业主义的教育主张和价值问题研究

关于新职业主义的教育主张，在教育内容方面，新职业主义是重视技能的教育，提倡为受教育者提供宽泛的职业准备，强调职业基础教育与职业核心技能的培养。[①] 在教育对象方面，新职业主义主张将职业教育的对象扩展到所有的学生，在教育与职业生活之间建

---

① 徐国庆：《新职业主义核心技能课程理论研究》，载《外国教育资料》，2000(3)。

立起更密切的内在联系，反映了一种全民职业教育的思想。① 在教育提供方式方面，相关研究聚焦职业教育与企业的多样化合作形式，强调教育和培训要加强与产业之间的联系，在学校与职业世界之间建立起新型伙伴关系。② 在课程设计方面，新职业主义提倡学科学习和职业定向学习的结合，推出了工作经验课程。在中学的课程中，技术课程被列为基础课程之一，并有相应的标准。新职业主义强调，通过设置相互联系的学科课程以整合学术教育和职业教育，同时衔接中学教育课程与中学后教育课程。在新职业主义教学论方面，相关研究主要集中在情境教学、团队教学和项目教学三个方面。新职业主义认为基于真实情境的教学方法是最有效的教学方法。

在价值问题方面，有的研究强调职业教育的重要作用，认为职业教育的作用就是既要满足劳动者的生存和发展需要，又要满足各类劳动力市场对人才的现实需求和未来需求。因而，它不仅强调从学校到工作场所的过渡，加强学校与企业之间的联系，而且还重视人的终身发展。这些研究同时认为在新职业主义理念下，职业教育不再是面向学业失败者和经济地位低下者的教育。新职业主义旨在将职业教育纳入主流教育，使之与普通教育获得同等地位，成为人的整体教育的一部分。③ 有的研究认为新职业主义的教育理念旨在增强职业适应性，促进学生从学校向工作场所的顺利过渡。因此，新职业主义教育内容凸显两个基本特性：相关性和实用性。④⑤ 有的研究认为新职业主义扩展了技能的含义，认为技能应当具有普遍性和可迁移性，不仅可以在许多职业领域中运用，而且在某种条件下获得的技能还可以应用于其他条件或环境，更强调"职业准备"。有的研究强调新职业主义教育与培训的社会价值和个人价值。一方面，新职业主义被视为谋求社会公平、促进社会变革的工具，为所有的学习者提供批判性理念和智慧，有助于改变旨在产生等级差别的工业和教育结构；另一方面，新职业主义主张尊重劳动者本身的价值，重视对劳动者智能的开发，主张进行博雅的职业教育。

2. 新职业主义理论对企业参与职业教育办学的启示

(1)新职业主义教育对人才观方面的启示

第一，使学生成为应对未来职业更新变化的生存者。新职业主义教育的目的是培养能够应对快速发展变化的世界的灵活的学习者，使之成为应对未来职业更新变化的生存者。新职业主义教育的目标有三个：①使所有学生达到较高的学术水平；②帮助更多的学生提升职业水平，使其更容易、快速地胜任未来的岗位工作；③使学生能够在工作场所中顺利进行岗位迁移，为进入"职业安全期"和终身学习打基础。

第二，使学生成为学会如何学习的终身学习者。新职业主义教育的目的是提升学生的

---

① 刘春生、李建荣：《新职业主义与当代美国职业教育的新进展》，载《外国教育研究》，2006(3)。
② 刘春生、周海燕：《论美国基于新职业主义的职业教育理念及实践》，载《湖南师范大学教育科学学报》，2006(2)。
③ 石伟平、徐哲岩：《新职业主义：英国职业教育新趋向》，载《外国教育资料》，2000(3)。
④ 刘春生、周海燕：《论美国基于新职业主义的职业教育理念及实践》，载《湖南师范大学教育科学学报》，2006(2)。
⑤ 石伟平、徐哲岩：《新职业主义：英国职业教育新趋向》，载《外国教育资料》，2000(3)。

教育成就及发展水平，促进学生就业。新职业主义教育的内容包括学术课程中应用职业的问题。职业教育教学应使学生广泛涉猎各种知识，并致力于学生的回报、能力和兴趣，以及学术知识与应用知识的联系等。随着未来职业环境对劳动力的要求不断提高，员工不能仅满足于掌握目前工作涉及的知识和技术，还要不断地学习新的工作内容。

第三，关注学生自身的发展。新职业主义教育不仅仅为满足雇主的需求而培养面向特定岗位的劳动者，更应该关注学生自身的发展需求。徐国庆在新职业主义教育的用词上，实现"职业教育"到"生涯教育"概念的转变，即以人为出发点，把人的职业生涯发展需要以及适应民主社会生活的需要作为职业教育设计的基本出发点。

（2）新职业主义教育对课程观方面的启示

第一，课程内容增加核心能力的比重。徐国庆对新职业主义的核心技能理论从"核心""技能"概念的新阐述到核心技能课程理论的理念、成分、特点进行了详细的总结归纳，指出该理论对我国职业教育课程理论与实践的重要意义。同时，徐国庆从学理角度思考核心技能的本质以及在具体的课程设计中如何有效地加以实施。新职业主义教育的主要内容是围绕核心能力进行课程改革，建立国家职业技能标准，以职业技能标准为基础进行课程开发，推进学术课程与职业课程的整合。

第二，在工作实践中学习专业理论知识。学生容易在专业课程学习中掌握理论知识。学生借助理论概念与公式解决专业中的实际问题，并建立知识与实践的联系。在课程内容方面，将概念性的知识在不同情境的项目中进行清晰明确的描述更有助于学生理解。新职业主义教育重视基础学科的作用，强调最基本知识的学习，因为学习科学基础知识可以增强学生对事物的理解力，使学生养成良好的思维习惯。[1]

第三，通过情境化的项目实施课程。新职业主义教育倡导在情境中进行教学活动，其主要特征为教学应尽量在真实程度高的情境中进行，并将情境化教学与学术性知识学习相结合，重视教师在情境教学中的主导作用，并在真实的工作情境中进行评价。徐国庆指出在新职业主义时代，职业人才与专业人才的边界模糊，工作任务也具有越来越大的不确定性。工作任务性质的变化导致职业知识存在范式变化，这些变化显示项目和情境在课程开发与教学设计中不可或缺。[2]

（3）新职业主义教育对学校观方面的启示

第一，职业学校的高移化现象。国内外研究者开始关注新职业主义对高等职业教育在办学定位、人才培养、课程改革、教学内容等方面的影响，从侧面反映出新职业主义时代职业教育的高移化现象，这说明职业教育的功能在不断增多，从而引发我们对职业教育性质与定位的深入思考。

第二，学校教育与企业工作整合。目前，一些职业院校通常与专业对口公司建立伙伴关系，由公司为学生提供实习机会，从而把学校教育和工作实践衔接起来。新职业主义教

---

① 姜飞月、贾晓莉：《新职业主义的主要教学观》，载《外国教育研究》，2010（4）。
② 徐国庆：《新职业主义核心技能课程理论研究》，载《外国教育资料》，2000（3）。

育强调通过连接中学后教育机构、雇主、劳动力组织、政府、社区、家长和学生进行职业教育与学术教育的融合，加强外部因素积极参与学校教育变革过程的战略合作关系，整合各种教育资源，重构教育机构以及社会支持力量。新职业主义以其对学术能力和职业能力整合以及对创新性制度模式的关注，向人们展现了教育与工作世界的紧密结合以及学生、社区学院和行业企业的共赢。[1]

新职业主义是政府主导的探索就业教育理论与实践的流派。新职业主义教育的重要特征是强调知识与技能的统一。新职业主义教育的主导思想是核心技能开发。新职业主义亟须解决核心技能形成的教育机制问题。新职业主义教育改革的基本目的是提高就业能力，其基本目的的实现过程是不断提升核心技能水平的过程，即核心技能（个体）—核心能力（团队）—核心竞争力（团队、集体、国家）的发展过程。新职业主义促使职业教育研究领域转向对学习情境的关注。在新职业主义所倡导的改革运动中，无论是生涯学院、技术准备计划、青年学徒制还是全面的行业课程，均在学校与工作场所之间建立了紧密的联系，通过学校与企业构建的合作伙伴关系，为教师和学生提供真实的、结合了学术和职业技能的学习环境。[2]

新职业主义的许多理论观点是十分重要的，它们对我国发展职业教育具有重要的借鉴意义，尤其是对我国职业教育中的校企合作具有重要的指导意义。因此，我们应加强对新职业主义的研究，但是新职业主义自身在理论上也还存在许多问题，需要继续研究与完善。

(三)利益相关者理论

利益相关者理论是西方经济学家在研究公司治理时提出的一种理论主张，现今已被广泛地用于研究企业的社会责任问题。20世纪80年代以来，随着经济全球化的深入及企业间竞争的加剧，公司治理问题和企业社会责任等成为人们关注和讨论的焦点。与传统的股东至上主义企业理论的主要区别在于，利益相关者理论认为任何一个企业的发展都离不开各种利益相关者的投入或参与，企业追求的是利益相关者的整体利益，而不仅仅是某个主体的利益。因此，企业应该站在一个更高的角度考虑它与所有利益相关者、与整个社会的关系，并且承担相应的社会责任。企业的目标不再是股东利益的最大化，而是集体利益或企业自身利益的最大化，从而实现利益相关者整体利益的最大化。[3] 与企业相类似，学校也是一个典型的利益相关者组织，所以利益相关者理论在高职院校同样具有适切性。

1. 利益相关者理论在校企合作中的应用

人们对利益相关者理论的研究和分析，为人们认识和研究企业参与职业教育办学提供了一种新的可借鉴的研究方法。一方面，相关研究立足利益相关者理论的研究视角，对职业教育中企业与职业教育办学机构的关系进行研究，进而得出了职业教育办学机构是企业

---

① 王雁琳：《英国职业教育和新职业主义》，载《外国教育研究》，2000(2)。

② 于婷：《"新职业主义"运动影响下的英国职业教育及其对我国的借鉴意义》，硕士学位论文，中央民族大学，2007。

③ 刘晓：《利益相关者参与下的高等职业教育办学模式改革研究》，博士学位论文，华东师范大学，2012。

潜在的利益相关者的结论，这对于提高企业参与职业教育办学的积极性、促进校企合作深入持久地开展具有十分重要的指导意义。另一方面，相关研究通过研究该理论发现，与企业相类似，学校也是一个典型的利益相关者组织，所以利益相关者理论在高职院校同样具有适切性，并且将利益相关者与高职院校校企合作发展关系的紧密程度作为依据，划分出三个核心利益相关者，即高职院校、企业、政府，其中高职院校作为一个典型的利益相关者组织与企业的利益关系更为紧密。

(1)从利益相关者视角研究企业与职业教育办学机构的关系

既然企业是利润最大化主导模式下的利益相关者组织，那么与企业有着利益关系的个人或组织就必然成为企业的利益相关者。职业教育办学机构与企业之间的利益相关者关系，需要从以下几点进行证实。

第一，人力资本的兴起使得职业学校成为企业利益相关者。知识时代的到来，改变了企业资源配置的方式，形成了以人力资本为核心的资源配置方式，决定了在激烈的市场竞争中谁占有丰富的人力资源，谁就有望立于不败之地。因此，随着社会的高速发展，人力资本与企业的利益诉求的关系越发密切。

第二，职业教育办学机构是技能型人力资本的主要提供者。技能型人力资本是具有某项特殊技能的人力资本，这些人力具有完成特定意义工作的能力，具有在资源约束条件下加工、生产某种物品或服务使它们具有特殊效用的能力。在我国，职业教育办学机构扮演着技能型人力资本的主要提供者的角色。

第三，技能型人力资本是企业与职业教育办学机构的利益关系联结点。随着互联网＋时代、《中国制造2025》时代、人工智能时代的到来，社会各行各业的用人标准不断提高。而职业教育办学机构作为高质量的技能型人才的输出者培养了一大批高素质技能型人才，这就决定了企业要想得到高质量的技能型人力资本，就必须参与到职业教育办学机构培养技能型人力资本的过程中。同时由于企业对职业学校的影响是通过参与技能型人力资本的培养来实现的，这使得职业教育办学机构培养技能型人力资本质量的高低在一定程度上受企业是否参与职业教育的影响。因此，企业参与并且指导职业教育办学机构的发展，不断深化校企合作具有深远意义。

(2)利益相关者理论应用于高职院校的必然性

与企业相类似，学校也是一个典型的利益相关者组织，所以利益相关者理论在高职院校同样具有适切性。高等职业教育作为一种"准公共产品"存在，决定了作为办学实体的高职院校成为一个典型的利益相关者组织。高职院校作为一个典型的利益相关者组织，与利益相关者之间的关系要比企业与利益相关者的关系更为紧密。作为整个大的教育系统中的一部分，高等职业教育的发展与政治、经济、文化、科技、社会等领域有着紧密的联系；在高职院校内部，学生、家长、教师等因素也极大影响着高职院校的生存与发展。高职院校就是一个典型的利益相关者组织，在发展过程中只有与利益相关者进行有效的沟通交流，努力满足他们的利益诉求，积极维护各方的关系，才能不断推动自身更好发展，并为高等职业教育的发展提供不竭动力。这就要求建立一种由高职院校学生及教师、企业、政府部门、行业和社会团体等利益相关者基于多元化的合作伙伴关系，进行共同合作和参与的高等职业教育办学模式。在兼顾多方面利益的前提下，站在利益相关者利益诉求的角度分析各利益相关主体的不同诉求，不断追求各利益主体在共同利益下的多元化与多样化的合作、沟通与交流，使各方面的利益都得到最大化，这对校企合作的健康有序发展十分重要。

（3）职业教育校企合作利益相关者的分类

在职业教育校企合作利益相关者的分类上，我国学界有着不同见解。李名梁等人把利益相关者与职业教育发展的联系程度视为划分依据，将利益相关者分为核心层和外延层两个层次。其中，核心层主要包括教师、学生和职业院校管理者；外延层主要包括政府、企业、社区、媒体、职业教育联合会以及第三方独立机构。[①] 陈胜根据弗里曼关于利益相关者的界定，将职业院校校企合作参与者划分为三类利益主体，分别为政府及教育主管部门、行业企业及其他用人单位和职业院校。[②] 罗国莲根据参与者在校企合作过程中所发挥的不同作用，提出政府、行业企业、职业院校、学生、教师和企业导师七个职业院校校企合作的利益相关群体。[③]

通过以上阐述与分析我们可以发现，学界关于职业教育校企合作利益相关者的界定与分类不尽相同，但是大家普遍认可职业院校、企业、政府三方在职业教育校企合作中发挥着重要作用。弗里曼将利益相关者定义为任何能够影响组织目标的实现或受这种影响的团体或个人。以弗里曼的定义为标准范式，通过借鉴我国学者关于职业教育校企合作利益相关者的界定，高职院校校企合作利益相关者可界定为任何能够影响高职院校校企合作发展或受高职院校校企合作发展影响的团体或个人。因此，学生、教师、高职院校行政人员、政府、企业、行业协会、媒体等均为高职院校校企合作的利益相关者。[④] 将利益相关者与高职院校校企合作发展关系的紧密程度作为依据，核心利益相关者可分为高职院校、企业、政府。因此，本书将重点分析高职院校、企业、政府在高等职业教育校企合作中的利益诉求，以求为推动高等职业教育校企合作长效发展提供参考。

2. 利益相关者理论对企业参与职业教育办学的启示

高职院校与各利益相关者的利益冲突属于非对抗性的利益冲突，它们的根本利益诉求是一致的，即通过不断发展自身进而促进社会经济的繁荣发展与稳定。因此，解决它们之间非对抗性的利益冲突，只需通过对话协商利益纷争存在的根源，进行自我调节，从整体的角度出发提出高职院校校企合作进一步发展的方向和战略，重点解决高职院校校企合作中的利益问题，促成合作利益的均衡分配，从而推动高职院校校企合作长效发展。

---

① 李名梁、谢勇旗：《职业教育利益相关者：利益诉求及其管理策略》，载《职教通讯》，2011(21)。
② 陈胜：《校企合作利益主体的责权与角色定位研究》，载《教育与职业》，2013(30)。
③ 罗国莲：《职业院校校企合作利益相关群体研究》，载《市场论坛》，2013(7)。
④ 孙珊珊：《基于利益相关者视角的高职院校校企合作研究——以辽宁机电职业技术学院为例》，硕士学位论文，沈阳师范大学，2015。

（1）树立科学合理的校企合作新理念

我们应摒弃以前的校企合作只是企业和高职院校双方的事，而忽略其他利益相关者所发挥的作用的观点，努力营造从利益相关者的视角去看待校企合作的氛围，均衡校企利益，兼顾其他利益相关者的利益诉求，使各利益主体能够在互信、合作、共赢理念的指导下，以共同利益为重，确保实现博弈共赢。

（2）企业全程参与校企合作

企业作为校企合作中必不可少的一部分，必须积极主动地参与到校企合作的全过程中，提高自身的认识，在遵守相关的法律法规的同时，扮演好自己的社会角色，不仅从自身利益出发衡量校企合作的必要性，还应该肩负起为社会培养高质量人才的重任，将短期利益与长期利益、个体利益与整体利益有机结合起来；不仅促进自身长效发展，还可以为企业自身赢得良好的社会声誉，在校企合作的过程中积极发挥自身的优势，通过为高职院校提供在职培训的平台，提高企业的技术研发能力，培养企业所需的应用技能型员工，进行在职员工培训，获得学校技术人才支持，进行技术创新，优化企业的技术结构，不断加强高职院校提供的劳动力供给和企业所需要的人才的对接；积极主动地参与到高职院校课程建设、教育教学改革、实习实训基地建设、人才培养、教师队伍建设等工作中，为高职院校校企合作进一步发展与完善做出更多努力。

（3）高职院校加强自身建设，完善教育职能

要想更加深入、广泛地开展校企合作，高等职业院校办学必须要适应企业发展的需求，努力加强自身建设，完善教育职能，主动吸引企业参与到校企合作中。[①] 高职院校积极深化教育体制改革，通过课程设置、专业调整等来培养社会所需要的人才，提高学生的就业率，提高教师待遇，加强校园文化建设，不断进行师资队伍建设，提高教学水平，使得学生和教师的利益诉求能够很好地得到满足；不断完善高职教育的育人功能，最大限度地将高职教育的育人、培训、服务社会三者结合起来，进而满足社会发展、经济建设和个人发展的需要，高效地促进校企合作有序进行。

（4）政府完善政策与法律法规体系，加强宏观调控

校企合作的顺利开展，离不开政府的大力支持。只有政府不断地健全相关的政策和法律法规，将市场调节与宏观调控很好地结合起来，才能不断推进校企合作的开展。提供政策支持，是推进校企合作的必要保证。随着校企合作对社会经济繁荣所起的作用越来越大，我国政府已经充分认识到了加强校企合作的重要性。一方面，政府通过全方位地加强政策建设，抓紧校企结合的立法工作，通过出台相关的政策及法律法规，建立健全法规体系，使企业参与职业教育办学法律化、制度化，从而推动校企合作健康持续发展；另一方面，政府通过建立适应市场经济新形势的有利于校企合作有序开展的制度，进行制度创新，建立和完善利益协调和补偿机制等，不断加强制度建设，并且努力建立各方利益诉求能够得到满足的利益协调与保障制度，为校企合作的顺利开展营造和谐的氛围。

---

① 邱明娟：《利益相关者参与下我国高职教育校企合作发展的研究》，硕士学位论文，青岛大学，2013。

(四)交易成本理论

1. 交易成本理论的内容

交易成本理论,也称为交易费用理论,它作为新制度经济学的理论基石之一,原本是英国经济学家科斯于 1973 年提出的经济思想。科斯的交易成本理论的根本论点在于对厂商或企业的本质加以解释。他认为经济体系中厂商的专业分工与市场价格机能的运作,使社会市场产生了专业分工的现象,但是每一个独立的个体使用市场价格机能的成本相对偏高,因而形成了厂商机制,也就是说,个体生产可以通过市场交易实现合作,但企业存在的价值恰恰在于节约交易费用,因为它是人类追求经济效率所形成的组织。由于交易成本泛指所有为促成交易发生而形成的成本,所以我们很难对其进行明确的界定与列举,不同的交易往往也就涉及不同种类的交易成本。

具体而言,我们可以将交易成本归结为获得准确市场信息所需要的费用以及谈判和经常性契约的费用。也就是说,企业在寻找交易对象、订立合同、执行交易、洽谈交易、监督交易等方面的费用与支出,主要由搜索成本、谈判成本、签约成本与监督成本构成。企业运用收购、兼并、重组等资本运营方式可以将市场内部化,消除市场的不确定性所带来的风险,从而降低交易费用。而企业、院校、行业协会、政府机构等都可归结为不同的组织类型,这些组织在市场或价格体系不能发挥作用的领域负责更高效的资源配置。高职院校与企业的合作是市场机制下的一种交易行为,因此,企业不断融入职业教育体系的过程就可以看成是企业通过对职业院校投资使得校企合作产生的交易内部化的行为。

威廉姆森在科斯的基础上进一步拓展和深化了对交易费用决定因素的认知,并将其分为两组:第一组为"人的因素",即有限理性和机会主义;第二组为特定的"交易因素",提出影响交易种类和交易费用的有三个维度,即交易发生的频率、不确定性和资产专用性。一般来说,多次发生的交易较之一次发生的交易更需要经济组织来保障;不确定性的存在,使得应变的连续性决策具有重要意义;而当资产专用性加强时,出于追索契约保障的需要,纵向一体化才会出现,它更能体现出企业在资源配置方面的优势。由此威廉姆森论述了交易费用可调节的情况,明确了资源配置问题就是经济效率问题,以及制度或系统存在的意义在于降低交易费用、提升资源的配置效率。

交易成本理论在企业管理中的应用可以体现为对现实企业行为的解释,如企业是否应该存在,或某项活动是由企业单独来做更有效还是由市场统筹更有效。对于现代职业教育治理而言,企业参与实际上是建立在有限理性之上的机会主义行为,缺乏完备且行之有效的体制来规范。只有在满足企业自身的需要、在不影响资产使用效率的前提下,企业才有可能有参与的意愿。企业参与过程中校企交易的不确定性较高,因此,企业作为趋利团体承担的利益风险就较大。结合现代职业教育极强的外部性,让企业来承担这种外部性风险显然有违其存在的组织逻辑,因而交易费用的高低就成为决定企业参与现代职业教育的核心问题。[①] 结合交易费用理论，下文将具体阐述企业参与职业教育办学过程中的费用形成和控制。

信息不对称和人的有限理性给机会主义行为提供了活动空间。有限理性和机会主义的存在，导致企业参与交易具有复杂性，提高了交易费用。这些行为特征对企业参与交易行为的影响是通过上述交易过程的三个维度来体现的，下面本书从理论上就交易发生的频率、不确定性和资产专用性三个角度具体阐述企业参与职业教育办学过程中交易费用的产生和控制。

（1）企业进行交易时频率的变化

所谓交易频率是指一段时间内市场中特定交易发生的次数。企业参与职业教育办学交易频率的变化主要来自行业或市场供需关系的调整以及校企双方的非规范化操作。通常，交易频率不会影响交易成本的绝对值，而通过影响相对交易成本进而影响交易方式的选择。在独立的市场环境中，企业与职业院校单次合作次数越多，需付出的交易累积成本就越多。然而，如果建立完整一体的校企合作治理系统，多次发生的交易较之单次交易更容易降低该企业参与合作的边际交易费用，这与经济学中的劳动分工受限于市场交换力量有相同之意。这可以解释为交易频率不同于交易次数，交易费用的纵向积累值随交易次数的增加而增加，然而交易费用的横向边际值却随交易频率的增加而减少。在实际的合作生产中，企业和院校为保护自身利益的"合约外"事故时有发生。例如，当生产型企业的市场需求减少时，企业就可能借口培训费用过高而停止履行契约，在不违反法律的情况下给院校造成直接损失；当服务型企业面临需求旺季时，院校也可能以此为由向企业寻求更高的实习补偿，提高企业交易成本。为此，在校企合作双方尽可能细化合作协议，明确劳动力市场变化时供求双方权利和义务的同时，校企双方还应寻求政府政策规范化的制度限制，不断完善校企合作体系制度。

（2）企业进行交易的不确定性和复杂性

市场环境不可预测的变化以及合作前期的信息不对称使得企业参与职业教育办学的过程充满不确定性，这是因为企业作为交易主体一方，总是以当前市场环境的生产供求关系和己方搜集了解的信息作为交易决策的基础。这种交易的不确定性体现在校企合作的各个方面。例如，合作院校学生作为企业储备人才具有不确定性；在受训学生从按照合约到企业接受培训到正式就业期间，劳动力市场的供求变化会增加企业接收职业院校学生的不确定性；合作培养的学生的质量具有不确定性。企业只有获得高质量的人力资本储备，实现预期收益，才能弥补前期耗费的物质成本和时间成本，而学生的培养质量受实训条件、师资力量等各种不确定因素的影响。此外，企业交易的不确定性存在的意义在于使企业面对上述种种不确定情况时，在机会主义的驱使下可变更或选择不同的契约条例以避免较高的交易费用。企业参与校企合作项目，还有一个显著特征，即校企合作项目的复杂性。[②] 校

---

① 肖凤翔、李亚昕：《论企业参与现代职业教育治理的制度供给路径——基于交易费用的分析方法》，载《教育研究》，2016(8)。

② 程培堽：《企业参与校企合作分析——交易成本范式》，载《职业技术教育》，2014(34)。

企合作项目内容涉及许多方面，比如双方投资的金额和形式、师资的提供、实训条件的建设、教学计划的制订、教学课程的开发和实施、人才培养质量的标准和评价、学生管理等。交易双方，即企业和职业院校在协商时，必须对上述方面一一进行细致的讨论，最终达成一致意见，并在合约中加以明确，这无疑增加了合作前期的讨价还价成本。

(3)企业进行交易时资产专用性的限制

威廉姆森曾说资产的专用性是指在不牺牲生产价值的前提下，某项资产能够被重新用于不同用途和由不同使用者使用的程度。[①] 这反过来说就是资产的完全专用性是指一种资产一旦形成，就只有一种用途，而不能转作他用。在校企合作中，为了满足合作教育的要求，企业通常需要投入一定的资产，比如建设符合教学要求的教室、实训室，对机器设备进行必要的改造以保证学生实训的质量和安全等。投资完成后，这些资产就具有了生产专用性，包括受训学生人力资本专用性和培训设备物质资本专用性。一般来说，企业投建的资产专用性程度越高，对合作院校的依赖程度就越高。这是因为一旦合作合约终止或出现临时变更，合作学校还可以继续寻找其他企业进行合作，而企业却无法将这些资产转作他用，或者因转作他用成本较高而强烈依赖合作院校，同时校企合作双方都可能出于利己考虑而随时借口中断合约而产生额外的交易费用。[②] 资产专用性限制下形成的交易费用是企业在校企合作实践中耗费的最大比重成本，并且是一种负外部性沉没成本。为激励企业参与职业教育办学，降低投资风险，政府作为校企合作第三方应当对相关企业给予适当补贴。

总体来看，按照张五常的定义，交易费用就是一种制度成本。校企合作模式作为近乎一种制度性的安排，在我国现有的办学体制下，其相应的制度成本的一部分理应由政府承担。尤其是在众多高职院校刚刚从完成扩校、扩招的规模发展之路步入内涵发展之时，企业更需要政府的大力扶持。[③]

2. 交易成本理论对企业参与职业教育办学的启示

当前，我们在突破校企合作困境时，更多地强调外部因素，例如要求政府出台相应的政策，通过行政力量对参与校企合作的企业进行经费扶持，实行税收减免，对企业技术人员职称评审放宽条件等，为校企合作营造良好的社会环境。诚然，这些措施是加强校企合作的重要外部推动力，但企业作为经济主体，其最根本的动力是通过参与校企合作能让企业的利润最大化，关心的是成本的减少与收益的增加。本书在对企业在选择校企合作条件进行分析的基础上，从降低企业交易成本的角度提出如下几点校企合作的新思路。

(1)校企合作应尊重市场规律，尊重企业利益

企业实施校企合作的根本动力来自交易成本的降低，所以要形成良好的校企合作关

① ［美］奥利弗·E. 威廉姆森、西德尼·G. 温特：《企业的性质——起源、演变与发展》，116～121页，北京，商务印书馆，2010。
② 程培堽：《企业参与校企合作分析——交易成本范式》，载《职业技术教育》，2014(34)。
③ 方强：《高职教育校企合作的交易费用分析》，载《中国集体经济》，2011(13)。

系，增强企业参与的积极性与主动性，必须要尊重市场规律，尊重企业利益，采取有效措施降低交易成本。一方面，学校应该探明企业对校企合作的认知，知晓企业参与校企合作的目的、能动性、顾虑和期望，在合作中帮助企业寻找能够降低企业成本的途径，降低企业获得高素质技能型人才的交易成本。另一方面，政府应建立对企业成本的补偿制度。当企业从市场获得人才比从校企合作中获得人才的成本低时，企业校企合作的意愿比较弱，这时如果能通过某种形式适当分担或减轻这种成本压力，企业参与校企合作的积极性将大大提高。政府可以通过减税、增加财政补贴等优惠措施来补偿企业，降低企业的合作成本。学校可以设立专项资金帮助企业降低成本。

（2）积极探索多元主体合作共赢的集团化办学模式，使交易费用内部化

交易成本理论认为，企业就是为了减少市场交易费用而产生的经济组织，它是价格机制的替代物，因此，当交易在企业内部进行时（交易费用内部化），交易费用就会比市场低。在校企合作发展初期，相对于单纯的市场交易，由于需要较多的沟通、谈判以及履约等费用，交易费用会比较高，但随着合作的紧密度不断加深，外部市场交易逐步完成，相关费用可逐步实现企业内部化，交易费用就会不断降低。因此，建立紧密的校企合作关系，是降低校企合作交易费用的有效途径。校企合作进程可以通过与行业对接、发展职业教育集团来加快。因为一方面，这种校企双方的合并或融合方式可以实现内部化交易，减少机会主义行为产生的道德风险，降低交易转移成本；另一方面，根据产业链的需要而形成的集团化办学模式，能建立起全面、稳定的校企合作关系，使高职院校学生的培养与企业员工的需求对接起来。高职院校的发展与企业的发展紧密相连，校企交易费用可逐步内部化，从而大大降低交易费用。

（3）加强专业特色建设，增强交易专用性

根据交易成本理论，当交易专用性越高时，企业进行校企合作的意愿越强烈。如果学校在毫无特色的前提下追求专业的大而全，开设的专业千篇一律，培养的学生职业素质不高，专业特点不突出，就不会吸引企业，那么企业进行校企合作的意愿就不强。因此，学校应加强专业特色建设、品牌建设，通过订单式培养、建立"校中厂"以及"厂中校"等方式，提高学校为企业培养的人才的专用性，切合企业对人才的需求标准，增强企业对学校的"套牢效应"，改变职业教育校企合作普遍存在的"学校热、企业冷"现象，建立紧密的校企合作关系。

二、研究框架

无论从我国国情出发，还是依据国际经验，企业的深度有效参与都是保障和提高职业教育质量最重要的因素之一。受国家制度、文化传统和教育体系的差异的影响，不同国家的企业参与职业教育办学时都会表现出不同的特征。本研究在理论分析的基础上，对德国、英国、澳大利亚、美国、加拿大、法国、日本企业参与职业教育办学的法律法规、发展历程、运行机制、主要模式和发展趋势等进行了深入分析，剖析企业在职业教育中的角

```
┌─────────────────────────────┐          ┌ ─ ─ ─ ─ ─ ─ ─ ─ ─ ─ ─ ─ ─ ┐
│           绪   论            │ ◄ ─ ─ ─   │   研究铺垫部分（第一章）    │
└─────────────────────────────┘          └ ─ ─ ─ ─ ─ ─ ─ ─ ─ ─ ─ ─ ─ ┘
              │
              ▼
┌─────────────────────────────┐
│   企业参与职业教育办学机制    │
└─────────────────────────────┘          ┌ ─ ─ ─ ─ ─ ─ ─ ─ ─ ─ ─ ─ ─ ─ ─ ─ ┐
  ⃝  ⃝  ⃝  ⃝  ⃝  ⃝  ⃝          │  研究主体部分（第二章至第八章）   │
  德  英  澳  美  加  法  日   ◄ ─ ─ ─    └ ─ ─ ─ ─ ─ ─ ─ ─ ─ ─ ─ ─ ─ ─ ─ ─ ┘
              │
              ▼
┌─────────────────────────────┐          ┌ ─ ─ ─ ─ ─ ─ ─ ─ ─ ─ ─ ─ ─ ┐
│ 各国企业参与职业教育办学机制的│ ◄ ─ ─ ─   │   研究比较部分（第九章）    │
│ 比较                        │          └ ─ ─ ─ ─ ─ ─ ─ ─ ─ ─ ─ ─ ─ ┘
└─────────────────────────────┘
```

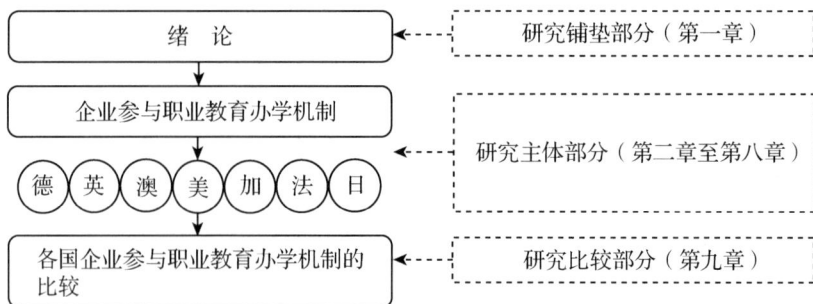

图 1-1　本书的研究框架

色定位、责任权利及制度需求，从而探索发达国家企业参与职业教育办学的共性和个性特征，以对我国职业教育校企合作实践提供经验。本书主要包含三方面内容：研究铺垫部分、研究主体部分和研究比较部分。（见图 1-1）

(一)研究铺垫部分

研究铺垫部分是整个研究的铺垫与准备，主要包括绪论部分。绪论详细介绍了企业参与职业教育办学的研究背景、研究意义、研究现状及文献综述，阐述了当前我国企业参与职业教育办学面临的机遇和挑战，这为本研究的深入开展奠定了现实基础和文献基础。在厘清现实基础和文献基础的前提下，本书确定了基本内容。理论基础部分从实用主义教育理论、新职业主义理论、利益相关者理论、交易成本理论四大理论进行分析，从而为本研究奠定了坚实的理论基础。

(二)研究主体部分

研究主体部分是整个研究的重点和主要内容，包括德国、英国、澳大利亚、美国、加拿大、法国、日本企业参与职业教育的办学机制七部分。在分析了不同国家职业教育发展概况的基础上，本书对不同国家企业参与职业教育办学的法律法规、发展历程、运行机制、主要模式、发展趋势等进行了详细的阐释，从而针对不同国家企业参与职业教育办学的不同特点为我国企业参与职业教育办学的深入推进提供经验。

(三)研究比较部分

研究比较部分是整个研究的落脚点。研究主体部分一方面呈现了企业参与职业教育办学是国际职业教育发展的共同趋势和核心动力，另一方面也呈现出不同国家在推进企业参与职业教育办学过程中的共性经验。然而由于历史、法律政策、管理制度、文化传统等方面的差异，各国企业在参与职业教育办学的具体过程中，在参与模式、运行机制等方面又形成了各自的特色。本书通过比较分析多国企业参与职业教育办学的共性和个性，总结多国企业参与职业教育办学的丰富经验，从而为我国企业参与职业教育办学提供有益的参考。

第二章 德国企业参与职业教育办学机制

第一节 德国职业教育概况

德国的职业教育举世闻名，因为德国有着悠久的手工业生产史，其手工业者的社会地位也比较高，逐渐形成了重视职业教育的传统。

18世纪，德国普及了初等教育，在18世纪中期，逐步形成了化工、钢铁等工业发展需要的技术学校。这些学校教授学生未来所需要的知识和技能。19世纪中期，德国对职业教育的要求继续提高，于是技术学校难以满足产业对工人的素质要求。1906年，慕尼黑率先建立了以职业为导向的职业进修学校。1938年，德国《义务教育法》正式规定职业技术教育为义务教育，并由国家出资施行职业教育，奠定了德国职业技术教育的发展基础。[①] 第二次世界大战之后，德国职业教育进一步升级，"双元制"模式的职业教育逐渐成形。

1969年，德国颁布《联邦职业教育法》，确立了企业和学校双方在职业教育中的权利与义务关系。所谓"双元制"职业教育模式是指办学主体一方是企业，另一方是非全日制职业学校，双方合作进行职业教育的模式。这种模式采取由政府对职业教育进行宏观管理，各行业主管部门自治管理，生产单位组织和实施的三级负责制。

在"双元制"模式中，职业教育在两大学习地点进行，但企业承担了职业教育的主要部分。学生在企业和学校的一般时间比为3∶2或4∶1。职业教育还采取离职进修制的形式。学生与企业签订培训合同后，以学徒身份在企业里接受职业技能方面的培训，同时获得职业学校的学生身份，在职业学校里接受专业理论和普通文化知识教育。学生的学徒期根据其申报的任职资格，一般为2~3年，在此期间，学生可获取少量的工资，其幅度为正式工人起点工资的20%~40%。[②]"双元"的另一含义是德国职业教育遵循两个法律体系，即企业内培训和教育依据德国《联邦职业教育法》，学校内教育则依据各个州的教育法来实施。

第二节 德国企业参与职业教育办学的相关法律法规

德国的法律制度是确保企业参与职业教育办学的最基本制度。德国职业教育方面的基本法律有三部：《联邦职业教育法》《联邦职业教育促进法》和《手工业条例》。此外，德国还有《青年劳动保护法》《企业基本法》《实训教师资格条例》以及各州的职业教育法和学校法等。1969年，德国颁布了《联邦职业教育法》，该法被称为德国现代职业教育的基本法，

---

① 王涛：《德国职业教育的发展演变、特点及启示》，载《职教时空》，2013(9)。
② 高育奇：《德国职业教育的特色及其对我国职业教育的启示》，载《教育与职业》，2007(21)。

该法正式以法律的形式明确了"双元制"职业教育制度。《联邦职业教育法》规定企业可从事职业教育，并对初级培训合同的签订、培训雇主的义务、受培训人的义务和津贴、招雇受训人和提供培训的资格、培训期限的延长与缩短、培训的控制与监督、考试和考试委员会的设立、职业教育委员会的设立等各个重要方面进行了全面规定。

2005 年，德国对《联邦职业教育法》进行了修订，这是将 1969 年的《联邦职业教育法》和 1981 年的《联邦职业教育促进法》进行修订合并后颁布的，是德国职业教育的基本大法，这项改革的目的在于保证和进一步改善年轻人的职业培训机会，以及保证所有年轻人都能接受高质量的职业教育，而不依赖他们的社会背景和所处地区。[①] 这部法律的内容主要包括职前和职后培训(继续培训和转业培训)，规定了培训企业和受训者的关系及双方的权利和义务、培训机构与人员的资格、培训的监督和考试、职业教育的组织管理和职业教育的研究等。此外，各个州按照各州宪法的指导，通过各州议会颁布各州的学校法，规范学校内部的教学与管理事务，涵盖了职业学校的教学组织与设计。这些是德国在立法权力范围内通过议会颁布的法律。

除了法律法规之外，德国还有涉及职业教育的相关条例、协定和章程等，通常是配合联邦政府的某项教育立法而制定的。例如，《职业培训条例》是配合《联邦职业教育法》而制定的；《职业教育条例》是"双元制"职业教育中指导企业开展职业培训活动的重要依据；《考试条例》是关于组织和实施"双元制"职业教育结业考试的法定章程，对职业资格的取得进行了标准化的规定；《培训合同》是"双元制"职业教育培训中培训者和企业确立培训关系的法律基础，同时保障参与职业培训的双方履行各自的义务，承担各自的责任。这一层次还有由州教育部根据本州的教育法所颁布的教育行政法规和规定。

此外，德国还有一些法令涉及"双元制"职业教育中的实践培训，如《劳动促进法》规定企业应有工人代表参与职业教育实施，和企业委员会共同商定企业职业教育的实施。还有一类是关于职业教育具体内容的法律法规，如《教育条例》《教育框架计划》和《框架教学计划》。联邦层面根据《联邦职业教育法》为每一个教育职业开发相应的教育条例，详细描述该职业的名称、学制、职业能力和知识要求、考试要求等。《教育条例》也是企业制订教育计划的依据。《教育框架计划》是《教育条例》的常规组成部分，它以附录的形式粗略划分了企业教育的基本时间和内容。针对职业教育的主要参与者，有由德国联邦教育和研究部基于《联邦职业教育法》颁布的教师培训条例《企业教师资质条例》，它规定了企业教师的资质，并与独立的公共事务、家政、农业及企业教师规定统一起来。

就校企合作而言，德国的专项法律并不多。职业教育最重要的法律《联邦职业教育法》仅第 2 条第 3 款直接呼吁在实施职业教育时开展学习地点合作。官方对于增加该条款的解释是职业学校和企业是"双元制"的两大支柱。新的教育职业以工作和作业流程为导向。学校和企业紧密合作，能更好地落实《职业培训条例》和《框架教学计划》协商的教育内容。因此，新职业教育法将教育企业和相关职业学校在职业教育上的合作定义为常规任务。因

① 王璐：《德国"双元制"职业教育法律法规研究》，硕士学位论文，天津大学，2009。

此，德国政府要求各州利用新职业教育法中经过完善的各项条款，优化学校和企业在职业教育质量、数量和效率上的合作。

第三节 德国企业参与职业教育办学的发展历程

一、"双元制"初步形成阶段

德国有着崇尚技术的传统，有利于形成企业参与职业教育办学的社会氛围。在德国历史上，工人的地位一直比较高，于是很多人希望自己的子女能够通过职业培训找到理想的工作。此外，产业结构升级产生了对相应层次劳动力要素的强劲需求。从18世纪德国工商业的兴起，到19世纪德国大工业迅速发展起来，直至20世纪德国成为世界上先进的工业国之一，德国不断加速发展的工业化进程，要求必须有大量的源源不断的训练有素的技术操作工人。18世纪，进修学校开始兴起。到19世纪，随着资本主义社会的发展，进修学校逐渐转变成专门对学生进行职业培训的机构，显著地扩大了职业定向范围，对手工从业者的培训强制实行统一的新方式。学校与企业紧密结合，既能扶助中产阶级，又能提供平民培训，这使得进修学校成为"双元制"培训模式的第二大支柱。

20世纪30年代，进修学校演变成了新职业学校（New Vocational School），其办学宗旨是提高从业人员的职业能力。由于人口的增长，德国政府不得不强制青年接受职业教育。在那时，一些专门机构如德国技术工人培训学院和职业培训工作委员会建立起来。这些机构完善了职业培训，进一步强化了培训系统。

1937年，德国出现了"职业学校"标准名称，中央政府开始组织企业内培训，学校也被强制使用标准课程（皇家课程）。政府对职业学校的赞助规定和培训基金的管理办法等一些重大事项也有了标准。1938年，学生参加职业学校的学习成为全国性的义务教育。第二次世界大战以后，德国继承了之前的职业培训制度，于1969年颁布了《联邦职业教育法》，这一法律的实施标志着德国职业培训体系的形成。

二、"双元制"培训巩固阶段

20世纪70年代以后，传统的培训结构被打破，职业学校教育与企业培训同时并举的职业教育得到了相应发展，并逐渐趋于完善。20世纪80年代以后，德国的学徒工培训、中高等职业教育以及在职培训已形成一个比较完整的体系，各州、市也形成了严密的职业教育网，从而使德国在普及职业教育方面处于领先地位。

在此期间，企业积极参与职业培训，其动力在于能够获得更大的收益。一方面，企业通过开展职业培训来满足自身的劳动力需求，雇用学徒并加以培训，可使企业拥有稳定的技术工人来源。另一方面，学徒的工资大大低于正式员工，并且企业可以从公共团体和协会获得技术援助而大大降低培训学徒的成本。此外，企业参与"双元制"培训可以获得社会效益，即能够进行"双元制"培训并招收学徒表明了企业的规模和层次，可以提高自身的知名度，对企业来说既是一种荣誉，又是一种宣传。政府通过制定法律保护了企业参与职业培训的权益，提高了企业的积极性。

三、"双元制"职业培训体系发展阶段

20 世纪 90 年代后，企业的参与程度有所降低，突出表现为培训岗位的数量减少，其原因有多个方面。20 世纪 90 年代以来，德国的经济发展趋缓，同时学徒的工资不断增加导致企业的培训成本太高。德国的大型企业，特别是工业企业培养人才的费用更高。现代高新技术更新速度的加快要求企业的培训内容不断更新，而企业不是专门的教育机构，在培训学徒工方面精力有限，造成企业在新的技术形势下承担职业教育任务的力量有限。综合以上因素，企业界认为这笔培训费太高。同时，企业认为学徒的质量在不断下降，表现为文化知识严重缺失，社会交往与合作能力以及人生价值观培养不够。此外，在小型企业成了学徒培训市场顶梁柱的现实中，大中型企业不但减少了培训岗位，还去挖那些小型企业培训出来的学徒，这无疑威胁着市场的公平竞争。2002 年后，企业参与职业教育办学的状况有所回暖，其主要原因是行政干预。政府鼓励大型企业继续提供培训，如果企业不提供培训，政府就增加该企业的税收；如果企业提供培训，政府就对该企业实行减税，还提供一些补贴。这种方法受到企业的欢迎。[①]

第四节 德国企业参与职业教育办学的运行机制

一、组织机制

德国职业教育的组织框架通常以联邦政府、州、地方等层次划分。在联邦层面，联邦教育和研究部是"双元制"在联邦层面的主要责任部门，联邦政府中所有与职业教育有关的问题都由联邦教育和研究部负责。任何关于职业教育决策的发布都须先经过它的许可，包括职业教育法的发布、联邦教育助学金的发放、职业教育报告的撰写以及其他联邦部委与联邦教育和研究部协商，由专业部委负责各教育职业的认证等事务。

从州层面来看，"双元制"企业教育事务由联邦管辖，学校教育事务由州管辖。法律规

---

① 刘春生、柴彦辉：《德国与日本企业参与职业教育态度的变迁及对我国产教结合的启示》，载《比较教育研究》，2005(7)。

定，州的教育和文化事业归属州业务范围。发布职业学校教学计划、为学校教师提供经费、法律监管各行业协会均由各州层面负责。州职业教育委员会向联邦政府提供职业教育的相关咨询，推进学校和企业职业教育的合作，并关注学校教育事业发展所涉及的职业教育问题。

各州文化部代表州政府负责普通教育学校和职业教育学校的事务。1948年成立的州文化部长联席会议是跨州的部长及专家合作机构，负责教育、科研等各种文化事务工作。文化部长联席会议既是各州商议跨州教育、科学和文化事务的机构，也是州和联邦之间的合作桥梁。州职业教育委员会致力于学校职业教育与职业教育法所指出的职业教育间的合作。该委员会是州政府的核心咨询部门，它必须充分发挥自己的协商功能，达成企业和职业学校的最大共识，并在安排学校教育内容等事务时，尽量引入有利于学生未来职业行动的教学内容。[①]

具体到地方，经济界的自治组织，特别是工商会和手工业行会等具有能力优势，负责本地区企业的咨询和监管以及教育企业和企业教师的资格确认。在《联邦职业教育法》和《手工业条例》范畴内，行会就地区需求颁布具体规定。各州经济部长通常负责监管企业职业教育的地方主管部门。各州行会下属的职业教育委员会由雇主、雇员和公共机构代表组成，就职业教育相关问题向州政府提供咨询。州职业教育委员会促进学校职业教育和职业教育法所规范的职业教育间的合作。

在校企合作的教育企业中，根据企业法经过选举成立的雇员代表委员会（企业职工委员会）对职业教育的计划和实施以及企业教师的聘用有共同决策权。此外，由企业教师自愿组织起来的企业教师工作圈也值得一提。双元体系中的教师和职业学校也可以参与该组织。就具体的校企合作事务而言，学校和企业之间尚未建立起直接、完善的合作组织，通常通过上级主管部门的沟通协调解决问题。

德国联邦劳工服务局是德国劳动市场最大的服务提供者，为公民和公司等提供劳工和教育培训市场的全套服务业务。它拥有覆盖全国的服务网络，包括10个地方主管机构、176家地方就业服务处及610家办事处。劳工服务局利用自己在受教育者的选拔测评、录用、就业等问题上的信息资源优势向企业教师提供咨询和中介服务。企业教师与行会的合作体现在咨询、监督和事务推进方面。行会的职业教育顾问、考试委员会等人员或部门都直接参与校企合作。因为与企业的天然联系，行会被视为校企合作中最适合的协调单位。

二、经费机制

（一）企业直接投资

企业是"双元制"职业教育体系的主体。有些州的职业学院的办学经费主要来自企业，几乎没有政府拨款。职业学院都成立了理事会或董事会，该组织中来自出资企业的代表主

---

① 江奇：《德国职业教育校企合作机制研究》，博士学位论文，陕西师范大学，2014。

要监督学校经费的使用情况。正是有了企业的大力相助，德国"双元制"职业教育的发展才兴旺发达，这是培训企业为德国职业教育所做的贡献。企业直接投资是主要方式，具体表现为企业通过投资建立职业培训中心、购置培训设备、负担实训教师的工资和学生的培训津贴。这种方式多见于制造业的大中型企业及经营服务性产业。[①]

(二)企业外集资

这是企业的一种间接的投资方式。企业外集资以多种基金形式设立，主要有中央基金形式、劳资双方基金形式和特殊基金形式。中央基金由国家统一分配和发放，并有一套严格的分配制度和申请条件，例如中央基金规定只有培训企业和跨企业培训中心才有资格获得培训资助。不同的培训职业、不同年限的培训、经济发展水平不同的区域和不同规模的企业，所获经费资助的多少是存在很大差别的。一般情况下创业可获得培训费用补助，如果企业所培训的职业符合发展趋势就可获得资助。参与培训的企业可得到这些资金，一方面可激发企业参与培训的积极性，另一方面可平衡企业的经济负担。这种资助可以有效地平衡培训企业和非培训企业之间的竞争。

所谓中央基金，是指德国所有企业在一定时期内要向国家缴纳的一定数量的培训经费，通常按企业员工工资总额的 0.6% ~ 9.2% 提取，具体比例根据当年的经济发展状况确定。[②] 中央基金统一分配和发放，只有培训企业和跨企业培训中心才有资格获得。包括中央基金在内的其他各种培训补助，都将根据企业类别、培训职业、培训年限和区域经济状况进行分配。一般情况下，企业可以获得占其净培训费用 50% ~ 80% 的培训补助，如果企业所培训的职业符合社会发展趋势，企业可以获得 100% 的培训补助。行业基金是为了满足某个行业的特殊需要，为促进行业职业教育的发展而建立的基金形式。它要求行业内的所有企业向该基金缴纳一定数额的资金作为本行业职业培训的共同经费，由行业自行管理并统一分配。[③]

(三)政府投入

职业学校的经费，根据州和地方办学机构之间的职能分配，由州政府和地方办学机构共同负担。公立的职业教育学校通常由州政府负担教职工的工资和养老金等人事费用。地方办学机构负责校舍的建筑、日常维修和管理以及管理人员的工资等人事费用，并可以得到州政府的补助。德国政府用于职业教育的经费通常通过法律规定的方式来筹措。与经费筹措有关的法律有《联邦职业教育法》《联邦职业教育促进法》《劳动促进法》《企业基本法》《学校法》和《手工业条例》等。政府也以拨款的方式支持"双元制"职业教育中企业培训的主管部门——行业协会。例如，政府对行业协会委任的培训顾问给予一定的补贴。行业协会跨企业培训场所的设立也可以从政府那里得到补贴。政府不仅为这些培训机构的设立提供补助，而且还为其设备配置、材料消耗、培训课程的实施提供补助。此外，政府还通过给

---

① 刘晓：《利益相关者参与下的高等职业教育办学模式改革研究》，博士学位论文，华东师范大学，2012。
② 于晓菲：《德国双元制职业教育模式对我国职业教育的启示》，载《中国高新技术企业》，2010(25)。
③ 刘晓：《利益相关者参与下的高等职业教育办学模式改革研究》，博士学位论文，华东师范大学，2012。

行业协会某个项目补贴来支持行业协会承担的工作。在德国，法律给予了行业协会公法地位，同时政府也通过各种补贴来支持行业协会承担职业培训的任务。

三、师资保障机制

企业获准实施"双元制"职业教育，必须配备专门的人力，其中最为重要的是配备专门的培训师。培训师一般是完成"双元制"职业培训后具有 5 年以上职业实践经验的技师学校毕业生，或者是经"双元制"职业培训后具有两年职业实践的各类专科学校毕业生。他们在通过职业教育学、劳动心理学的考试后，才能成为实训教师。他们的工作职责包括核查实施职业教育的前提条件、制订职业教育计划、做好实施职业教育的准备、吸收学生参与、实施职业教育计划等。[①] 在大型企业中，举办职业教育通常需要设立专门的部门，该部门的工作范围远远大于技能训练。

除了培训师，中职层次的"双元制"职业教育还需要配备理论教师和导师。德国法律规定，提供中职层次"双元制"职业教育的企业，必须为每 12 个学生配备 1 个专门的培训师、0.5 个理论教师和 0.5 个导师，其中导师负责联系家庭、学校，类似中国高校的辅导员。配备理论教师的目的是辅导学生，弥补学校教育中理论教学的不足。在高等教育层次的"双元制"职业教育中，法律对于企业配备理论教师则没有硬性规定。

第五节　德国企业参与职业教育办学的主要模式

在德国的"双元制"职业教育体系中，企业是职业教育的主体之一，并通过各种方式直接或间接地参与职业教育。

一、参与高技能人才的培养——"双元制"

从不同角度看，"双元制"可分为不同的类别：从教育阶段看，分为首次职业教育"双元制"和继续职业教育"双元制"；从学校学习和企业实践的分配时间看，分为学期模式"双元制"、周模式"双元制"、自主模式"双元制"[②]；从学校学习和企业实践的结合形式看，分为培训一体式、实践一体式、职业一体式和职业并行式[③]。德国科学委员会按照学校学习

---

① 姜大源：《德国联邦职业教育法译者序》，载《中国职业技术教育》，2012(10)。

② Modelle des dualen studiums-FH müenster，https：//www.fh-muenster.de/studium/studiengaenge/duales-studium/duale-modelle.php，2017-09-20.

③ Duales Studium（Ausbildung plus Studium），http：//www.fh-studiengang.de/glossar/dualesstudium.html，2017-09-20.

和企业实践的结合形式将"双元制"分为 8 种类型[①]，如表 2-1 所示。

表 2-1　学校学习和企业实践的结合形式的教育类型

个人教育阶段		与学习地点的关系	
		融合式	并行式
首次职业教育	与职业教育结合	培训一体式(学士)	培训并行式(学士)
	与实践结合	实践一体式(学士)	实践并行式(学士)
继续职业教育	与职业教育结合	职业一体式 (学士/硕士)	职业并行式 (学士/硕士)
	与实践结合	实践一体式 (学士/硕士)	实践并行式 (学士/硕士)

　　目前，根据大学学习类型，德国联邦职业教育研究所将德国高等教育领域的"双元制"培养模式分为 4 种：培训一体式、实践一体式、职业一体式和职业并行式[②]。

(一)培训一体式

　　该模式针对首次接受职业教育的学生。学生入学的前提条件是学生获得或者即将获得大学或者应用科技大学的入学资格。该模式把大学理论学习与获得承认的职业培训结合在一起进行，进而把大学理论学习与职业培训相互融合。大学理论学习，既精减了职业教育的教学，又部分或全部覆盖了职业教育的教学内容。学生毕业时，除了获得高校的学位证书(一般来说是学士学位)，还可获得第二专业毕业证和相关培训职业资格证书。(见图 2-1)

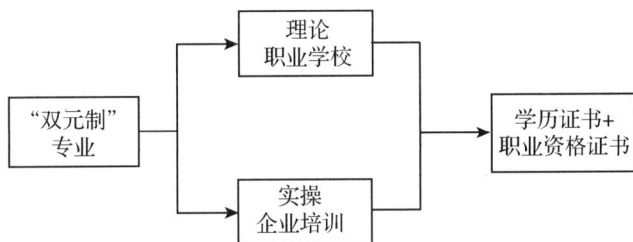

图 2-1　培训一体式结构图

(二)实践一体式

　　该模式同样针对获得或者即将获得大学或者应用科技大学入学资格的学生，但是学生和企业或组织机构只签订实习或见习合同，不签订职业培训合同。该模式把大学理论学习

---

①　Empfehlungen zur Entwicklung des dualen Studiums，http：//www. wissenschaftsrat. de/download/archiv/3479-13. pdf，2017-09-20.

②　BIBB，http：//www. ausbildungplus. de/files/Duales-Studium _ in _ Zahlen _ 2014. pdfm，2017-09-20.

与长时间的企业实践或者兼职职业的日常活动结合在一起。企业实践阶段和兼职职业的日常活动，按天完成或者在长单元时间内完成。3 个月高校理论学习和 3 个月企业实践交替进行。学校教学内容与实践培训时间内容紧密结合。学生的实习时间较长，通常占据整个培训时间的一半。学生毕业时获得高校学位证书和职业资格证书。企业为学生支付学费、生活费及实习工资。该模式与培训一体式的区别在于学生通常不接受具体的职业教育，只进行高校学习和企业或组织机构的实习、见习。（见图 2-2）

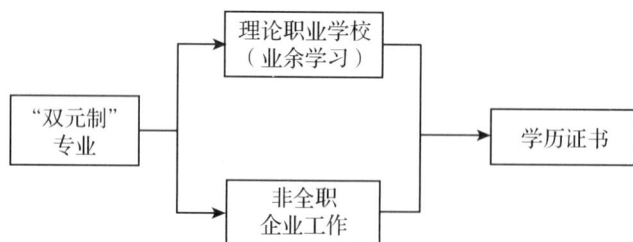

图 2-2　实践一体式结构图

（三）职业一体式

该模式属于继续职业教育范畴，针对那些已经接受过职业教育或者有职业经验的学生，没有应用科技大学或普通高校入学资格的学生也可以参加。大学的学习内容和职业日常工作紧密相连。学生利用业余时间学习大学课程。企业支付学生学费。大学的学习内容和职业日常工作内容间的相互关系是事先计划好的。学生毕业时获得学历证书。（见图 2-3）

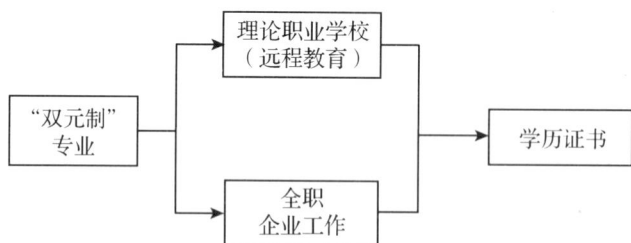

图 2-3　职业一体式结构图

（四）职业并行式

该模式也属于继续职业教育范畴，针对全职工作人员，没有应用科技大学或普通高校入学资格的学生也可以参加。学生主要以远程学习的方式完成指定课程，课程内容与企业工作可以无关。企业确保学习内容能够付诸实施。学生全职工作的同时获取学术知识，主要利用节假日参加相关研讨会并自学毕业。企业承担学生学费。学生毕业时获得学历证书。

可见，不管哪种类型的"双元制"项目，企业或组织机构首先与高校签订联合培养协议，然后向社会提供培训岗位。接着，学生根据自身条件向企业或组织机构申请培训岗位，申请成功后，和企业或组织机构根据具体的项目情况签订 3～5 年的培训合同。最后，学生在大学注册学习，同时还要在企业或组织机构参与培训。通常，学生一半时间在高校学习，一半时间在企业或组织机构接受培训。学生毕业时，参加由德国工商业联合会(德国开展职业技能鉴定的专业机构)颁发的职业资格证书考试。(见图 2-4)

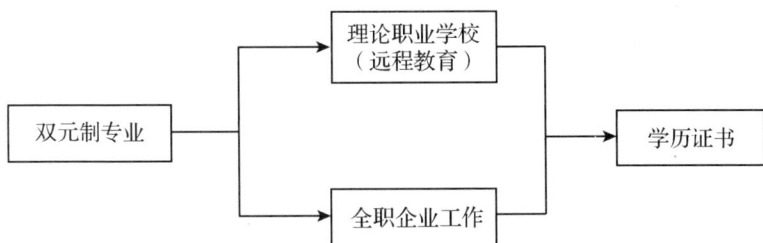

图 2-4　职业并行式结构图

二、财力投入

企业对职业教育的经济投入远远超过政府对职业教育的投入。以 2007 年为例，该年度德国企业对于"双元制"职业教育的毛投入达到 15.3 万亿欧元，而政府投入仅为 2.9 万亿欧元。这些投入集中在兴建职业培训中心、购置设备、支付企业实训教师工资以及支付学生的学费和薪酬等方面。德国的培训企业自行负责培训设备购置、实训教师工资和学徒培训津贴。大型培训企业一般直接出资建立自己的职业培训中心，如西门子公司、大众汽车公司、德意志银行、大型百货商店等，都有专门的培训中心。从某种意义上说，"双元制"职业教育中的企业，既承担类似我国职业教育中实训车间和实践教学基地的角色，也为学生提供顶岗实习机会，同时还提供真正的"双师型"教师用以指导学生。微小型企业则需要在跨企业培训中心培训自己的后备人才，除了负担培训教师和学生的工资津贴费用，还需要支付在跨企业培训中心产生的培训费用。同一行业的所有企业缴纳一定数额的资金作为该行业职业培训的共同经费，也就是行业基金。行业基金由各行业自行管理并统一分配，主要用于资助经济发展较差地区的职业教育。

三、企业参与职业教育的考核评价

德国《联邦职业教育法》规定，学生在培训结业时必须参加考试。结业考试包括两部分：第一部分在第二学年结束时举行，占总成绩的 40%，包括 3 种形式，即完成一项综合性工作任务、针对工作情境的口试、任务设计笔试；第二部分在全部职业教育(一般为三年半)结束时进行，占总成绩的 60%，包括 4 项内容(被称为"考试领域")，即工作任务、合同与功能分析、加工技术和经济与社会学知识。其中，最重要的部分工作任务的考试方式有两种供选择，即企业真实任务和模拟实践任务。德国职业教育结业考试由行会负责，如由工商业联合会或手工业行会负责。培训企业和学校不能干预结业考试的组织和安排。行会成立专门的考试委员会，负责考试的命题、组织、评分和证书授予。考试委员会由职业学校教师、企业主和雇员三方代表组成，人数不少于 3 人。其中，企业主和雇员的人数不少于总人数的 2/3。考试内容参照《联邦职业教育法》的职业教育标准和要求进行，由考试委员会根据企业要求和企业实际情况出题，并对考题的范围和难度进行审核，保证考题标准的统一。监考人员由企业的培训教师和职业学校的教师组成，并进行交叉式监考。德国企业参与职业教育的考核评价，确保职业教育的培养目标满足企业的发展需求。

四、企业与职业学校合作开发科研项目

德国职业学校的科研重心在于与企业合作，让企业参与到科研工作中，使双方共同开发企业新产品、改革企业生产工艺和解决各种技术难题等，这样既能满足企业发展的实际需求，又能不断为企业提供科研力量。在德国"双元制"职业教育模式中，企业不但有权决定培训相关事宜，而且参与职业学校的理论教学大纲的制定。此外，企业还参与职业教育相关政策的制定和法律法规的起草等。

第六节 德国企业参与职业教育办学的发展趋势

一、向高等教育阶段延伸，增强"双元制"的吸引力

德国的"双元制"在发展初期主要是在中等职业学校实施的。随着社会的发展及社会对人才的需求的变化，传统大学的实验实训环节只占总学时的 15%，不能满足高技术发展的要求。于是德国在应用科技大学中实施"双元制"教学，将学生的理论学习与实践紧密结合，为学生在企业工作做好充分准备，帮助学生获得工程师本科毕业证。应用科技大学的学生没有普通学生的寒暑假，但有企业假期。应用科技大学的学制一般为 4 年。学习程序如下：学生在进学校之前，先在企业工作 5 个星期，开学后在学校学习半个学期，第一学期后半段和第二学期在企业工作；第二学年在企业学习；第三学年第一学期在学校学习，第二学期在企业学习，年底必须通过行业学会（协会）的资格考试；最后一年在企业做毕业设计。应用科技大学的学生同其他学生（综合大学的学生）的区别是以工科学习为主，需要在企业学习、实习 60 周才能考试，这对学生来说有很大压力，所以有 25% 的学生会中途退出。进入应用科技大学的学生在企业已经工作很久，毕业时同时拥有毕业证书和职业资格证书。

二、发展博士人才培养中的"双元制"

德国应用科技大学不能培养博士，一般需要和综合大学进行联合培养，与综合大学合作的主要方式是学生主要在研究所做工程项目，做成项目后撰写完论文，即可正常毕业。

在德国，每个教授都有几个助手，这些助手属于科技人员，同时读硕士研究生或博士研究生，其中就有"双元制"学生。德国教授一般的成长历程是经过文理高中13年或12年的学习，进入综合性大学，然后经过本科、硕士阶段，最后需要跟着教授做项目；经过团队科研项目、自选科研项目、毕业设计项目的锻炼，25岁可以进行博士学习，30岁可以取得博士学位，然后进入研究所进行项目研究，工作5～7年。一般人成为教授的年龄段主要在38～44岁。教授有权自主组建研究团队，自主筹措资金，自主招生。

第三章　英国企业参与职业教育办学机制

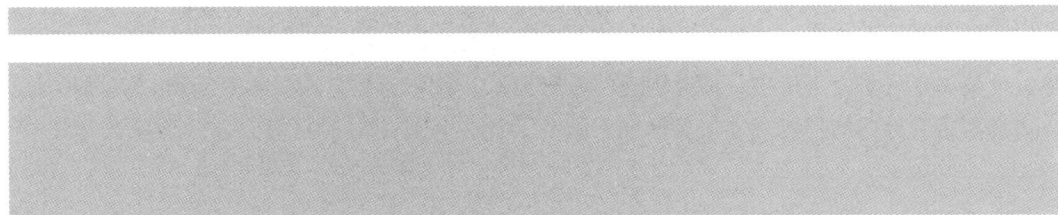

第一节　英国职业教育概况

一、英国职业教育与国家资格框架制度

英国有着完善的教育体系，分为初等教育、中等教育、继续教育及高等教育。学生在高中阶段有多种选择：文法中学、综合中学、现代中学和城市技术学院。文法中学提供为升学做准备的学术性课程。综合中学是一种把文法中学、现代中学综合在一起的中等学校，其培养目标多样化。学生在这里可以为升入大学做准备，或者选择毕业后直接就业。综合中学提供学术性和职业性的组合课程，使学生可以根据自己的成绩、能力、喜好进行自由选择。在综合中学，职业技术教育的性质主要通过技术性课程和职业性课程体现。现代中学是一种以智力、能力较低的学生为主要对象，兼顾最基本的普通教育和职业教育的中学，主要为学生就业做准备，只有少数学生会继续升学。16～18 岁是接受继续教育阶段，该阶段有第六学级和第六级学院、第三级学院、继续教育学院。第六学级和第六级学院是指中学五年级之后为已完成义务教育但想要继续学业的青少年设立的为期两年的学级和学校，以以升学为目的的学术教育为主，兼施职业技术教育。第三级学院是为满足不同层次和不同兴趣爱好的 16～19 岁青年的需要而设立的，其课程包括学术性课程和职业性、技术性课程。18 岁以上是接受高等教育阶段，该阶段有大学、高等教育学院及部分继续教育学院。

英国传统文化崇尚绅士教育，因此职业教育相较于其世界一流的学术教育而言较为落后。英国的职业教育起步于工业革命期间。到 19 世纪 20 年代，格拉斯哥、曼彻斯特、伦敦等城市已陆续办起了机械工人学院。这些学校的办学目的是对工匠和熟练工人进行科技教育，其课程大多在业余时间进行。到 1850 年，苏格兰已有 600 所文化和机械工人学院，共有学生 10 万名。到 19 世纪末，这类学校陆续变成了技术学院。[①] 19 世纪后期，"重学术、轻技能"成为社会主流，使绅士教育备受推崇，于是上层社会的子弟首先选择进入大学学习。英国社会对职业教育的认可度不高，雇主和个人对职业教育的参与度也不高。20 世纪 60 年代以来，技能人才短缺日益明显，于是英国政府开始加强职业教育，提高职业教育的社会地位，建立职业教育与普通教育衔接的渠道，把职业教育从中学贯通到高等教育。近年来，英国政府越发重视发展职业教育与培训，打造出"全程渗透、相互贯通"的教育体制。

英国政府建立了完善的国家资格框架制度，使普通教育、职业教育和资格证书有效对接，使英国形成了上下衔接、横向沟通的教育体系。就职业教育质量本身而言，英国形成了以市场需求为导向的技能人才培养标准，满足了社会和雇主对高技能人才的需求。1988 年，

---

① 李津军：《英国职业教育模式》，载《天津职业院校联合学报》，2012(2)。

英国国家职业资格委员会推出了国家职业资格证书制度（National Vocational Qualifications，NVQ），将不同种类的职业资格纳入一体化的国家职业资格框架体系；1992 年推出普通国家职业资格证书制度（General National Vocational Qualifications，GNVQ）；2000 年推出五级国家资格框架（National Qualifications Framework，NQF），实现职业资格证书与学术类证书之间的对等与互换；2004 年将五级国家资格框架调整为九级国家资格框架，将职业资格与高等教育资格框架相对应；2011 年，让国家资格与学分框架（Qualifications and Credit Framework，QCF）完全取代国家资格框架。① 英国把学历和学位等证书包括学徒制都纳入一个框架，建立更加开放的体系，实现普通教育和职业教育在高层次的等值互换；所有资格都按难度和学习量两个维度分类，并引入学分、学习单元的概念。② 至此，英国职业教育根据产业需求，结合国家职业资格框架制度，形成了纵向上从低到高的体系，又可与普通教育横向沟通，能够培养从技术工人到工程师和高级管理人员的多层次人才。2015 年，英国施行规范资格框架（Regulated Qualifications Framework，RQF），应对国家资格与学分框架实际运行过程中出现的资格证书数量骤增、质量下滑等问题，促进"知识和技能漂移"方面的作用，同时满足学习者、雇主、企业及相关组织日益增多的需求。③

二、英国职业教育系统的教学机构

综合中学、现代中学、第六学级和第六级学院、第三级学院等学校：提供学术性课程及职业性、技术性课程，教授核心技能。

继续教育学院：面向 16～19 岁青少年，是英国技术和职业教育与培训（TVET）的核心机构，教授就业能力、职业技能、创业技能，提供学术性课程及职业性、技术性课程，以职业教育为主。

城市技术学院：面向 14～19 岁青少年，是学院、大学、雇主组成的教学集合，主要提供职业性、技术性课程，学生结束学习后可进入高等教育或学徒制。

新型工作室学校：面向 14～19 岁青少年，提供学术性课程及职业性、技术性课程，使学生既能积累职业技能与经验，也能为转入学术教育准备学术资格。

国家技能学院：面向中学毕业生、新入职员工、已有工作经历的员工、大学毕业生，与技能组织、行业机构、雇主和专业培训组织合作，以应对行业面临的技能挑战，这类学院有信息技术国家技能学院或制造业国家技能学院。

私人或社区培训机构：面向 16 岁以上的学习者，包括私人培训机构、慈善机构提供的工作本位学习和社区学习，同雇主合作提供工作培训，关注职业技能和就业能力。

大学：教授学术知识和高层次的职业技能，某些大学会关注培养学生的创业技能和就

①　Stan Lester, "The UK Qualifications and Credit Framework: A Critique," *Journal of Vocational Education & Training*, 2011, 63 (2), pp. 205-216.

②　匡瑛：《英、澳国家资格框架的嬗变与多层次高职的发展》，载《高等工程教育研究》，2013(4)。

③　白玲：《从 QCF 到 RQF：英国资格框架改革的新取向及其启示》，载《外国教育研究》，2016(11)。

业能力。

雇主：多通过学徒制提供培训计划，提供与工作岗位和企业需求最接近的培训。

第二节　英国企业参与职业教育办学的相关法律法规

一、制定向企业征税的相关法律

1889 年，英国颁布了《技术教育法》，这是英国职业教育史上第一部财税法律，这部法律授权地方当局提供技术教育，或通过帮助其他机构实施职业教育，如通过支持民办职业技术教育和提供奖学金等方式；同时规定地方可以向企业征收地方税，用于补充发展职业教育的资金。自此企业参与职业教育的责任与义务以法律的形式规定下来。1902 年，英国政府颁布《巴尔福法案》。1904 年，英国颁布《中等学校规程》，设立地方教育行政管理机构加强征收职业教育的企业税，但对企业的约束力还比较小。[①]

二、以法律形式明确企业在职业教育中的地位

英国政府颁布《1944 年教育法》，明确了企业参与职业教育的模式，肯定了职业教育在中等教育和继续教育中的地位。这部法律把中等教育机构分为文法中学、技术中学和现代中学。企业参与技术中学或现代中学的管理，实施职业教育，大力开展产学合作。企业可根据自身需要设立职业课程，对学生开展职业培训和指导。企业代表在全国工商业教育咨询委员会和 10 个地区的继续教育委员会中占有很大比例，参与管理学校。这种职业教育模式开始受到法律保护，对英国职业教育的发展具有非常重要的推动作用。1964 年，英国又颁布了《产业训练法》，成立以企业代表为主组成的产业训练委员会，该委员会通过制定产业政策、培训标准和考试大纲，设计考试，开设训练课程，向企业征税拨款，提供建议与帮助等方式参与职业教育。

三、保障职业教育投入的法律规定

在 1964 年的《产业训练法》中，产业训练委员会可以向本系统的企业主筹资，用于委员会的活动和资助企业外的职业培训活动，突出了企业在职业教育中的重要地位。随后，英国又颁布了《职业培训法》，也要求企业增加职业教育投资。该法规定，由企业、教育部门及工会三方组成企业培训委员会，从企业工资总额中征收一定比例的税金。这就使得培训经费可

---

① 黄日强、邓志军：《英国企业参与职业教育的措施、途径及其发展态势》，载《职业技术教育》，2003(34)。

以更加合理地用于企业培训，它标志着职业培训已进入政府调控的范围。但该委员会的职能只限于大中型企业。1973 年 3 月，英国政府颁布《就业与培训法》。该法规定设立由劳资双方代表、地方教育当局代表、教师代表按一定比例组成的人力服务委员会，负责促进就业和训练事业的发展。它的设立使英国职业技术训练与其他劳动力的供求紧密联系起来，同时把为企业发展服务的培训工作与为个人就业服务的培训工作有机地统一起来进行管理。[①]

四、企业参与职业教育活动的法律规定

英国制定了一系列关于企业参与职业教育活动的法律。1835 年，英国颁布了《都市企业法》，规定企业必须参与职业培训，规定个人可以开设作坊并招收学徒、传授技艺，但是企业参与职业教育的热情仍然不高。自 19 世纪末开始，英国政府制定了多项法律来推动职业教育的发展。1988 年，英国政府颁布《教育改革法》，规定企业和政府共同创办城市技术学院。城市技术学院以职业教育为导向，使学校成为企业的一部分，保证学校的教学内容能够及时反映企业需求，并根据行业企业制定的职业能力标准对学校进行教学质量评估。

五、政策保障

英国政府非常重视职业院校与企业之间的合作与协调。一方面，政府大力推行工读交替的"三明治"课程模式，把企业培训纳入学校职业教育体系，由企业负责一年的实践课程，并由企业支付学生在企业实践期间的报酬。另一方面，学校设置专业或者课程都由企业负责。各专业成立专业指导委员会，由企业与学校的代表共同组成。其中，企业代表占较大比例，负责本专业教学计划的制订、实施、检查和调整。此外，英国鼓励企业参与国家职业资格制度建设，1988 年的《90 年代的就业状况》就明确规定企业制定职业能力标准。

英国职业教育国家层面的重要法律法规见表 3-1。

表 3-1　英国职业教育国家层面的重要法律法规

颁布时间	法律法规
1889 年	《技术教育法》
1902 年	《巴尔福法案》
1904 年	《中等学校规程》
1944 年	《1944 年教育法》
1964 年	《产业训练法》
1973 年	《就业与培训法》
1988 年	《教育改革法》
1988 年	《公司与所得税法令》
1992 年	《继续教育与高等教育法案》

① 耿洁：《职业教育校企合作体制机制研究》，博士学位论文，天津大学，2011。

第三节　英国企业参与职业教育办学的发展历程

　　英国企业参与职业教育办学最早开始于 12 世纪家庭式作坊的学徒制。当时，家庭式作坊主要采用师傅带徒弟的方式，即根据行会规定，作坊主招收青少年为学徒，以 7 年为一个学徒期，期满后徒弟可以转为工匠。19 世纪后，随着工业革命的深入，企业开始兴办讲习所，主要讲授与职业岗位相关的知识。到 20 世纪 60 年代，英国出台了一系列政策法案，极大地促进了企业参与职业教育办学的积极性。[①] 这些政策法案的重点是从宏观角度引导企业参与职业教育办学。《1944 年教育法》、1964 年的《产业训练法》和之后的《职业培训法》，使得企业参与职业教育办学以法律的形式确定下来，于是企业在职业教育中的作用日益受到政府的重视。1973 年，英国政府颁布《就业与培训法》，该法案规定由劳资双方代表、地方教育当局代表、教师代表组成人力服务委员会。这个委员会极大地促进了职业培训与劳动力供求的衔接，使企业参与职业教育办学的积极性也大大提高。20 世纪 80 年代末，《90 年代的就业状况》白皮书提出应该将培训的领导权交给企业主，明确了企业在能力标准制定过程中的核心地位。一系列法律法规对企业参与职业教育办学提供了保障，明确了企业与学校在培训中的责任与义务。当今，英国的企业从多个方面积极参与职业教育办学：企业主在职业教育行政管理组织机构中任职，参与职业教育的宏观管理和领导决策；企业积极参与职业院校的课程设计、课程教学及专业设置，参与制定职业资格能力标准，参与对学校的评估，以各种方式为学校提供资助，与政府合作创办城市技术学院，积极参与由政府推动的各种职业培训项目等。

第四节　英国企业参与职业教育办学的运行机制

一、组织机制

（一）中央权力和地方权力相互结合

　　在英国的职业教育校企合作的行政管理体制中，中央权力主要集中在宏观管理上，地方权力主要集中在政策的落实上，两者职责划分明确，保证了各项政策的顺利实施，提高了校企合作管理的有效性。

---

　　①　陈仙、李敏：《英国行业企业参与职业教育的保障措施》，载《职业教育研究》，2008(11)。

(二)设立专门机构协助管理职业教育

英国职业教育政策的制定与检查监督由教育与技能部负责。职业教育的具体事务如职业资格证书的运行、职业标准的制定、课程的开发等由一些专门的机构执行,如课程与资格委员会、产业指导机构、国家职业资格证书的颁证机构等,教育与技能部并不参与这些事务的管理。

(三)吸收企业参与职业教育行政管理

英国职业教育行政管理机构均有来自企业的代表。培训与企业委员会的职责是分析教育与培训现状,预测劳动力市场的技能需求及就业前景,为当地企业提供员工培训;协调各类培训项目等。该委员会充分体现了将领导权交给雇主的精神,使企业在职业教育中拥有更多的自主权。2001年,政府将培训与企业委员会与继续教育基金委员会合并,成立学习与技能委员会,保障了雇主、受教育者、教育提供者三方的联系。此外,部门技能委员会是企业在政府的代言人,覆盖了英国各个行业。通过这个委员会,雇主可以有更多的机会与政府对话,并对职业教育政策的制定施加影响,以争取更多的国家投资。

二、经费机制

(一)以法律形式保障政府投入职业教育的经费

英国政府一贯重视职业教育,近年来在教育上的经费投入呈增长态势,据统计,近年来英国每年的教育支出约占国家公共支出的 8.15% 以上。[①] 英国教育投入的增长与政府通过立法手段为教育事业发展提供优惠政策是分不开的。例如,英国 1960 年颁布的《慈善法规》明确规定学校所从事的一切教育活动属非营利性活动,属于免税范围;《1987—1988 英国税务指南》规定大学属非营利性机构,享有免税权;1988 年颁布的《公司与所得税法令》再次确认学校属慈善机构,享有免税权。因此,对于学校的收入,不管是来自中央政府还是地方政府的拨款,不管是来自公司、企业和个人的赞助、捐款,还是通过学校某单位或个人的技术咨询、技术转让、技术培训和服务性活动得到的收入,只要是用于学校发展的,均不需要纳税。另外,相关法律也为职业教育的经费来源提供保障。英国《1944 年教育法》根据学校经费的不同来源将学校分为郡立学校、志愿学校和独立学校,并规定地方教育当局为接受继续教育和高等教育的学生提供奖学金;1964 年,英国政府颁布的《产业训练法》对英国产业训练的质量和数量做了一系列规定,依据该法成立了由企业代表等组成的产业训练委员会。该委员会有权在部门系统中集资或申请拨款,以资助企业外职业教育与培训,突出了企业在职业教育和训练中的地位。产业训练委员会通过制定产业政策、训练标准和考试大纲,设计考试,开设训练课程,向企业征税拨款,提供建议与帮助等方式参与职业教育。后来,英国政

---

① Tomas Dessinger, "The Evolution of the Modern Vocational Training Systems in England and Germany: A Comparative View," *Compare*, 1994, 24 (24), pp. 17-36.

府颁布的《职业培训法》也要求企业增加职业教育投资。该法规定由企业、教育部门及工会三方组成企业培训委员会，从企业工资总额中征收一定比例的税金。1988 年《教育改革法》规定，公立中学每年直接从中央政府得到拨款；高等院校由两个法定团体，即大学拨款委员会和高等教育学院拨款委员会分配高等教育拨款，它们不受政府控制，有权对资金提出分配原则。1992 年英国政府颁布的《继续教育与高等教育法案》规定，继续教育学院和大学预科学院直接接受继续教育学院拨款委员会的拨款。在大学拨款委员会和高等教育学院拨款委员会宣布解散后，新成立的统一的高等教育基金委员会取代大学基金会、多科技术学院和其他学院委员会。所有的高等院校都要凭教学、科研成果申请经费。由此我们可以发现，英国在不同时期都为职业教育经费的来源及其使用制定了相关的法律条款。

(二)企业投资职业教育

英国企业投资职业教育主要有几种方式。第一，企业缴纳职业教育税，即每个企业每年至少要付出工资总额的 1% 作为职工培训费用。第二，企业为学生提供助学金。英国大多数以企业为依托的工读交替制学生在校学习期间都是由雇主付给薪金的。有些雇主还替学生支付学费、书费等。第三，企业为职业教育提供技术支持、研究设备和经费。英国职业教育的主体是继续教育机构。继续教育机构中的大多数人员（近 2/3）是直接从工商业和专业岗位上招聘而来的，他们都有适用于本行业的某种专业和技术资格，具有丰富的实践经验，其中多数担任职业教育院校的兼职教师。职业教育院校的教师在假期也到企业讲学或从事研究，同时企业为他们提供研究设备和经费。这种交流方式有利于解决职业教育发展中师资不足的难题。此外，继续教育机构中的许多昂贵设备以及经费都是企业提供的，有的企业还提供助学金、科研经费和实物援助，让企业车间成为学生的生产实习基地。

(三)设立职业教育基金会

1982 年英国实施《职业教育推进计划》以前，英国教育经费的分配重点完全放在普通教育上，使职业教育缺乏专项经费。1992 年，英国政府颁布了《继续教育与高等教育法案》。根据该法，政府对以前设立的大学基金会和多科技术学院与其他学院基金会进行合并改造，成立了统一的高等教育基金委员会，负责英国高等教育的质量管理与经费拨付。同时，为了保证职业教育经费的合理分配与有效使用，英国政府在英格兰、苏格兰和威尔士分别设立了地区职业教育基金会。职业教育基金会的拨款成为英国职业教育经费的主要来源。政府拨款主要根据职业技术学院在册学生人数和对学院教学质量评估的结果计分确立拨款数量。其中，工科专业拨款数比文科专业多。每个学院每年经费的 75% 左右来自职业教育基金会，其余 25% 来自普通大学教育基金会、政府其他项目经费、企业与社团的项目经费或赞助以及其他办学创收。例如，英格兰职业教育基金会有每年政府拨给的经费达30 亿英镑。该基金会管理英格兰地区范围内所有职业学校的经费拨款，方法是制定一套资助评分标准，将每所学校的教学质量评估(每 4 年一次)的结果与该校每年的在校学生人数结合起来，并对专业课内容、学生表现等综合考虑计算各校应得的分数，从而确立拨款数额。职业教育基金会的设立，改变了英国以往职业教育没有专项经费的局面，确保了职业教育经费来源的稳定和充裕，为英国职业教育的发展提供了经费保障。

第五节　英国企业参与职业教育办学的主要模式

一、参与职业教育的宏观管理和领导决策

英国职业教育与培训行政管理的组织机构均有来自企业的雇主和雇员代表，有些组织机构主要由企业代表组成。例如，协调全国各地区职业教育的全国工商业教育咨询委员会和 10 个地区的继续教育咨询委员会均有来自企业的雇主和雇员代表；产业训练委员会90％的会员来自中小企业；负责促进就业和训练事业发展的人力服务委员会的成员中，比例较大的是来自企业的代表；负责全国职业资格证书制度建设的国家职业资格委员会的成员中也有一定比例的企业雇主代表，他们负责制定全国统一的职业资格能力标准体系；在负责推广青年培训计划的培训与企业咨询委员会的委员中，2/3 是来自工商业界的代表。另外，英国企业还直接参与到职业学校的内部管理与决策过程中。继续教育学院的内部管理实行董事会制，其成员一般为 10～20 人，主要由企业界代表、地方企业与培训理事会代表、教师代表、地方社团代表和院长组成。其中，企业界代表有比较大的决策权，在继续教育经费理事会中也担任了重要职务。在 1988 年成立的培训与企业委员会中，多数工商业代表担任重要职务。因此，行政发言权小于企业发言权的现象非常普遍。英国企业在政府制定职业教育政策法规、进行宏观管理、规范职业教育发展、推行职业教育培训计划、完善国家职业资格证书制度、适应市场、满足企业需求、争取职业教育经费等重大问题上均有充分的发言权和决策权，发挥了宏观决策和导向作用。

二、参与制定国家职业资格证书能力标准

多年来，英国为国内众多的职业资格证书的性质所困扰，同时雇主也难以为来自其他产业部门的雇员进行低成本的培训。为了规范统一全英国的职业资格证书市场，满足职业资格证书发展的需要，1986 年 10 月，英国成立了代表政府具体负责在全国推行国家职业资格制度的权威部门——国家职业资格委员会。英国企业积极支持和参与国家职业资格证书能力标准的制定与推广工作。政府颁布的《90 年代的就业状况》白皮书明确要求企业在能力标准的制定过程中具有决定作用，即能力标准必须由企业制定，并在全国得到认可；要求建立一个由企业领导的组织系统（产业指导机构）以确定能力标准，保证标准得到认可。产业指导机构一般都是行业性的民间机构。目前英国有150 多个产业指导机构，覆盖了所有主要的产业部门。它们代表产业界和雇主的利益和声音，具体负责本行业国家职业资格标准的制定、维护和改进，并使之不断完善以适应生产技术的变化，满足雇主和就业者的需求。每一个产业指导机构都由雇主负责。

1993 年 9 月，英国国家职业资格委员会与英国皇家工艺学会、伦敦市区成人教育协会、商业与技术教育协会三家行业团体合作，推出了开发广泛职业领域需要的技能和理解力为宗旨的新的普通国家职业资格证书。自此国家职业资格证书和普通国家职业资格证书取代了英国其他各种职业资格证书，并为全国职业教育和培训提供了一个渐进的框架。[①]

三、参与职业教育教学的实施

英国企业支持职业教育的教学、实习及教学条件的改善，直接参与职业教育的教学活动，如积极参与职业教育的课程设计，根据市场信息和企业需要及时调整、修订职业教育课程，并利用自身的优势采用现场培训法、单元培训法、程序培训法等方法进行教学。企业参与职业教育的课程教学，主要包括训练课程、职业准备课程、专业资格课程、工读交替的"三明治"课程等的教学。企业提供的训练课程单元模式，结构更加灵活，不受时间限制；职业准备课程主要由国家人力服务委员会实施的青少年就业计划提供，该类课程的完成离不开企业的积极配合，因为它主要通过采用单元教学形式，将教学内容分别在继续教育学院和企业车间等工作现场实施；工读交替的"三明治"课程主要由企业帮助继续教育学院安排学生的一年教学实践，并且支付学生在企业实践期间的报酬。

英国工商界的技术人员直接参与继续教育学院的专业建设，由专业技术人员组成学校教学顾问小组，定期与学校教师研究教学问题，参与教材的修订等。许多当地企业与多科技术学院建立联系，签订教学合作协议（学院接受企业经费为企业培养需要的人才），确保教学内容反映企业需求、联系企业实际，并根据企业制定的职业能力标准进行教学质量评价。此外，英国各企业大力支持职业学校的实训建设，将最新的设备、小型机具送给学校供教学或实习使用，同时积极为职业学校学生提供带薪实习岗位。

四、充实、优化职业教育的师资队伍

英国职业教育的师资包括继续教育学院从事职业教育的教师、企业中的培训员、从事青少年职业指导和生计服务的社会工作者以及在中学开设职业教育课程的教师。针对职业教育师资队伍数量不足和结构不合理、专职教师实践经验不足、学生动手操作技能差以及学生适应就业岗位时间较长等弊端，英国发挥企业技术人员扎实的专业知识和丰富的实践经验的优势，聘请他们担任职业学校的兼职教师，把企业生产、经营、管理及技术改造等方面的最新情况与学生的学习内容紧密结合起来。这样不但有利于提高职业学校的教学质量，也有利于培养出企业所需要的人才。英国职业学校的专职教师数量少，而从企业聘请的熟练的技术人员、工程师、管理人员和科研人员等兼职教师的数量较多，所占比例达 63%。实践类课程的

---

① Thomas Dessinger，"The Evolution of the Modern Vocational Training Systems in England and Germany：A Comparative View,"*Compare*，1994，24(24)，pp. 25-29.

教学主要由从企业聘请的兼职教师承担。兼职教师加入职业教育的师资队伍，不但有利于宣传企业产品，选拔优秀毕业生进企业，提高企业知名度，也有利于职业学校及时解决学校教师过剩或不足的问题，从而提高办学效益。

五、企业直接创办职业学校

如果说以上参与方式是英国企业在间接参与职业教育，那么企业独立创办或与政府合办职业学校则是英国企业直接参与职业教育的具体表现。英国的大企业、大公司根据自身需要，直接与政府合作创办与企业生产、经营基本一致的城市技术学院，使学校成为企业的重要组成部分。城市技术学院由企业和国家共同投资，直属国家教育部，是私人资助的公立学校，主要以技术为主导。英国企业通过为城市技术学院提供资金、设备、仪器，派遣行政人员支持学院建设、指导和参与学院管理；通过借鉴其他学校的教学经验，根据企业需要开发紧缺人才的培训课程，重新审视课程设置，与学校共同实施招生计划、进行技术开发、安排学生学习和录取毕业生等，从而参与举办城市技术学院。城市技术学院的办学具有很强的开放性和企业参与性，该学院的筹建、管理、运行和监督都渗透了市场意识和企业的参与。目前，城市技术学院在英国已经发展到十几所，其创新性和技术性受到英国教育界和企业界的好评，并且收到了预期的效果。①

另外，英国企业还通过开发职业教育课程、投入职业教育经费、为毕业生提供就业岗位、推荐雇员和其他中小企业雇主进修学习等途径参与职业教育。

第六节　英国企业参与职业教育办学的发展趋势

一、英国职业教育协同育人模式的特点

在相当长的历史时期内，英国是一个具有精英教育取向的国家，其传统的高等教育定义一般不包括职业教育。传统上政府对职业教育并不重视。职业教育体系最初是与学徒训练体系紧密相连的，它不属于教育系统的基本组成部分。随着经济的发展和企业对人才技能要求的提高，英国政府和企业界越来越重视职业教育。于是政府开始规划职业教育，提升职业教育层次，并提供公共财政资助。20世纪90年代以来，英国职业教育获得了迅速发展，通过不断探索完善，实现了政府、行业协会、企业界和职业院校的协同育人，形成了经典的产学研模式，即"三明治"教育模式和现代学徒制教育模式。"三明治"教育模式是一种"理论—实践—理论"或"实践—理论—实践"的培养模式，指在校学习与企业实习交替

---

① 黄日强、邓志军：《英国企业参与职业教育的措施、途径及其发展态势》，载《职业技术教育》，2003(34)。

的形似"三明治"的课程设置模式。① 英国职业教育协同育人模式有着以下特点。

(一)政府、行业协会、企业界和职业院校的联动与互动

英国职业教育模式充分体现了政府、行业协会、企业界和职业院校的联动和互动，逐步形成了政府为主导，行业协会为支撑，职业院校和企业界"两条道路"协同共建的立体化发展趋势。

1. 政府的激励引导——法律保证、财政支持

产学研协同育人模式难以在市场经济环境中自然形成。学校注重学术教育和企业关注眼前利益的差异无法在缺少外部激励引导的情况下得到消除，需要政府给予持续的政策介入。为了保证职业教育的健康发展，英国政府出台了一系列法律文件，规定了行业企业在职业教育中的地位，保证了行业企业在职业教育中的话语权；同时，通过财政上的利益引导企业扩大参与职业教育的宽度与深度，实现校企之间的合作办学。

2. 行业协会的立体化参与——市场预测、信息反馈

行业协会由最初政府鼓励的被动性参与转变为"以行业技能委员会为主体，以英国就业与技能委员会为主导，以行业技能协议为保障"的自主性参与，成为职业教育发展的强大支撑。行业技能委员会涵盖了超过90%的英国行业，旨在考察未来劳动力市场的要求，为企业长远发展提供市场预测。英国就业与技能委员会具体为企业提供咨询、经费支持以及战略、商业发展方针，促进行业内中小企业的良好发展。行业技能协议详细描述了各个行业的技能需求和差距，为职业院校反馈劳动力市场人才需求的情况，提高了职业教育育人的针对性。②

3. 校企的通力合作——技能与理论兼顾、顺应市场需求

职业教育发展"两条道路"追求的是企业界与职业院校真正的合作，倡导"企业不仅是职业教育的服务者，也是创造和发展卓越职业教育项目中各个层次的参与者"。职业院校与企业协商学徒、"三明治"教育模式学生的培养计划：职业院校提供必要的理论知识，企业负责专门技能培养，双方共同培育适应市场需求的劳动力资源。同时，职业院校也会满足企业内部职员的及时培训，提供最新的行业发展信息以及必要的理论知识。

(二)多方合作下灵活的人才培养方式

职业院校与企业界人才培养方式的创新主要体现在课程设置、教学内容和教学方式三个方面，这主要与学生所选专业或所申请岗位的特点相关。例如学徒制中的卫生与保健领域、商务管理领域和信息服务领域，因学生需要重点掌握的知识与技能不同，就会外化为课程设置和教学内容的差异。教学方式的灵活更多取决于职业学院与企业雇主合作方式的创新性，是对工读交替模式的补充与完善。与企业协会签订培养方案的学徒，在整个学徒期间由一名教师全权负责教学、实习指导和评价考核。同时，教师采用学徒制中的模块式

① 陈鹏磊、李郡：《英国职业教育协同育人模式的经验借鉴——基于"三明治"教育模式与现代学徒制模式》，载《职业教育研究》，2015(7)。

② 左家哺、屈中正、彭蝶飞：《英国职业技术教育的特点》，载《湖南环境生物职业技术学院学报》，2004(1)。

教学方式和工读交替式教学模式，根据培养方案中的技能划分模块，分模块教学。学生考核合格即可获得相应证书。工读交替具体为学生周一学习理论，周二至周四到工厂进行实习操作，由教师全程指导，具针对性、有效性极为突出。

(三)职业院校和行业企业人员的互通与融合

企业家精神是职业院校与企业界建立战略合作关系的最大助力，它将传统的学术价值观与最新的管理理念合为一体，既重视学生的理论教育，也看重技能培养。推崇企业家精神的职业院校与行业协会、企业界存在复杂的人员交流：有时资深的大学管理者可能就是当地商会的主席；职业院校团体代表可能是当地企业团体的雇主和技能组织的成员，同时也是当地商业团体中的一员；甚至有的职业院校表示其管理主体包括协会、第三方、鉴定服务、广播、工程以及法律组织的成员，这种多元委员会更理解劳动力市场对知识技能的需求，也能明晰职业院校未来的发展方向、目标、优先发展项目以及市场预期。

二、英国企业参与职业教育办学的具体发展趋势

(一)更加注重职业教育的质量

英国的职业教育为英国培养了大批职业世界所需的各种专业技术人才，为英国科技振兴和经济发展做出了重要贡献。但近几年，英国的经济增长和就业状况陷入了困境。英国工程技术研究所 2015 年的调查发现，超过一半的被调查雇主认为招聘人员没有达到预期的标准，并且将近 2/3 的雇主认为技能缺口是企业发展面临的一大威胁。2016 年 11 月，英国政策咨询机构政策交流(Policy Exchange)发布了《我们需要技术，但为什么我们不拥有它们》报告，提出在全球化竞争的背景下如何进行英国学徒制改革。报告指出，如果不把重点放在提高学徒制质量上面，学徒计划就不会实现目标。政府以往过多关注数量，而很少关注质量。报告提出要更加重视学徒制计划的质量，敦促政府建立更高水平的学徒制，以适应英国经济要做到世界最好的发展目标。政府承诺到 2020 年要培养 300 万个学徒。毕马威(KPMG)副总裁说这个报告的关键部分，反映了英国学徒的当前状态。很明显，英国没有一个强有力的技术教育路线结合在职培训和脱产培训，造成社会流动性差，阻碍了成年人学习和发展新技能的机会。学徒要发挥帮助我们提高和启动英国生产力的重要作用。我们自己高质量的学徒计划"360 度毕马威"是用来吸引人才的，而不是传统的毕业生进入的途径。

(二)大力推行学位学徒制

自 1993 年开始推行现代学徒制以来，英国政府就不断进行改革，制定了多部关于学徒制的专门法律，如 2008 年的《学徒制草案》和 2009 年的《学徒制、技能、儿童与学习法案》，以法律形式保障现代学徒制的地位。2016 年，学徒制征税被纳入《公司法案》

成为法律法规，促进企业积极参与学徒制项目。[①] 近年来，高新技术的应用使部分行业对各类技能型人才的要求提高，知识密集型和技术密集型产业要求雇员具有扎实的理论知识和较强的操作能力，社会对人才的需求日益多元化，使英国社会各界人士普遍认识到职业教育的重要性。2015 年 3 月，英国政府宣布推出 9 项新的基于行业的学位学徒制，这是一个创新模式，汇集了英国最好的高等教育和职业教育。企业和大学共同开发实用的职业与学位课程，使得来自传统大学的学术研究与来自工作场所的实践经验、就业技能结合起来。

(三)进一步激励企业参与学徒制办学

越来越多的雇主在招聘时更加青睐拥有工作经验的大学毕业生，于是高等教育及学徒制这两种学习方式受到雇主的高度重视。学位学徒制是更高学徒制标准的最新模式。参与高等学术学习获得完整的学士学位或硕士学位是学位学徒制的核心组成部分。学位学徒制由雇主设立，由雇主与大学合作设计学位课程，提供工作实践背后的理论背景，这种模式正在逐渐被认为是中等学校毕业生或其他成人学生获得学位的可替代方案。为激励更多的企业参与学徒制培养，政府采取了一系列措施。例如，直接资助企业参与学徒制；为 16～18 岁的学徒提供 100% 的培训经费，为 19～24 岁的学徒提供 50% 的经费。通过国家退税制度，企业与个人共同支付 19 岁以上学徒剩余 50% 的培训费用。

目前与英国大学合作实施学位学徒制的英国企业包括国家企业、中小企业、公共部门、国民保健服务部门、跨国公司以及新创公司。国家企业和中小企业是参与学位学徒制项目最多的两类企业。各种类型企业的参与将不断增多。几乎所有大学都将与国家企业和中小企业合作提供学位学徒制项目。目前大多数雇主对参与学位学徒制保持积极的态度，英国工程雇主联合会行政总裁提出："快速发展的行业，如制造业越来越需要更高水平的技能。这些经济上有价值的行业只有在技术娴熟的员工参加的情况下才能发展壮大。目前的高等教育存在明显的技能供给差距，因此学位学徒制将职业技能学习和学术学习结合起来，是弥补这一差距的平台。对于雇主和学习者来说，学位学徒制是很好的进步。学习者在获得收入的同时获得学位，同时雇主也可以获得满足自身需求的、反应灵敏的高技能员工。"参与学位学徒制的一位中小型企业雇主认为："学位学徒制是一个很好的举措。从小企业的角度来看，他们可以在较早的时候获得聪明的、敏锐的人才。从学生的角度来看，他们将获得学位，学习与就业直接相关的技能，获得工资并避免大量债务。学位学徒制是一个双赢的举措。"[②]

---

① 资料来源：英国大学联合会。

② Department for Business, Innovation & Skills, "Government Rolls-out Flagship Degree Apprenticeships," https://www.gov.uk/government/news/government-rolls-out-flagship-degree-apprenticeships, 2017-04-16.

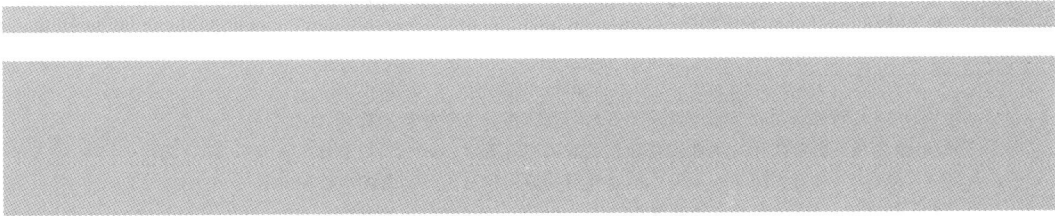

第四章 澳大利亚企业参与职业教育办学机制

第一节　澳大利亚职业教育概况

澳大利亚是一个典型的联邦制国家。澳大利亚的教育体系主要包括学校教育体系、大学教育体系以及职业与继续教育体系。其中，学校教育体系包括学前教育、义务教育和高中阶段教育；大学教育体系则由澳大利亚 39 所联邦大学组成。[①] 在澳大利亚，承担职业教育职能的教育机构必须具有注册培训机构的资格，主要由政府举办的技术与继续教育（Technical and Further Education，TAFE）机构、设立在部分大学里提供技术与继续教育的机构、部分中学、为企业员工提供内部培训的企业以及私人培训机构五大类教育机构构成。[②] 其中，由政府举办的技术与继续教育机构是最主要的实施主体。澳大利亚的职业教育贯穿整个教育体系，形成了开放且相互衔接的学制体系，呈现出如下特点。

一、开放且相互衔接的学制体系

澳大利亚的职业教育学制体系具有鲜明的开放性。这一特点首先体现在普通教育和职业教育的相互衔接上。在澳大利亚，小学阶段的教育便开始渗透各种职业教育内容。在中学阶段，澳大利亚政府自 1994 年起在中学大规模开设中学高级证书职业课程，该课程主要包含企业学习课程、注册性职业课程和由中学与技术和继续教育机构共同开发的联合课程。该教育阶段的授课方式比较灵活。学生在不同学校、不同教育机构甚至不同课程领域所修得的学分都能实现相互转换。[③] 学生在完成中学阶段所需的全部课程并考试合格后即可获得相应的资格证书，获得证书后可选择直接就业，也可以选择升入 TAFE 学院继续学习。学生在 TAFE 学院学习所得的学分同样可以获得大学认可，有力地规避了 TAFE 学院和大学间的重复性学习。此外，澳大利亚的职业教育学制体系的开放性还体现在职业教育对学生先前学习或工作经历的认定与认可上。[④] 澳大利亚通常由注册培训机构遵循等值认定或高出认定的原则对学生先前的学习或工作经历进行认定。通过先前学习认定的学生可以缩短一定的后续学习历程，从而在整体上缩短获取文凭或学位的时间。

二、完备的资格证书框架体系

澳大利亚开放与相互衔接的职业教育学制体系的构建，得益于国家完备的资格证书框架体系。澳大利亚资格框架（Australian Qualifications Framework，AQF）包含职业教育和

---

①　王晓华：《澳大利亚职业教育制度设计及启示》，载《清华大学教育研究》，2011(1)。

②　汪静：《澳大利亚职业教育与培训校企合作长效机制及其启示》，载《职业技术教育》，2014(8)。

③　黄日强、邓志军：《澳大利亚职业教育迅速发展的原因探析》，载《外国教育研究》，2002(2)。

④　徐金寿、张建平：《澳大利亚职业教育的特点及启示》，载《职业技术教育》，2009(20)。

普通教育两种不同类型教育的证书、文凭。这个框架于 1995 年推出，于 2011 年进行扩充完备。这套最新的资格认证体系主要包含一般教育、职业技术教育和大学教育三部分。其中，一般教育主要指义务教育后的高中阶段教育；大学教育则主要指以研究性为主的教育，合格大学毕业生可被授予博士学位、硕士学位或学士学位以及相当于我国大专学历的高级证书和普通证书；① 职业技术教育主要基于实际的从业技能，包括高中阶段、高中后阶段和高等教育阶段三个阶段，提供 I～IV 证书、专科文凭、高级专科文凭、职业研究生证书、职业研究生文凭等。这种完备的证书体系，把职业教育和普通教育进行了顺畅的衔接，为澳大利亚之后培训框架和培训包的制定奠定了坚实基础。

三、高效健全的管理体制

澳大利亚政府极其重视职业教育管理体制的构建与运行，现已形成了颇具本国特色、健全有效的职业教育管理体制及运行模式。澳大利亚政府成立了国家培训总署、行业培训咨询委员会以及国家职业教育研究中心等众多管理机构对职业教育实施全面管理。同时，行业企业能够直接参与职业教育管理的决策过程，可以通过国家培训局董事会、国家质量委员会以及行业技能委员会等在国家政策制定、培训重点项目确定及职业技术资格确定的过程中发挥核心作用，并且还可以参与到职业教育机构的具体办学过程中，如专业设置、课程开发和评估考核等环节当中。② 总之，依凭于国家的宏观调控以及行业企业的核心参与，澳大利亚职业教育在全国范围内建立起了一个协调、规范、有序的管理机制。

四、理论与实践能力兼备的师资队伍

澳大利亚实施职业教育教学的机构对职业教育教师的知识、技能和素质等各方面都有着严格的要求，除要求教师具有一定的学术资格和教师资格外，通常还要求他们具有广泛的生产和生活阅历。澳大利亚的职业教育师资主要由专职教师与兼职教师两部分组成。其中，专职教师必须是大学毕业生（现较多要求新进教师具有硕士学位），且必须经过相应的师资培训。就 TAFE 学院的教师而言，他们至少要有 3～5 年与专业教学相关的行业工作实践经验，且只有在通过 TAFE 学院规定的长达一年的教师试用期后才有可能被正式录用。除对职业教育教师具有较高的任职资格要求外，澳大利亚政府还特别重视职业教育教师的在职培训与提高。澳大利亚职业教育教师的在职培训主要依托教育部门举办的高等教育学院和劳动部门开办的培训员培训中心实施。与此同时，澳大利亚还经常通过在职教师带薪进修、新招聘教师深造学习以及鼓励教师参加行业协会活动等措施提高教师的能力和

---

① 马琳：《澳大利亚职业教育的特点和启示》，载《中国职业技术教育》，2005(2)。
② 宁永红、马爱林：《澳大利亚现代职业技术教育的特点与启示》，载《河北师范大学学报（教育科学版）》，2009(10)。

素质。此外，澳大利亚还通过聘任大量的富有实践经验的专业技术人员作为兼职教师来弥补职业教育师资的不足，确保他们传授知识的实用性。

五、职业教育运作方式的市场化

在澳大利亚，经过国家技能质量管理局或地方政府注册的提供职业教育课程的机构被称为注册培训机构，主要包括 TAFE 学院、成人和社区教育机构、农业学院社区组织、行业技能中心、企业以及私人机构等。[①] 职业教育运作方式的市场化突出地表现在政府对各培训机构的经费投入上。在澳大利亚，政府对各培训机构的经费投入并不采取直接划拨的方式，而是通过公开投标，运用市场机制，采取"政府购买"的方式进行。购买过程的执行是首先由国家教育部根据教育需求制定教育培训要求，再由各培训机构遵照政府要求和国家技能标准安排相应的教学，随后政府对各培训机构列出的资源预算以及承诺的教育和培训质量（如学生的巩固率、毕业生获得证书的比例、生均经费等）等内容进行评估，从而最终确定购买哪一所培训机构的教育培训，并通过购买的方式向该机构进行拨款。[②] 但如果该培训机构未能遵其承诺按时且保质地完成教育培训任务，则需将相应的资金退还政府。除政府购买教育培训外，市场化的职业教育运作方式还表现在政府对 TAFE 学院逐年减少的经费投入上。近些年，澳大利亚政府采取逐年减少职业教育经费总拨款的方式来刺激 TAFE 学院自筹经费办学，以此形式来鼓励 TAFE 学院走向市场，寻求个人、团体、组织等社会资本的投资，从而增加创收经费。[③]

第二节　澳大利亚企业参与职业教育办学的相关法律法规

作为联邦制国家，澳大利亚的职业教育法律体系主要由联邦议会制定的联邦法律和由州议会制定的州或地方性法律构成，既具有联邦的一致性特征，又具有明显的地方性。澳大利亚对企业参与职业教育办学的重视体现在不同时期颁布的相关法律法规上。

早在高夫·惠特拉姆执政时期，澳大利亚政府就通过对社会需求和技术与继续教育优势地位的审查，制定了一系列关于职业教育资金方面的优惠政策。1974 年，当时担任澳大利亚技术与继续教育委员会主席的坎甘颁布了《澳大利亚技术与继续教育学院：技术和继续教育需求的报告》，亦称《坎甘报告》。该报告以需求为导向，以经济发展为目标，使职业教育成为一种消费品，使行业企业成为消费者，充分调动了企业的积极性。促进校企合作新形式在全国的开展，使企业参与职业教育办学在制度上得以明确。1978 年《职业培训法（修正案）》明确规定了对企业的税收优惠政策。

---

①　周红利：《澳大利亚职业教育体系研究》，载《教育学术月刊》，2013(1)。
②　耿洁：《职业教育校企合作体制机制研究》，博士学位论文，天津大学，2011。
③　资料来源：澳大利亚职业教育研究中心。

1985 年，澳大利亚政府颁布《柯尔比报告》，使受训生体系加快建立。该体系是一种将正规的脱产培训和在企业工作场所实习两部分结合的职业技术培训系统。1987 年，澳大利亚政府颁布《澳大利亚技能培训法案》，提出要整合就业、教育和培训，且于第二年颁布《就业、教育和培训法案》，规定企业雇主要遵循培训计划、提供培训设施来对学徒进行技能培训，从而在法律上为学生获得企业实习机会提供了保障。此外，1990 年至 1994 年是澳大利亚职业教育培训改革时期。澳大利亚教育部与劳动部联合成立了职业教育、就业与培训部（Ministers of Vocational Education，Employment and Training），其在职业教育、就业与培训咨询委员会（Vocational Education，Employment and Training Advisory Committee）的支持下工作，此后二者共同合作于 1990 年颁布了《培训保障法》[1]。《培训保障法》规定年销售收入在 22.6 万澳元及以上的行业企业，须拿出其预算总费用的 1.5% 用于企业员工的培训；且进一步规定在各财政年度里，凡是该项费用未达到该标准的行业企业，必须依法向国家培训保障机构缴付相应的差额。《培训保障法》还规定如果雇主能够证明自己在职业资格培训上的开支达到其年度雇员工资总额的 1.5% 或更多就可以免除费用。[2] 另外，《培训保障法》还对企业员工参加职业培训的一些相关事宜进行了规定，例如要求企业为员工挑选的职业培训机构必须经过注册机构的注册备案等。这些举措实际从法律上对企业参加职业教育办学进行了义务性的规定。但这种强制性、权威性的规定使得企业参与职业教育办学得以有序进行。此外，该法还规定接受职业院校教师培训的企业要承担院校教师在培训期间所消耗的培训费用。到 1997 年，澳大利亚政府提高了行业企业用于员工的培训费用，规定行业企业须拿出约为工资总额 2% 的费用用以支付本行业企业的员工培训。

进入 21 世纪，澳大利亚政府于 2003 年颁布了《塑造我们的未来——澳大利亚职业教育和培训 2004—2010 国家战略》（以下简称《国家战略》）。《国家战略》指出行业企业在职业教育与培训中要起到核心作用。它指出行业企业要能够对当下新兴的及未来行业发展所需的职业技能进行前端性研究，并具有提供综合建议的能力；行业企业所提供的技能标准和相关产品必须能够反映新兴的技能需求以及相关的就业能力、语言、识字、算术和跨文化技能；行业企业产品和服务的开发与更新必须能够与快速发展的行业需求相对接等。[3] 此外，《国家战略》中的相关规定还体现出澳大利亚政府对行业企业参与职业教育办学的法定义务和地位的确定。例如，该战略指出企业雇主的吸纳水平以及企业雇主对职业教育满足劳动力技能需求的满意度是职业教育与培训的一个关键性绩效指标。2004 年，澳大利亚出台的《职业教育法》，明确规定行业企业必须承担职工和准备录用人员的职业教育费用。2005 年，澳大利亚教育、科学与培训部发布了《技能立国——澳大利亚职业教育与培训发展的新理念》（以下简称《新理念》）的报告。该报告从一个全新的视角论述了教育、科学、培训部与商业、工业、培训提供者和其他政府部门等"关键利益相关者"对于澳大利亚职业

---

① 田蕾：《我国职业教育校企合作法律法规研究》，硕士学位论文，天津大学，2011。

② 王斌华：《澳大利亚教育》，36 页，上海，华东师范大学出版社，1996。

③ 秦丽娟：《澳大利亚职业教育校企合作保障机制研究》，硕士学位论文，西南大学，2013。

教育与培训的新理念。2006年，澳大利亚又通过了《拨款（技术与继续教育资助）法令》，在财政上对积极开展技术教育和培训的学校和企业给予资助。

近些年，澳大利亚政府出台了系列战略性文件，肯定了企业参与职业教育办学对"技能立国"战略的重要作用。例如2008年，澳大利亚连续通过《澳大利亚高等教育体系改革》与《国家技能和劳动力发展协议》，肯定了职业教育对"技能立国"战略的贡献，指出通过加强与行业的合作，职业教育能够培养出符合企业技能要求的劳动者。

2010年5月，澳大利亚议会通过《澳大利亚未来劳动力：国家劳动力开发战略》（以下简称《战略》）。《战略》指出澳大利亚的经济社会正面临一系列严峻挑战，迫切需要通过劳动力技能水平的快速提升来缓解劳动力市场上已长久出现的技能短缺问题，从而进一步促进经济增长、提升社会生产力的整体水平，以使澳大利亚能够拥有一个更具包容性以及可持续性的未来。[①] 此外，《战略》作为一项综合性的人才资源开发战略还对职业教育改革发展的要求做出了具体安排，其中多次提到职业教育要加强与行业企业的联系。例如，《战略》提出要提升职业教育教师和学生的创造性和灵活性，要求他们在职业教育机构内部和工作场所中能够设计出具有创新性的教学策略；教学要进一步深化与行业企业的紧密合作，拓展与工作整合的学习，增强所培养人才的适应性；政府加强与行业企业的密切合作，协同实施具有合作性的技能人才开发路径。[②] 同年，澳大利亚政府又出台了《澳大利亚未来职业教育与培训发展方向》，进一步明确了企业参与职业教育办学的可行性与必要性，指出未来职业教育的发展既要注重提升劳动力的职业技能，也要保证企业能够运用并拓展这些能力来实现个人、企业和社会的共赢。2011年5月，澳大利亚技能署发布了一项名为《为了繁荣的技能——澳大利亚职业教育与培训路线图》的评估报告。该报告作为一个有关国家职业教育与培训体系的完整性、综合性的评估报告对澳大利亚职业教育的改革发展提出了一系列建议，其中便有重要部分涉及企业参与职业教育办学。例如，报告强调要把学习者和企业作为职业教育与培训体系的核心，要建立一个更加简单、灵活和具有市场导向的职业教育与培训体系，使该体系为企业、学习者等重要利益相关者提供更加灵活和具有适应性的服务，从根本上提高技能人才的供给质量和优异性等。[③] 随后的2012年3月，澳大利亚政府又发布了一项名为《面向所有人的技能：实现更具竞争力和活力的经济发展》的政策报告，提出充沛的、高素质的技能劳动力是当前以及未来澳大利亚企业创造力提升和社会包容性发展的支撑，是澳大利亚未来的强国之本。该报告指出，澳大利亚要加快构建一个灵活高效、普惠全民的职业教育与培训体系来应对日渐严重的诸如就业不足、技能短

---

① 谷峪、李玉静：《国际技能战略比较分析——以澳大利亚、英国、美国为中心》，载《职业技术教育》，2014(1)。

② Skills Australia，"Australian Workforce Futures：A National Workforce Development Strategy,"Commonwealth of Australia，2010.

③ Skills Australia，"Skills for Prosperity：A Roadmap for Vocational Education and Training,"Commonwealth of Australia，2011.

缺以及人口老龄化等社会问题，并提出了多项改革举措，例如提出要构建一个更加透明的信息服务系统以支持企业和学生能够做出更具理性的培训选择，提出政府要将产业需求置于技能培训中心，将投资重点转向技能短缺领域，加快建立一个更加高效的国家培训体系等。[①] 澳大利亚联邦政府层面关于企业参与职业教育办学的重要法律法规与政策文件详见表 4-1。

表 4-1　澳大利亚联邦政府层面关于企业参与职业教育办学的重要法律法规与政策

颁布时间	法律法规与政策
1974 年	《坎甘报告》
1985 年	《柯尔比报告》
1978 年	《职业培训法修正案》
1987 年	《技能培训法案》
1988 年	《就业、教育和培训法案》
1990 年	《培训保障法》
1992 年	《职业教育与培训拨款修订法案》 《职业教育与培训资助法》 《国家培训局法》
2001 年	《职业教育与培训法案》
2003 年	《塑造我们的未来：澳大利亚职业教育和培训国家战略(2004—2010)》
2004 年	《职业教育法》
2005 年	《拨款法》 《用技能武装劳动力法案(2005)》 《技能立国——澳大利亚职业教育与培训发展的新理念》
2006 年	《拨款(技术与继续教育资助)法令》
2008 年	《澳大利亚高等教育体系改革》 《国家技能和劳动力发展协议》
2009 年	《未来的基础：国家培训体系的管理、构建和市场设计的建议》

---

① Department of Education, Employment, and Workplace Relations of Australia, "Skills for All Australians: National Reforms to Skill More Australians and Achieve a More Competitive, Dynamic Economy," Commonwealth of Australia, 2012.

续表

颁布时间	法律法规
2010 年	《澳大利亚未来劳动力：国家劳动力开发战略》
2011 年	《为了繁荣的技能——澳大利亚职业教育与培训路线图》 《2011 年国家职业教育与培训监管者法案》
2012 年	《面向所有人的技能：实现更具竞争力和活力的经济发展》

除了以上不同时期联邦政府层面出台的法律法规以及政策以外，澳大利亚各地方政府也结合区域特点，如区域经济水平、行业发展水平、区域文化以及区域劳动力特征等因素，在地方层面制定了有关企业参与职业教育办学的政策，例如塔斯马尼亚州和新南威尔士州颁布的《工商业培训法》、南澳大利亚州颁布的《技术与继续教育法》、昆士兰州颁布的《职业教育、培训与就业法》以及堪培拉地区颁布的《职业培训法》等。[①] 例如，昆士兰州的《职业教育、培训和就业法》就对企业参与学徒培训做出了法律规定，提出企业雇主需提供一定的培训设施来承担学徒培训任务，并要严格遵循培训计划，按照相关规定及时上报学徒培训的相关事项等。另外，该法案还对 TAFE 学院委员会的成员构成做出明确规定，指出 TAFE 学院委员会应由 15 位成员构成，除一位成员为教育管理者外，其他成员均可来自任何与学院运行密切相关的行业企业以及地方社区或行业工会等。[②] 各州和地方政府通过制定各自地方法律法规的方式来保障企业参与到当地职业教育的发展中。

澳大利亚政府通过制定法律法规的形式明确了企业在制度以及实践操作层面参与职业教育办学的方式方法，从而确保了澳大利亚企业在职业教育办学中的功能的发挥。

第三节　澳大利亚企业参与职业教育办学的发展历程

回顾澳大利亚职业教育的发展历程，我们会发现企业界在职业教育发展中的要求和影响不断深化，大体上经历了由最初的被动参与到全面参与再到深入参与的三个发展阶段。[③]

一、企业被动参与阶段(20 世纪初至 20 世纪 80 年代中期)

在澳大利亚建国之前，澳大利亚的职业教育领域便已产生了职业院校的雏形，但该阶段企业参与职业教育办学的方式在整体上还处于"自由合作"的样态。1901 年，澳大利亚

[①] 马铮：《德、日、澳职业教育产教结合、校企合作的比较研究》，载《教育与职业》，2012(33)。
[②] 刘育锋：《论澳大利亚职教法对我国职业教育法修订的借鉴意义》，载《职教论坛》，2011(1)。
[③] Stephen Billett, "From Your Business to Our Business: Industry and Vocational Education in Australia," *Oxford Review of Education*, 2004, 30(1), pp. 13-35.

联邦政府宣告成立，随后各州及领地随即根据其不同的人口、地域、教育及经济状况开始了构建与发展本地区职业教育的探索，从而开启了澳大利亚职业教育体系的构建历程。1927 年，澳大利亚联邦政府通过立法建立了学徒制，成为澳大利亚历史上以法律的形式确定企业参与职业教育办学的开端。学徒制规定在职工作和离职培训相结合，并以专业技能训练为主。但在这一时期，学徒培训的场所主要是企业，即主要以企业独自承担职业技术教育与培训为主。随后，第二次世界大战后的澳大利亚对职业教育重要性的认识逐步提升，逐渐加强对职业教育的管理。1949 年，新南威尔士州颁发《新南威尔士州技术教育法案》，决定在该州设立一个单独管理职业教育的政府机构，即技术教育处，且明确该处直接对联邦政府教育部部长负责。新南威尔士州的技术教育处是澳大利亚联邦成立后最早设立的专门管理职业教育的政府机构，更是澳大利亚联邦政府建立实体机构保障企业参与职业教育办学的开端。[1] 1973 年 3 月，以澳大利亚技术与继续教育委员会的成立为标志，澳大利亚的职业教育开始走上与行业企业相联结的道路。1974 年，澳大利亚发布的《坎甘报告》明确指出了行业企业在职业教育办学中的重要作用。但从澳大利亚 20 世纪初的独立发展至 20 世纪 80 年代中期这一阶段看，澳大利亚企业对职业教育办学的参与度并不高，基本处于被法律驱动的非主动化阶段。

二、企业全面参与阶段（20 世纪 80 年代中后期至 20 世纪 90 年代中期）

澳大利亚的职业教育发展至 20 世纪 80 年代中后期时，政府提出鼓励和支持企业建立国家企业能力标准，并成立了专门的管理机构国家训练委员会（National Training Board）来负责此项工作。此后企业便可以直接参与到与产业标准相关的国家课程文件的开发与制定等具体工作当中。1992 年，澳大利亚国家培训局（Australian National Training Authority）的建立成为 20 世纪 90 年代发生于澳大利亚职业教育领域最具影响力的事件。国家培训局通过立法确保了企业参与职业教育办学各个层面的合理性和操作性，为澳大利亚各个地区职业教育课程及资格证书认定的标准化、规范化程序的形成提供了可能。可以说这一阶段澳大利亚的职业教育办学逐步由"供方"中心转向"需方"要求，使澳大利亚迎来了政府、企业和学校三方共办职业教育的新局面。

三、企业深入参与阶段（20 世纪 90 年代中后期以后）

自 20 世纪 90 年代中后期开始，职业教育的持续发展越发要求职业院校能够对企业界的需求具有更敏感的回应，尤其要求职业院校在课程设置上要具有较强的实践性和灵活性，并能够突出某些特定行业企业的需求。因此在该阶段，培训包开始在原有规范的基础

---

① 秦丽娟：《澳大利亚职业教育校企合作保障机制研究》，硕士学位论文，西南大学，2013。

上为某些企业专门制定一些"非认可"的内容。2000 年以后，澳大利亚开始实施资格框架制度，实现了不同学校、不同学科、不同证书以及不同课程学分的互认和衔接。全国互认的资格证书更促使企业越发积极地参与到职业教育当中，支持和帮助自己的员工参与培训。现如今，澳大利亚企业界在职业教育中的地位和影响力越来越得以强化，已由影响部分职业教育内容发展至影响澳大利亚整个职业教育体系。

第四节　澳大利亚企业参与职业教育办学的运行机制

伴随着企业界在职业教育中影响力的不断强化，澳大利亚职业教育的发展也渐趋成熟，现已构建起一套独具本国特色的企业参与职业教育办学的运行机制。

一、组织管理机制

澳大利亚政府在职业教育的发展过程中逐步构建起完备的组织管理框架，为行业企业参与职业教育办学提供了充分的组织保障。企业代表在联邦政府、州及领地政府、地方政府以及技术与继续教育学院 4 个层面的各级职业教育管理机构中都占有重要地位。

在联邦政府层面，1992 年澳大利亚建立的国家培训局是 2005 年之前主要负责澳大利亚职业教育与培训的国家机构，在澳大利亚职业教育的发展进程中曾发挥了举足轻重的推动作用。它负责制定有关职业教育与培训的国家战略与方针，负责各级政府职责权限的规定及政府间相互关系的协调，并且在促进行业企业合作、确保职业教育发展能够与当前行业企业快速更新的技能需求相适应等方面担负着重要责任。同时，为了保证作为国家培训局的职责权力中心的理事会能够真实反映澳大利亚行业企业的技能需求，国家培训局还做出特别规定，要求理事会的 7 名成员中至少有 5 位是来自澳大利亚支柱行业的代表，且理事会的主席必须由支柱行业代表担任。[①] 2005 年，国家培训局的职责移交联邦教育、科学与培训部(Department of Education Science and Training，DEST)，该部于 2007 年更名为教育、就业、劳资关系部(Department of Education Employment and Workplace Relations，DEEWR)。其中，教育、就业、劳资关系部下设职业技术教育部长委员会(Ministerial Council for Vocational and Technical Education，MCVTE)，该委员会于 2005 年 11 月成立，成为澳大利亚在联邦层面负责职业教育的最高国家实体机构。职业技术教育部长委员会主要承担制定国家职业教育培训体系政策与规划的职能，具体包括开展全国职业教育培训、划定国家优先发展项目、调配国家政府资金、保持与工商业等职业教育部门的联系以及递交年度工作报告等。[②] 总之，职业技术教育部长委员会对澳大利亚的整个国家培训

---

① 许惠清、黄日强：《以行业为主导的职业教育模式初探》，载《河北师范大学学报(教育科学版)》，2011(9)。
② 郝志强：《职业教育校企合作的管理机制研究》，硕士学位论文，天津大学，2012。

系统担负着总体性责任，能够对职业教育培训体系进行整体性的宏观管理，其与所辖部门通力合作，从整体上建立起一个政府、行业企业和学校等多元主体共同参与职业教育办学的规范化管理体系。此外，该部门还下设几个重要的机构组织，即国家技能委员会（National Industry Skills Committee，NISC）、国家质量委员会（National Quality Council，NQC）以及国家高级官员委员会（（National Senior Officials Committee，NSOC）。（见图 4-1）

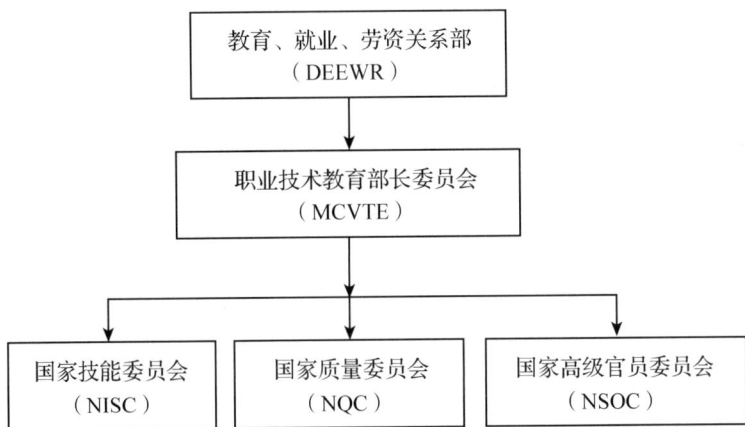

图 4-1　澳大利亚联邦层面职业教育政府管理实体组织图

国家技能委员会于 2006 年成立，其 9 名成员均为联邦政府及州和领地一级的行业组织的代表，经澳大利亚政府和职业技术教育部长委员会认可后上任。国家技能委员会的职责是向职业技术教育部长委员会提供决策咨询，提供高水平的、基于事实的有关劳动力计划、未来优先发展培训项目和其他来自工业界视角的问题的建议[1]，其中包含企业与政府的合作方式。2005 年 12 月，国家质量委员会宣布成立，成员主要来自行业企业、工会代表以及职业教育提供者，具体负责澳大利亚培训质量考核标准的制定及职业教育与培训质量的监控等。[2] 国家高级官员委员会主要负责为国家政策的议定与实施以及国家高等教育与就业体系的监督提供实施建议。这三个委员会在职业技术教育部长委员会的领导下将企业与职业院校相联合，共同构成了澳大利亚完备的职业教育国家管理体系。2008 年，澳大利亚政府成立澳大利亚技能署，这个新的国家机构主要负责为教育、就业和劳资关系部就目前或未来的国家劳动力技能的发展需求提供政策咨询。

此外，澳大利亚政府在全国范围内成立了可代表联邦政府履行职责的 11 个行业技能委员会。行业技能委员会的主要工作是了解行业需求，明确岗位技能要求，在政府、行业和注册培训机构等利益相关方之间进行协调，确定行业需要什么技能，并将行业的技能要求转化为培训包，同时还需描述培训程序，改进新项目、新程序，开展劳动力市场研究，

---

① 陈仙：《行业企业参与职业教育的动力机制研究》，硕士学位论文，浙江工业大学，2009。

② 李敏：《澳大利亚行业企业参与职业教育与培训的政策和机制》，载《中国职业技术教育》，2009(24)。

为政府提供劳动力发展的建议，并将行业的需求反馈给注册培训机构。[①] 通常，行业技能委员会还负责主持培训包的开发工作，协调行业协会与企业在培训包制定过程中的有效参与，确保能够增强参加培训的学生被要求掌握的知识和技能与企业实际的技能需求间的一致性。

在州政府层面上，澳大利亚设有州培训局，其主要职能在于开发和制定州水平以上的政策和计划，并负责对以公共资金为基础的职业教育培训和澳大利亚职业教育培训质量框架进行权限内管理。同时，在州层面，联邦政府还要求各州成立若干行业咨询委员会。各行业咨询委员会需基于各自的行业背景研究相关企事业单位对岗位技能的现实需求，一则为职业教育与培训提供准确有效的咨询意见，同时也为各州 TAFE 学院在人才培养目标设定、专业课程设置以及教学模式创新等方面提供依据与指导。[②] 此外，州政府层面还设有州培训委员会、职业或行业认证局、课程和评估委员会等组织机构。在地方政府层面，澳大利亚同样设有保障企业参与职业教育培训的机构。这些机构种类较多，主要包括澳大利亚技术学院委员会、公共技术与继续教育机构委员会或者管理委员会、公共学校委员会、地方型开发咨询机构、非营利性的培训组织、独立的职业学校系统以及天主教堂等。[③] 在技术与继续教育学院层面，澳大利亚 TAFE 学院一般都设有董事会，其成员均为来自技术一线的行业企业专家。同时，TAFE 学院还设有行业咨询委员会，它们借助行业组织平台充分发挥在职业院校和企业间的桥梁作用。

这些从联邦政府一直到技术与继续教育学院层面的由行业企业参与的咨询与管理机构的存在，使澳大利亚行业企业真正融入职业教育办学的整个办学过程，使职业教育在整个办学过程中满足了行业和企业的需要，大大提升了企业参与职业教育办学的程度和吸引力。

二、质量保障机制

澳大利亚企业参与职业教育办学的运行机制的构成要素中一个不可或缺的要素便是澳大利亚完备的职业教育质量体系。该质量体系主要由澳大利亚资格框架、澳大利亚质量培训框架以及培训包构成，三者的紧密合作构建起澳大利亚完善的企业参与职业教育办学的质量保障机制。

（一）澳大利亚资格框架（AQF）

澳大利亚资格框架是由澳大利亚全国教育、就业、培训与青年事务部长委员会于1995年建立的一个既具有全国一致性又极具灵活性的资格框架体系。到目前为止，该框架体系先后进行了三次扩充，分别于 2004 年增加了副学士学位，于 2005 年增加了职业教育研究

① 李江：《澳大利亚职业教育良性发展机制及其对我国开放大学建设的启示》，载《中国远程教育》，2011(12)。
② 訾燕、徐震：《澳大利亚高等职业教育的特色与启示》，载《中国成人教育》，2015(19)。
③ 郝志强：《职业教育校企合作的管理机制研究》，硕士学位论文，天津大学，2012。

生证书和职业教育研究生文凭，最新版于 2011 年 7 月发布，共包含了 10 个级别 18 种类型的职业资格证书（文凭）（见表 4-2）。该资格框架用 10 级资格规定了中学教育体系、职业教育体系、高等教育体系之间的分立与贯通，为各教育系统间的资历确认、学分转换、学生转学或继续深造以及不同院校及学科证书课程的衔接提供了权威的保障条件。[①]

表 4-2　澳大利亚资格框架体系（2011 版）

高中教育领域证书	职业教育和培训领域证书	高等教育领域证书
		博士学位（博士、高等博士两类）
		硕士学位 （研究型、课程型、广博型三类）
	职业教育研究生文凭/ 职业教育研究生证书	研究生文凭/研究生证书/ 本科荣誉学位
		本科学位
	高级文凭	副学士学位/高级文凭
	文凭	文凭
	Ⅳ证书	
	Ⅲ证书	
Ⅱ证书	Ⅱ证书	
Ⅰ证书	Ⅰ证书	

在该框架体系中，职业教育部分包含了高中阶段、高中后阶段和高等教育阶段三个部分。在这一完整的资格证书体系中，职业教育和普通教育得以顺畅衔接，为之后澳大利亚质量培训框架和培训包的构建与开发提供了强有力的支撑。

（二）澳大利亚质量培训框架（AQTF）

澳大利亚质量培训框架是对注册培训机构进行质量认证的标准，是澳大利亚政府为保障职业教育质量而出台的一项重大举措，其目的在于建立一个稳定且高质量的职业教育与培训体系。2002 年 7 月，澳大利亚质量培训框架（Australian Quality Training Framework，AQTF）开始在全国范围内实施。该框架主要包含两套质量标准。一是注册培训机构标准，旨在说明注册培训机构应具备的办学条件和办学能力。任何职业教育与培训机构只要符合规定的标准，都可举办职业教育与培训、进行技能鉴定并获得全国统一的职业资格证书。二是各州/领地的注册/课程认证机构标准，主要针对注册培训机构的注册及其培训课程的认证。[②] 作为澳大利亚职业教育质量体系三大构成要素之一的质量培训框架，为澳大利亚各州教育机构办学标准和资格认证体系的统一提供了可能，为澳大利亚职业教育

[①] 王乐夫、姚洪略：《澳大利亚高等职业教育体系剖析及对我国职教发展的借鉴》，载《高教探索》，2007(3)。
[②] 林玥茹、石伟平：《澳大利亚保障职教吸引力的基本经验及启示》，载《职教论坛》，2017(3)。

质量的全面提高起到了保驾护航的作用。

(三)培训包(TP)

澳大利亚联邦政府规定，行业承担着依据国家统一框架体系来构建本行业具体能力标准并集成培训包的职责。培训包主要包含国家认证和辅助材料两个部分：国家认证部分是各州及领地必须遵守的国家一致性准则，主要包含了能力标准、评估指南和资格三项内容；辅助材料部分的内容则具有一定的灵活性，即各州及领地可根据地区的具体情况灵活地进行设置与安排，一般包含学习方法、专业发展材料和评估材料等内容。每个培训包的开发都围绕某一特定岗位所必需的关键技能展开，由行业企业共同参与，制定出不同行业的不同岗位所需的能力领域和单元。具体的开发工作主要由国家教育科学培训部提供资助，委托国家行业技能委员会领导各州/领地的行业技能委员会共同开发，也可以由行业技能委员会通过招标的方式委托相关的行业组织和企业并联合职业院校开发，最终得到国家质量委员会的批准并颁布，原则上约每 3 年进行一次更新和维护。[①] 澳大利亚的多项实证调查证明，培训包通常都能成功地捕捉到受教育者寻求培训的职业的绝大多数技能。[②] 需要指出的是，澳大利亚的培训包并不等于课程，因为培训包由澳大利亚国家行业技能委员会负责开发与制定，而课程的开发则主要由州行业培训局负责。在澳大利亚，课程一般被称为"授权课程(Accredited Courses)"。企业可为其员工定制培训课程，其他注册培训机构也可为本地的行业企业和社区开发相关的授权课程。[③]

现如今，澳大利亚拥有一套完备、灵活、开放且特色鲜明的职业教育质量体系，其中，资格框架是目标，培训框架是保证，培训包是实施职业教育的指南。澳大利亚企业通过参与资格框架这一宏观目标的设定和培训包这一微观指南的实施，再结合培训框架这个强有力的质量保证，最终构建起一套简洁高效的企业参与职业教育办学的质量保障机制。

三、经费筹措机制

澳大利亚职业教育经费绝大部分由政府提供。政府拨款是澳大利亚职业教育经费的重要来源。例如，在 2014 年澳大利亚对职业教育与培训费用的总投入中，源自政府的经费投入高达 68.23 亿美元，占到国家总投入的 78.85%。[④] 我们探讨澳大利亚企业参与职业教育办学的经费筹措机制，可以从该章的第二节"澳大利亚企业参与职业教育办学的相关法律法规"中窥见一二。然而，澳大利亚鼓励企业参与职业教育办学除了有严格的立法保

---

① 刘红慧：《企业参与高等职业教育质量保障体系研究》，硕士学位论文，天津大学，2011。

② Erica Smith, Andy Smith and Ian Hampson, et al., "How Closely do Australian Training Package Qualifications Reflect the Skills in Occupations? An Empirical Investigation of Seven Qualifications," *International Journal of Training Research*, 2015, 13(1), pp. 49-63.

③ 姜大源：《关于澳大利亚职业教育与培训体系的再认识》，载《中国职业技术教育》，2007(1)。

④ Austrilian Government, "VET Student Loans Information Booklet," https://docs.education.gov.au/node/42391, 2017-01-31.

障之外，还有一套独特的资助方式，那就是市场化运作，采用"购买"教育培训的方式进行。本书现以 TAFE 学院和行业组织的经费筹措机制为例进行说明。

(一)TAFE 学院的经费筹措

　　TAFE 学院是澳大利亚重要的职业教育机构。联邦政府和州政府的经费投入约占据 TAFE 学院办学经费总投入的 70%，其余 30% 来自行业企业的捐助和学院的自筹资金。为保证 TAFE 学院的教育质量，澳大利亚政府主要采用市场化的"购买"方式对其进行财政拨款。这种"购买"方式的实施可简述为以下三个阶段：第一阶段主要由政府教育部门依据相关标准制定教育培训战略指南；第二阶段由有意参与教育培训的 TAFE 学院按照战略指南和国家技能标准制订各自的培训计划；第三阶段由政府对各 TAFE 学院所制订的教育培训计划进行综合性评估，并最终确定购买哪一所学院的教育培训。[①] 具体的经费划拨数额，一般以申请 TAFE 学院教育培训的人数和开设的课程数为参考进行核算。[②] 例如有 40 名学生申请了某 TAFE 学院的三级证书课程，同时按照规定三级证书课程的授课时数为 400 小时，且每小时授课经费为 10 澳元，那么政府应划拨给这所学院的教育培训经费总额即为三者相乘所得的 16 万澳元。[③] 当然，如果该学院未能如期保质保量地完成教育培训任务，则需将相应的资金退还政府。

　　发展至今，澳大利亚政府"购买"职业教育和培训服务已形成了一套成熟的标准，该标准会根据各州/领地不同的人口构成，面临不利条件的特定群体构成(如残疾学生、原住人、下岗人员、非英语国家的学员等)，区域经济发展及行业发展等具体情况而做出区别性选择。这套市场化的"购买"资助方式促使 TAFE 学院处于公开竞争的状态，有力地激发了澳大利亚职业教育的办学活力。

(二)行业组织的经费筹措

　　在澳大利业，政府对企业参与职业教育办学的资金支持可通过向相关行业组织进行拨款的方式进行，具体通过两种途径。一是政府向企业代表具有很大话语权的行业咨询委员会、行业技能委员会和各种行业咨询组织等提供拨款。[④] 例如，每年政府会通过市场化的运作方式，以"购买"行业技能委员会开发的培训包的形式，向各行业技能委员会划拨 250 万澳元的政府经费。[⑤] 二是政府向行业协会参与的政府项目进行直接赞助。在澳大利亚，一些行业协会通过与政府部门组织开展相关合作项目的形式来参与职业教育办学，而双方合作项目的经费则主要由政府承担。例如，一些行业协会参与举办职业院校的办学所得在行业协会的总收入中占有很大比重。例如，2005 年萨瓦纳导游协会的总收入为 50340 澳元，其中商品销售收入为 4819 澳元，会费收入为 16826 澳元，萨瓦纳培训学校收入为

　① 王永恒：《澳大利亚职业教育的管理特色及启示》，载《继续教育研究》，2010(8)。
　② 李江：《澳大利亚职业教育良性发展机制及其对我国开放大学建设的启示》，载《中国远程教育》，2011(12)。
　③ 焦红丽：《澳大利亚职业教育培养模式及启示》，载《国家教育行政学院学报》，2012(4)。
　④ 许惠清、黄日强：《以行业为主导的职业教育模式初探》，载《河北师范大学学报(教育科学版)》，2011(9)。
　⑤ Ann Blythe, "Australia Vocational Education and Training—Training Packages Australian National Training Authority," *Journal of Vocational Education and Training*, 2004(12), p. 69.

28695澳元，这一年中培训学校的运作收入占萨瓦纳导游协会总收入的比例高达57％。

除了上述"购买"教育培训的方式外，澳大利亚政府还设立了多种基金来激励企业参与职业教育办学。相关基金包括技能衔接基金、国家劳动力发展基金以及职场英语语言和阅读能力基金等。政府以参与企业的性质、规模以及完成教育任务的质量等为依据来拨付一定的资金，极大地激发了企业参与职业教育办学的热情。

第五节　澳大利亚企业参与职业教育办学的主要模式

一、澳大利亚企业参与职业教育办学的主要方式

（一）企业参与职业教育管理机构的构建及决策

企业参与职业教育办学首先表现在参与职业教育管理机构的构建及决策。例如，澳大利亚在1992年成立的国家培训局的7名组成成员中就有5名为行业企业代表。2005年澳大利亚国家行业技能小组（National Industry Skills Group）取代国家培训局，该机构中的企业代表占了总成员的2/3并具有最高发言权。另外，国家行业技能委员会、国家质量委员会、国家行业培训顾问委员会以及各州行业培训顾问委员会等的构成人员也主要由行业企业代表组成，从而保障了企业参与职业教育办学的组织基础。企业参与职业教育办学还表现在参与国家职业教育宏观决策。例如，在澳大利亚成立的10个行业培训咨询组织中，组织成员均为本行业内的企业代表，负责制定本行业职业能力标准、预测行业就业需求以及分析职业岗位发展等。此外，澳大利亚在职业教育制度设计过程中也将行业企业包含其中，最典型的做法就是让行业企业参与制定职业教育资格框架、质量框架以及培训包等，从源头上确保职业教育与行业企业需求的统一。例如，行业牵头制定相关专业的培训包，形成了"行业企业提出要求＋职业教育机构满足要求"的制度设计模式，进一步加强了职业教育与行业企业的联系，从而使培训内容能够充分反映企业的需求，提高职业教育的针对性和有效性，使职业教育机构培养出来的人才不仅符合企业发展的当前需要，也符合整个行业未来发展的人才需求。[①] 澳大利亚TAFE学院院长、委员会主席吉连·夏得威克在《行业在澳大利亚职业教育与培训体系中发挥的作用》一文中甚至提出澳大利亚的行业企业在确立国家职业教育与培训政策、制定不同行业培训包以及在不同地区与继续教育学院和其他注册培训机构合作开设职业教育与培训课程等诸方面发挥着领导作用。[②]

---

① 耿洁：《职业教育校企合作体制机制研究》，博士学位论文，天津大学，2011。
② 杨婷匀、徐辉：《技能立国——澳大利亚职业教育培训发展的新理念》，载《浙江师范大学学报》，2005(3)。

(二)企业参与 TAFE 学院办学

1. 企业参与 TAFE 学院管理

在澳大利亚,每一所 TAFE 学院都要成立董事会进行管理。董事会人员主要来自生产企业第一线的行业专家,他们属于 TAFE 学院的决策管理层,对 TAFE 学院的办学规模、人员安排、资源分配以及职业教育产品的开发等进行商讨,并具有最终决策权。

2. 企业参与 TAFE 学院课程与教学

澳大利亚职业培训机构设置的课程主要包括沟通、体育与娱乐、企业管理、艺术设计、社区服务与卫生、园艺、土地管理、英语、旅游与好客、工程建筑等。TAFE 学院能否开设某一课程首先需要教育管理部门、行业组织、企业和 TAFE 学院进行研究商讨,再由国家行业培训顾问委员会对所需开设课程的人才需求数量和专业能力要求等方面进行预测,最后再交由地方教育部门和行业组织进行严格审核。课程开发主要以国家统一的证书制度和行业组织制定的能力标准为依据,并会根据劳动力市场的变化不断做出调整,具有较强的灵活性、规范性及市场性。同时企业对职业教育办学的广泛参与还表现在参与到 TAFE 学院的具体教学当中。教学工作是 TAFE 学院的中心工作,强调教学内容将理论与实际紧密结合,不仅强调"必须、够用",更加注重"会用",即注重培养学生的分析能力、解决具体问题的能力。教学方法多采用现场教学、应用项目教学、多媒体教学等联系企业实际和反映企业需求的各种灵活的教学方法。[1]

3. 企业为 TAFE 学院提供师资

TAFE 学院对教师任用资格的要求非常严格,要求专职教师必须具备学士学位,同时拥有相应的技能等级证书且具备 3~5 年的企业实践经验。此外,企业因素还直接渗透到 TAFE 学院师资的招聘与培养当中,主要表现为企业直接参与 TAFE 学院教师选聘、接纳 TAFE 学院教师到企业进行技能锻炼以及鼓励企业内的技能专家担任 TAFE 学院兼职教师或前往 TAFE 学院进行专题讲座、技能指导等活动。在 TAFE 学院教师在职进修方面,企业通常会通过诸如教学研讨班、论坛、行动导向的学习以及基于工作的学习等多种形式来鼓励和支持 TAFE 学院教师到企业进行生产实践。除此之外,TAFE 学院还逐步建立和完善了师资轮训制度、教师到企业顶岗实践及联系制度。[2] 同时企业的培训咨询委员会和其他机构也会向教师提供上研讨班和交流信息的机会[3],在 TAFE 学院教师进修中发挥着重要作用。

4. 企业参与 TAFE 学院实训基地建设和接纳学生顶岗实习

澳大利亚 TAFE 学院实训基地的建设主要由政府投资和行业企业资助完成,其中行业企业资助一般通过资金投入和设备捐献两种途径。在设备捐献上,一些企业通常会将行业内的最新设备投入 TAFE 学院,这足以保障 TAFE 学院实训基地设备与行业发展同步的天然优势。值得指出的是,在澳大利亚,有些企业还建立起了覆盖全国范围的模拟实训公司网络供

---

① 邢清华:《职业院校校企合作及其促进研究》,硕士学位论文,天津大学,2012。

② 王淑文:《澳大利亚职业教育的特点及启示》,载《职业技术教育》,2006(26)。

③ 陈祝林、徐朔、王建初:《职教师资培养的国际比较》,12 页,上海,同济大学出版社,2004。

所有 TAFE 学院学习使用。目前，澳大利亚在国内已建有近 100 家由各种行业赞助的模拟实训公司，并与国际上 3000 多个著名的跨国模拟实训公司实现了互联互通。[①] 同时由于职业教育的能力培训课程是在工作现场完成的，所以接纳学生顶岗实习也是企业参与 TAFE 学院办学的基本方式之一。企业将 TAFE 学院学生顶岗实习的安排会与 TAFE 学院的具体教学需求相结合，并在企业内安排专门的工人师傅指导学生。工人师傅除要对学生的技能训练情况进行详细记录外，当学生培训结束后还需负责学生技能部分的成绩考核。

5. 企业参与 TAFE 学院职业教育产品开发

职业教育产品与职业相关、与教育相关，同时作为产品还与市场运作紧密相关，它不仅需要学校单方面的研发，更需要政府、行业企业以及社会的参与。其中，政府负责汇集行业企业和 TAFE 学院的代表共同商讨职业教育产品开发的计划、步骤以及所需材料等相关内容，同时还需为职业教育产品的开发提供资金支持。与政府的投入相比，坚持以行业企业需求为准则应是在职业教育产品开发中贯穿始终的原则。足以证明该原则重要性的便是澳大利亚培训包的成功应用。在澳大利亚，培训包之所以能成为满足行业要求的标准说明书，正是因为培训包作为职业教育开发的产品，在开发的过程中始终回应着行业企业的需求。首先，国家培训局会委托相关行业培训顾问机构调查相关行业企业从而确定新兴职业和技能，并与行业企业共同磋商、划分业内行业领域并制定培训包草稿，然后公开竞标对每一项工作及其所需技能进行分解来制定专业核心技能，最后经过国家培训质量委员会认证后颁布施行。[②]

在澳大利亚，企业通过上述多种不同的方式参与到职业教育办学当中并从中受益。企业界逐渐意识到只有依靠科学进步和员工素质的提高才能在激烈的市场竞争中取得一席之地。由此，在澳大利亚，企业与职业教育谋求共同繁荣与发展，二者相互依赖与支持，共同塑造澳大利亚独特的职业教育特色。

二、澳大利亚企业参与职业教育办学的模式

澳大利亚企业参与职业教育办学的模式主要包括两种：一种是以学校为主体的 TAFE 模式，另一种是以企业为主体的新学徒制模式。

(一)TAFE 模式

1. TAFE 模式简介

TAFE (Technical and Further Education)即技术与继续教育，是澳大利亚职业教育的一种模式。我国学者习惯将 TAFE 学院译为技术与教育学院。澳大利亚 TAFE 学院的组建模式通常有两种：一种是设置于大学内部的学院，另一种则为独立设置的学院。例如，澳大利亚斯威本科技大学分为高等教育和 TAFE 学院两部分，该大学的 TAFE 学院便属

---

① 方丛蕙：《我国高等职业技术教育校企合作问题与对策研究》，硕士学位论文，南京理工大学，2005。
② 秦丽娟：《澳大利亚职业教育校企合作保障机制研究》，硕士学位论文，西南大学，2013。

于设于大学内部的 TAFE 学院类型，而澳大利亚南岸 TAFE 政府理工学院则是独立设置的 TAFE 学院。[1]

澳大利亚 TAFE 学院以培养学生的实际应用能力为目标。为满足行业企业的需求而设计和开发课程是 TAFE 学院职业教育教学内容的基本特征。TAFE 学院的专业课程由教育部门、行业企业与 TAFF 学院联合制定，并在参照国家统一的资格证书制度和行业所制定的职业能力标准的前提下，根据劳动力市场的变化做出不断修订。[2] 为了保证教学内容与行业企业需求紧密结合，澳大利亚《职业教育质量管理标准》明确规定 TAFE 学院职业教育的教学内容及课程必须反映澳大利亚某行业企业或社区的需要才能获得澳大利亚课程认证机构的认证。[3] 同时，为了更好地保障教学质量，TAFE 学院会邀请本行业内具有较好声誉和专业技能精湛的行业专家组成行业咨询组织，每年对 TAFE 学院人才培养质量和课程是否满足行业的需要等多项内容进行评定。同时，该组织还重视收集企业对于 TAFE 学院教育培训满意度的反馈意见，及时了解企业对 TAFE 学院教育的看法和建议，同时也以此来考察 TAFE 学院课程与行业企业需求的吻合度，帮助 TAFE 学院实现教育教学的优化。[4]

2. TAFE 模式的特征

TAFE 模式坚持能力本位、就业导向、终身学习的教育理念，不仅可以向社会输送持有不同等级证书的实际工作者，为学生提供到大学深造学习的机会，同时也可满足不同社会成员的特殊教育需求。[5] 这样一种灵活多样的人才培养模式突破了一次性教育、学历教育、终极教育的局限，形成了"学习—工作—再学习—再工作"的多循环终身教育体系，逐渐成为备受世界关注的一种职业教育典范。该模式的主要特点如下[6]。

①招生面向全民，初中毕业生、高中在校生和毕业生、大学在校生和毕业生以及社会从业人员均可按照自己的情况在 TAFE 学院选择学习的课程并终身累积学分。

②专业和课程由教育部门、行业企业与 TAFE 学院联合制定，并在参照国家统一的资格证书制度和行业所制定的职业能力标准的前提下，根据劳动力市场的变化做出不断修订。

③实践教学在工作现场进行，与理论教学的比例为 4∶1，其课程安排、教学方式灵活多样，主要采取学分制，并依据累积学分的多少颁发相应的学习证明、结业证书、资格证书或文凭。

④专职教师必须为具有相应的教师资格证书和职业资格证书，且具有较丰富行业企业工作经验的人员，而且每年必须要有固定的时间到行业企业进行实践，保持与产业界的紧

---

① 王乐夫、姚洪略：《澳大利亚高等职业教育体系剖析及对我国职教发展的借鉴》，载《高教探索》，2007(3)。
② 董凡：《职业教育校企合作现状分析与改革探究》，硕士学位论文，延边大学，2014。
③ 许惠清、黄日强：《以行业为主导的职业教育模式的优点分析》，载《职教论坛》，2011(19)。
④ 张耀：《澳大利亚 TAFE 学院校企合作的特色及其启示》，载《教育与职业》，2013(26)。
⑤ 石哉、山泉：《充满活力的澳大利亚技术与继续教育》，载《中国高等教育》，2001(Z3)。
⑥ 金昱伶：《我国高职教育校企合作的现状、问题与对策》，硕士学位论文，西南政法大学，2015。

密联系。

⑤行业企业参与 TAFE 学院办学的全过程，包括课程专业设置、教材审批、教学质量评估、实训基地建设、兼职教师输送以及 TAFE 学院教育培训产品购买等。

由于 TAFE 模式对学习者的类型没有严格的限制，加之它的教育制度比较灵活，可以满足学习者在学院和企业间的交替学习，所以该模式迅速迎合了澳大利亚现代社会发展的需求。现如今，TAFE 模式不仅是澳大利亚职业教育体系的重要组成部分，更为重要的是，其在现代社会已经发展为政府调节社会关系的治理工具，在澳大利亚经济和社会发展中发挥着越来越重要的作用。

(二)新学徒制模式

澳大利亚企业参与职业教育办学的模式除了闻名国际的 TAFE 模式外，另外一种便是新学徒制模式。早在 1927 年，澳大利亚政府就通过立法的形式建立了学徒制度。1985 年，政府颁布《柯尔比报告》，此后澳大利亚的受训生体系得以建立。发展至 1998 年，将原来的学徒制和受训生制收纳其中的新学徒制在澳大利亚兴起。同年，澳大利亚还成立了新学徒中心(New Apprenticeship Centers)来帮助澳大利亚青年更好地获取工作与受教育相结合的途径以及取得相应的资格证书。这里的"新"，其实是为了与传统的始于 1927 年的学徒培训相区别。在传统的学徒制中，学徒只有企业一个培训地点；而在新学徒制中，学徒可在培训机构和企业两个培训地点进行交替学习。

目前新学徒制主要包括学徒制、受训生制、完全在岗的正规培训、TAFE 学院的脱产培训等，其中以学徒制和受训生制最为普遍。学徒制(Apprenticeship)通常在传统行业实行，其学徒入门水平至少为拥有三级或四级证书，时间通常为 3～4 年。学徒制更为稳定，因为学徒期间企业更换业主后，新的业主必须继续履行学徒培训合同，且学徒制的取消需要所有相关方的同意；而受训生制(Traineeship)实行范围广，以金融服务、保育、健康以及社会服务等服务业为主，学徒入门水平经常为拥有二级和三级证书，时间通常为 1～2 年，但其稳定性较差，即受训期间企业更换业主后，新的业主可以选择终止培训，且任何一方都可以单方面解除培训合同。[①]

新学徒制中的各方职责如下。政府分析、规定学徒应当具备的国家资格；行业企业聘用学徒；注册培训机构，如 TAFE 学院，与行业企业共同负责相关的培训。学徒可获得培训的经费资助。[②] 同时澳大利亚对接受学徒制培训的学生和雇主有严格的管理规程。首先，学徒需要选择一所 TAFE 学院进行学徒前培训，取得一级和二级证书，取得证书后才可以与企业雇主签订雇佣合同，并继续接受学徒制的在职培训，即边在企业工作边接受时间最长达 3 年的职业教育，进而取得三级和四级证书。[③] 为鼓励和激发企业参与新学徒制，联邦政府按照学徒接受企业培训后所获得资格证书的等级来对企业进行资助。如若学徒接受

① 关晶：《当代澳大利亚学徒制述评》，载《职教论坛》，2015(4)。
② 冯梅：《澳大利亚 TAFE 学院校企合作实践的研究》，硕士学位论文，西南大学，2011。
③ 陈洁梅：《澳大利亚职业教育 TAFE》，载《外国中小学教育》，2008(1)。

企业培训后可获得二级证书，企业便可获得 1250 美元的政府补助；若企业可向学徒提供三级、四级或者更高级证书的培训，企业便可获得 1500 美元的政府补助。

当前，"新学徒制"这一提法在澳大利亚已不多见，取而代之的另一种模式，即学徒培训和实习培训制。同样，澳大利亚政府采取了多种措施来加强企业对学徒培训和实习培训制的参与，例如政府为参与培训的企业提供经费支持、明确学徒培训内容是培训包的组成部分以及规定学徒参加培训后获得的证书可在全国范围内获得认可等。[①]

新学徒制作为澳大利亚政府为了满足行业企业需求实行的重要措施，对于学徒、雇主和培训机构都具有益处。作为就业学习的有效方式和获得技能的重要途径，学徒接受培训可获得知识、技能和相关职业资格证书，有利于增强自身的就业竞争力或实现再就业。雇主和培训机构接收学徒开展培训，可获取政府相应的教育经费与补贴。更为重要的是，澳大利亚新学徒制在帮助青年顺利进入劳动力市场、帮助辍学者与失业者重返劳动力市场的同时，无疑为澳大利亚经济的发展培养和提供着源源不断的劳动力，为如今高速发展的澳大利亚社会经济做出了突出的贡献。

第六节　澳大利亚企业参与职业教育办学的发展趋势

21 世纪以来，澳大利亚政府为进一步推动本国职业教育的可持续发展，循序渐进地推进职业教育改革的步伐。澳大利亚促进职业教育发展的新举措，如 2003 年的《塑造我们的未来——澳大利亚职业教育和培训国家战略（2004—2010）》、2010 年的《澳大利亚未来劳动力：国家劳动力开发战略》以及 2012 年的《面向所有人的技能：实现更具竞争力和活力的经济发展》的政策报告，无不说明企业参与职业教育办学已成为澳大利亚职业教育发展的"常态化"和"程序式"表达，并呈现出如下发展趋势。

首先，澳大利亚企业参与职业教育办学越来越受到政府的关注和支持。如前文所述，澳大利亚早在 1992 年便成立了专门的政府机构国家训练局来统领全国职业教育的发展，并积极搭建行业企业和学校间的合作平台。再如，澳大利亚联邦政府和各州及领地政府在制定法律时纷纷对行业企业施以压力，规定行业企业必须拿出一定数额的培训费用来承担企业员工的技能培训，凸显了政府在促使企业参与职业教育办学中的权威力量。其次，企业参与职业教育办学的形式呈现多样化趋势。在澳大利亚，企业参与职业教育办学的方式具有多元性，既包括长期的和短期的，也包括正式的和非正式的。无论是质量标准制定还是质量监控与评估都广泛吸纳行业企业参与。最后，伴随着 20 世纪 90 年代以来经济发展的全球化，世界劳务市场和智力资源市场也同时跨越了国界。故此，21 世纪以来，澳大利亚政府和有关各方大力推进本国职业教育的国际化，使企业参与职业教育办学也逐渐踏上了国际化发展的道路。例如，早在 21 世纪初，澳大利亚企业就把参与职业教育办学视

---

① 姜大源：《关于澳大利亚职业教育与培训体系的再认识》，载《中国职业技术教育》，2007(1)。

为一种特殊的产业活动，通过教育输出来为国家和企业赚取外汇。[①]

澳大利亚政府广泛争取企业参与职业教育办学有着极其重大的现实意义。简言之，对于学校而言，企业与职业院校的"零距离"对接无疑紧密了行业企业与职业教育机构间的合作关系，从而提高了国家职业教育的质量；对于学生发展而言，企业的参与确保了学生技能获得的准确性和高效性；对于另外一大受益者企业而言，企业与职业院校的合作无疑可以加速企业技能的更新换代。总之，在澳大利亚，企业参与职业教育办学是社会经济发展的产物，是人力资本理论在市场经济中的衍生物。企业参与职业教育办学的出发点和归宿是实现政府、行业企业以及职业院校等各方现实利益的"完满"。

[①] 黄日强、邓志军：《国外企业参与职业教育综述》，载《中国职业技术教育》，2003(21)。

第五章　美国企业参与职业教育办学机制

第一节　美国职业教育概况

美国职业教育的发展源于工业化进程的推进对实用人才的迫切需求，在沿袭英国传统学徒制的基础上，积极倡导实用之学，以直接服务社会发展和区域经济建设为主要目标，从法律法规制定、经费投入保障、办学机制改革、办学模式创新等方面，深入推进校企合作进程，实现了职业教育与普通教育的有效对接和学校与社会的深度融合，为社会经济建设培养了大量实用人才，促进了职业教育的发展。

一、美国职业教育的萌芽期(17—18 世纪)

17—18 世纪后期，美国是英国的殖民地，美国在沿袭英国传统学徒制的基础上，积极倡导实用之学，根据当地需求设置管理机构、颁布相关法律法规、拓展职业教育形式、丰富职业教育内容，使普通教育与职业教育相融通，形成了适应殖民地政治经济发展的职业教育形式。主要表现如下。

(一)学徒制形式的职业教育

受英国殖民影响，美国的学徒制包括两种类型：自愿学徒制和强制学徒制。自愿学徒制的学徒以掌握一门技艺、未来晋升为工匠直至师傅为目的，可以在某一行业领域从事某种技术性工作；强制学徒制以帮助贫困家庭的子女和孤儿解决生存问题为目的，由地方政府将学徒送至某一地方学习技艺，以便使学徒将来获得工作、谋求生路。

学徒制通过签订学徒契约、收取学费、明确学习时限和师徒责任与义务、制定相关法律等措施，保障学徒制顺利实施，促进学徒培养质量不断提高。具体表现：一是学徒的监护人或学徒本人要与师傅签订学徒契约，对学徒费用、学习时限、食宿、衣物、学徒结束应得的东西、额外的正规学校教育等均做出详细规定；[①] 二是学徒均需要缴纳学费，并且学费与所学技能的难易程度、职业的社会地位和未来的收益成正比；三是学徒时限一般为5～10 年，大多数为 7 年左右；四是学徒制由市镇当局进行直接管理，并且通过制定法律法规保障学徒与师傅的双方利益，以此拓宽学徒制的范围。

美国于 18 世纪末 19 世纪初开始进行工业革命，自此美国大机器工业生产逐渐替代了手工劳动。传统学徒制已经不能适应培养新型技术工人的需要，所以劳动者需要接受专业化教育，由此学徒制形式的职业教育模式逐渐消失。

(二)学校形式的职业教育

17 世纪中期，北美首先产生了学校形式的职业教育。工商业的迅速发展，使得实科

---

① Susan E. Klepp, "Benjamin Franklin and Apprenticeship in the 18th Century," *Pennsylvania Legacies*, 2006, (6)1, pp. 6-10.

教育越来越受到重视。波士顿、纽约、费城等工商业较为发达的城市，涌现了一批技艺精湛之人创办了私立学校和夜校；宗教团体聘请私人教师为印第安人提供与当地工商业发展紧密联系的职业教育课程。这些教育形式以培养学生简单的实用技能为主，既传承木器制作、铁器制作、种植、畜牧、缝纫、编织等生产生活技能，又讲授读、写、算等基本知识。这些学校的教学方式灵活，学习时间自由，教育内容与实际生产生活紧密联系，满足了不同学习者的需求，为殖民地政治经济发展培养了大量实用人才。

18世纪中期，受卢梭"自然主义"教育思想和欧洲"工业学校"的影响，美国摩拉维亚兄弟会的信徒到宾夕法尼亚州定居，实行财产公有制度，对12岁以上的儿童实施手工劳动与学术课程相结合的教育；随后，1787年卫理公会建立的库克斯勃利学院和1797年约翰·德·拉·豪(John de la Howe)遗产建立的农业学校等，均采用摩拉维亚兄弟会的手工劳动与学术课程相结合的教育方法。[①]

18世纪中后期，美国的富兰克林受欧洲实科学校思想的影响，积极倡导实用之学，创办了费城文实中学，使其教育形式成为最具美国特色的中等职业教育形式。文实中学没有教派之分，以学生就业为导向，密切教育与社会的关系，坚持理论学习与实践劳作相结合，开设商业、航海、贸易、机械等课程，旨在培养商人和管理者。1755年，费城文实中学转变为费城学院；1791年，费城学院与宾夕法尼亚州立大学合并，成为宾夕法尼亚大学。[②]

二、美国职业教育的创建期(19世纪)

19世纪，美国已经获得独立，伴随着从农业社会向工业社会的转变，在借鉴欧洲职业教育思想的基础上，结合本国实际不断创新改革，从创办手工劳作学校、技工讲习所到建立农业学校、商业学校，从创办职业学校到兴办赠地学院，实现了手工技艺传承向职业教育的转变，促进了中高等职业教育和成人职业教育的产生与发展。

(一)手工劳作运动与技术教育发展

19世纪20—40年代，美国出现了手工劳作运动，通过建立缅因威斯利恩学院、安多瓦神学院、欧内达科学与工业学校等手工劳作学校，将学术学习与手工劳动相结合，旨在促进学生在劳动中学习知识和职业技能，实现学生手脑协调、全面发展。

19世纪上半叶，受英国技工讲习所的影响，美国成立了纽约机械和科学讲习所、波士顿技工讲习所等，通过面向工人举办讲座、开办展览、共享图书资源、传播科学技术知识等，使职业教育形式从手口相传的技能模仿教育发展成为理论与实践相结合的教育，由此产生了成人职业教育。

在技工讲习所风行的同时，美国又出现了吕西昂运动(Lyceum Movement)，它采用演

---

① 贺国庆、朱文富等：《外国职业教育通史》上卷，92～93页，北京，人民教育出版社，2014。
② 贺国庆、朱文富等：《外国职业教育通史》上卷，93～95页，北京，人民教育出版社，2014。

讲、辩论、戏剧表演以及课程教学的方式传播知识，以满足农民和工人的需求为宗旨，唤起了美国社会对农业教育和工业教育的兴趣，建立了一批实用教育学校。

19 世纪 20 年代至 19 世纪中期，美国通过建立农业学校、出版农业教科书、建立农学院等措施发展农业教育，旨在培养有知识的农民、农业专家和农业教育教师；19 世纪中后期，随着工商业的发展，美国出现了商业学校，旨在培养商业领域人才和政府部门文秘人员；19 世纪末期，随着大型工商企业的发展，原有的初中级商业人员已经无法满足企业的需求，因此出现了商学院，旨在培养高级工商业管理人才。

(二)手工训练运动与工业教育发展

19 世纪后期，为了满足农业社会向工业社会过渡时期经济发展对人才的需求，美国通过学者倡导、政府支持、民间组织推动等形式，开展手工训练运动，旨在强调学生的智力和社会性发展与手眼训练的有机结合，促进学生全面发展。其间，以就业为目的的工业教育在黑人学校风行一时，契合了美国社会不同利益集团的需要。20 世纪初期，为了满足教育直接服务经济社会发展的需求，为特定行业培养人才的职业学校应运而生，实现了手工训练向职业教育的转变。

(三)赠地学院运动与高等职业教育发展

19 世纪中后期，为了培养农业和工业发展急需的解决生产实际问题的工程师，美国总统林肯于 1862 年批准《赠地法案》，该法案又称《莫雷尔法案》(Morrill Act)，对各州获赠土地出售后的资金用于开办或者资助农业、机械工艺学院的途径等进行了详细规定。[①]根据该法案，捐赠资金建立的学院称为"赠地学院"。1890 年，美国又颁布了《第二赠地法案》(又称《第二莫雷尔法案》)，旨在为处在种族隔离环境中的南方黑人提供接受高等教育的机会。此后，南方一些州建立了黑人赠地学院。[②] 赠地学院作为高等教育形态，其成立为美国经济社会发展培养了大批短缺的工程师和高级技术人才，标志着美国高等职业教育的产生。

三、美国职业教育的发展期(20 世纪前半期)

20 世纪前半期，伴随着工业化和城市化的实现，美国的中等职业教育和高等职业教育呈现出规模与速度同步增长的态势。

(一)中等职业教育的发展

南北战争后，美国工业快速发展，城市化进程也不断加速。为了解决手工教育进入公立中小学课堂的问题，受莫斯科帝国技术学校沃斯(V. D. Vos)校长的工艺教学方法启发，麻省理工学院院长郎克尔(J. D. Runkle)为该学院的工程系学生建立了教学车间和为愿意投

---

① Howard R. D. Gordon，*The History and Growth of Vocational Education in America*，Needham Heights，Allyn and Bacon，1999，pp. 36-37.

② 贺国庆、朱文富等：《外国职业教育通史》上卷，204 页，北京，人民教育出版社，2014。

身工业的人建立了附属机械技术高中。同样，1879 年，华盛顿大学工程系主任伍德沃德
(C. M. Woodward)创办了圣路易斯手工训练学校。在郎克尔和伍德沃德的影响和带动下，
美国开启了手工教育运动，于是大量的手工教育学校、手工教育高中相继建立。同时，为
中小学培养师资的师范院校和大学教育学院也纷纷开设了手工教育课程。

进入 20 世纪后，基于工业界对技工人才的迫切需求，美国出现了 5 种职业学校，即
面向 14～16 岁在校生的职业预备学校或工业学校、部分时间制的合作学校、补习类学校、
全日制职业或工艺学校和公司学徒学校。同时，各州通过立法的形式资助职业教育快速
发展。

1917 年，美国总统威尔逊签署了《史密斯-休斯法案》(Smith-Hughes Act)，将中等职
业教育运动由州层次上升为国家层次，推动了美国中等职业教育运动向全国范围扩展，标
志着美国中等职业教育制度的建立。

《史密斯-休斯法案》颁布后，伴随着联邦政府、州和地方职业教育拨款数量的增加以
及拨款项目的扩展和拨款覆盖区域的扩大，中等职业教育的规模不断扩大。1949 年，美
国各类职业学校学生达到 310 万，夜校类职业教育入学学生接近 140 万，全日制职业类学
生达到 115 万，部分时间制学生约有 55 万。[1]

(二)高等职业教育的发展

20 世纪前半期，美国工业经济高速发展，社会对各类人才的需求巨大，于是美国以
赠地学院和社区学院为依托，推进了高等职业教育的发展历程。例如，赠地学院学生注册
数量不断增加，专业领域逐渐扩展，课程门类日益丰富，全日制课程和短期课程兼具，技
术推广活动迅速增多。特别是 1914 年颁布的《史密斯-利弗法案》(Smith-Lever Act)等系列
法规将农业技术推广工作提升到了高度专业化的水平，由此与《赠地法案》一同构建了职业
教育教学、科研、推广工作的完整结构，使赠地学院成为美国高层次技工人才重要的培养
培训基地。

1892 年，芝加哥大学校长哈珀(W. R. Harper)率先提出把大学的 4 个学年分成两个阶
段的设想：第一个阶段的两年为初级学院，旨在为第二个阶段输送优秀生源，对于不适合
继续深造的学生终止其学业；第二个阶段的两年为高级学院，旨在专注高深的教学和科
研。[2] 1901 年，美国建立了第一所公立初级学院。1949 年，美国初级学院达到 634 所。[3]
美国初级学院的生源没有年龄限制、不需要参加入学考试，办学方式灵活多样，课程内容
十分丰富。学生通过初级学院的学习，既可以选择继续进入大学深造，也可以选择接受职
业教育。由此，初级学院成为美国高等职业教育的又一种重要教育形式。

① Layton S. Hawkins, Charles A. Prosser and John C. Wright, *Development of Vocational Education*, Chicago, American Technical Society, 1951, p. 366.
② Thomas Diener, *Growth of an American Invention: A Documentary History of the Junior and Community College Movement*, New York, Greenwood Press, 1986, p. 50.
③ 贺国庆、朱文富等：《外国职业教育通史》上卷，343 页，北京，人民教育出版社，2014。

四、美国职业教育的跨越期(20 世纪后半期)

第二次世界大战后，伴随着工业革命自动化、信息化进程的加快，美国的职业教育发展逐渐呈现出多元化、体系化的特征。

为了应对苏联强有力的军事竞争，加快培养国防急需的受过专门训练的技术人员，1958 年，美国总统艾森豪威尔批准颁布《国防教育法案》(National Defence Education Act)，该法案一方面对国防教育贷款资助的对象条件、资助金额、经费用途等进行了详细规定，旨在促进美国数学、外语、科学等方面人才的培养；另一方面，该法案深刻认识到受过专门训练的技术人员对于国家安全的重要性，特别加大了对初中毕业或年满 16 岁的人员、需要保留现有工作或提高技术水平的工人、需要更新技术的技术人员进行培养培训的资助力度，促进了美国技术人才的培养培训。此外，该法案还将部分拨款用以资助美国中学课程改革。

20 世纪 60 年代，美国社会的弱势群体为争取平等权利开展了民权运动。1963 年，美国颁布《美国职业教育法案》(National Vocational Education Act)，重新确立了职业教育目标，扩大了职业教育的对象范围，使弱势群体的职业教育权利得到尊重，使职业教育成为促进社会公平的教育形式。

20 世纪 60 年代末，美国的中学课程改革强制开设自然科学、生物课程等。这些课程的教学内容难度大，忽视了学生的成长规律和个性特征，由此产生了学生学习意愿不强、辍学率高、就业能力弱等问题。同时，在这一时期，美国各领域的教育专家开始关注教育公平问题，通过开展形式多样的教学改革，实现以学生为本的教育目标。为了解决中学课程改革出现的问题，满足教育专家倡导的以学生为本的诉求，美国借鉴杜威等人的教育理论，开展了生计教育性质的系列活动。1970 年，美国教育委员会詹姆斯·艾伦(James Allen)首次明确提出"生计教育"概念。他的继任者西德尼·马兰(Sidney P. Marland)、贝尔(T. H. Bell)等人推广了生计教育，从教育为工作准备、维持生计或者教育促进个体适应生活环境等角度拓展了职业教育的概念。特别是 1971 年美国教育办公室向全国推广的 4 种生计教育模式，充分展示了面向就业的教育应该面向社会全体成员实施的特征，体现了终身教育理念。

20 世纪 80 年代以后，面对经济全球化、终身教育和知识经济的挑战，美国在兼顾社会公平的同时，更加关注职业教育类学生的学术基础，强调职业教育与劳动力市场的关系，通过建立连接中学与中学后职业课程的技术准备项目联合体、开发学术与职业内容相融合的课程等措施，构建了层次分明、门类齐全、相互沟通、涵盖范围广泛、参与人群众多、效果发挥较好的终身化、全民化的职业教育体系。

五、美国职业教育的成熟期(21 世纪)

21 世纪的美国职业教育机构庞杂：成千上万的综合高中、中等和中等后职业教育机构、生涯学院、社区学院等都在提供各种生涯领域的职业教育项目和课程，为青年和各个年龄段的成年人接受职业教育和终身学习做准备。

2001 年，美国劳工部提出了"21 世纪劳动力计划"，该计划对美国劳动力市场的规模和岗位需求进行了预测，旨在指导新生劳动力的教育和就业。2004 年，美国白宫提交了《新一轮美国创新》文件。美国总统布什提议通过落实培训资金、设立创新培训账户和个人再就业账户等措施，对工人岗位培训项目进行调整，旨在为美国工人提供优质的在职培训。2006 年，布什总统签署了《美国竞争力计划——在创新中领导世界》文件，给予企业员工的岗位教育与培训极大的关注。[①]

2006 年，美国颁布了《卡尔·D. 帕金斯生涯和技术教育促进法案》。该法案对满足个体终身学习和生涯发展需要的学术标准、技术知识和技能标准等提出了明确要求，并且建立了国家和州、地方的项目评估两级标准，同时定期监控、报告项目实施情况，确保项目质量。

第二节　美国企业参与职业教育办学的相关法律法规

美国企业热衷参与校企合作，其重要原因之一在于美国高度重视校企合作，并通过健全职业教育法律法规体系促进和规范校企合作。这些法律法规突出了企业在职业教育校企合作中的地位和作用，其目标在于鼓励企业参与职业教育，为学生或者企业员工提供就业方面的咨询和培训，从而提高受训者的劳动素质，增强国家竞争力。主要法律法规如下。

一、国家层面的法律法规

(一)《史密斯-休斯法案》推动中等职业教育运动上升至国家层面

1917 年，美国总统威尔逊签署的《史密斯-休斯法案》，明确了联邦拨款的数额及用途，规定了联邦、州和地方的资金合作方式，明确了联邦资助职业教育的类型及接受资助的学校或训练班应达到的最低标准，指定了具体的管理机构并规定了相应的管理办法，以此确保 14 岁以上未就业和已就业人员的职业教育需要。[②] 该法案标志着美国中等职业教育运动从州层面上升至国家层面。同时，该法案充分发挥了联邦政府对职业教育的引导作用，以及州、地方对职业教育的主体作用，由此形成了联邦政府、州、地方三方协同发展职业教育的新格局。

(二)《乔治-里德法案》强调开展合作教育项目

1929 年，美国政府颁布的《乔治-里德法案》(George-Reed Act)明确规定，每个财政年

---

① 张锋：《二战后美国企业参与职业教育研究》，硕士学位论文，福建师范大学，2007。

② 蒋春洋、柳海民：《"史密斯-休斯法案"与美国职业教育制度的确立及启示》，载《黑龙江高教研究》，2012(5)。

度，联邦政府对农业教育和家政教育进行拨款资助并且逐年递增，其中特别强调了资助合作教育项目。此后，1934 年的《乔治-埃利泽法案》(George-Ellzey Act)、1936 年的《乔治-迪恩法案》(George-Deen Act)及 1946 年的《乔治-巴登法案》(George-Barden Act)是《乔治-里德法案》的三个修正案，依序修正或替代原来的法律，扩大了政府对职业教育的资助范围，大幅提高了经费资助额度，允许各州根据自身情况弹性使用联邦拨款，同时特别强调了资助合作教育项目。[①]

(三)《高等教育法案》独立设立合作教育基金

1965 年，约翰逊政府颁布了《高等教育法案》(Higher Education Act)，在高校建设、学生资助、教师培训方面等施行了学校贷款计划。第三条款允许"发展中学校"使用该条款确定的款项去发展合作教育计划。1968 年，《高等教育法案修正案》把合作教育的财政资助从第三条款中脱离出来，列在联邦政府对学生资助的第四条款中。1972 年，政府第一次确立了资助合作教育的单列款。[②] 1976 年，该法案修正案第八条款独立设立了合作教育基金。至此，政府对合作教育的资助有了专门的法律条文保障。

(四)《职业教育法案》提供校企合作专项拨款

1963 年，肯尼迪政府颁布了《美国职业教育法案》，旨在扩大职业教育对象的范围，强调职业教育训练，对学校与企业加强合作、推动学生参与合作教育、增加职业教育投资等方面进行了详细规定。1968 年，国会通过了《美国职业教育法案修正案》(National Vocational Education Amended Act)，规定了新的职业教育观和操作原则，特别是对校企合作、职业教育教师培训、课程开发等进行了专项拨款，加大了职业教育的投入力度，增加了人们接受职业教育的机会。1976 年，国会再次通过了《美国职业教育法案修正案》，该法案进一步扩大了政府对职业教育的拨款范围，提高了拨款额度，特别是对校企合作给予专项经费资助，以此保障职业教育质量，提高全社会对职业教育的关注度。[③]

(五)《职业训练合作法案》提高企业参与职业教育办学的地位

1982 年，美国里根政府颁布了《职业训练合作法案》(The Job Training Partnership Act)，该法案通过设定服务领域和私营企业委员会等措施，鼓励企业与政府共同制订职业训练计划、实施课程方案、参与职业训练活动等。[④] 企业代表在私营企业委员会中的比例偏高，从而提高了职业训练活动的质量与企业对人才素质能力需求的契合度，进一步增强了企业参与职业教育办学的积极性，提升了企业参与职业教育办学的地位。因此，该法案成为美国历史上第一个由政府与私人和团体共同参与组织成人职业训练的法案。[⑤]

---

① 张建党：《美国职业教育立法与职业教育》，硕士学位论文，河北大学，2004。

② Francis Keppel，"The Higher Education Acts Contrasted 1965-1986：Has Federal Policy Come of Age?" *Harvard Educational Review*，1987，57(1)，p.51.

③ 邓艳玲：《美国高等职业教育校企合作相关政策研究》，载《黑龙江教育学院学报》，2014(11)。

④ 石伟平：《比较职业技术教育》，143 页，上海，华东师范大学出版社，2001。

⑤ 张维平、马立武：《美国教育法研究》，322 页，北京，中国法制出版社，2004。

(六)《卡尔·D. 帕金斯职业教育法案》促进校企合作拨款制度化

1984 年，美国国会通过《卡尔·D. 帕金斯职业教育法案》(Carl D. Perkins Vocational Education Act)，即《帕金斯第一法案》，该法案加强了联邦政府管理职业教育的权利，强调联邦政府通过拨款的形式推动政府与企业合作开展职业教育；同时扩大联邦政府拨款补助的职业教育对象的范围，使职业教育成为更加公平的教育，由此开启了全民职业教育之门。1990 年，美国总统乔治·布什签署《卡尔·D. 帕金斯职业与应用技术教育法案》(Carl D. Perkins Vocational and Applied Technology Education Act of 1990)，即《帕金斯第二法案》，该法案注重建立工厂与学校的密切联系，规定大多数教学计划包含工作现场学习，强调由联邦政府直接对职业教育进行资金拨款。此后，1998 年美国颁布的《卡尔·D. 帕金斯职业和技术教育法案》(Carl D. Perkins Vocational and Technology Education Act of 1998)，即《帕金斯第三法案》和 2006 年颁布的《卡尔·D. 帕金斯生涯和技术教育促进法案》(Carl D. Perkins Career and Technology Education Improvement Act of 2006)，即《帕金斯第四法案》，进一步强调校企合作开展职业教育，同时以法律的形式保障拨款经费的可持续性，促进了职业教育的发展。[1]

(七)《2000 年目标：美国教育法案》强调企业承担职业教育责任

1994 年，克林顿政府颁布《2000 年目标：美国教育法案》(Goals 2000：Educate America Act)，该法案为了提高美国青年的职业适应能力，提出"每家美国大型企业都将参与强化教育与工作相联系的活动"[2]。同时，该法案要求美国企业承担职业教育责任，鼓励未接受高等教育的学生学习规定课程，并在与社区大学之类的学术机构合作的工作岗位上接受两年的实际训练，鼓励学生表现出具有挑战性的能力并从事学习或生产性就业。

(八)《学校到工作机会法案》确立校企合作核心地位

为改善青年的职业生涯准备状况，帮助他们顺利过渡到工作环境中，1994 年，美国总统克林顿签署了《学校到工作机会法案》(School-to-Work Opportunity Act)。该法案要求所有州都建立以企业为基地的学习活动、以学校为基地的学习活动和连接性活动的"学校到工作机会"教育体系。同时，该法案强调要整合学校本位学习与工作本位学习，整合学术与职业学习，并在中学与高中后教育间建立有效的联系。[3] 该法案确立了校企合作在职业教育发展中的核心地位，对规范、促进美国的校企合作起到了极大的指导作用。

此外，2009 年，美国总统奥巴马签署的《2009 美国复苏与再投资法案》(American Recovery and Reinvestment Act of 2009)对行业协会参与职业教育的权力、途径与方法均

---

① 石清锋、杨骁瑾：《〈帕金斯职业教育法案〉的变迁与美国职业教育》，载《科教导刊(中旬刊)》，2015(7)。
② 项玉、阮林涛：《美国大学与企业合作的经验对我国大学的启示》，载《现代教育科学》，2003(1)。
③ 石伟平：《STW：世纪之交美国职业教育改革与发展策略的抉择》，载《全球教育展望》，2001(6)。

做出了明确规定。① 2012 年，美国联邦教育部职业与成人教育办公室发布政府白皮书《投资美国的未来：生涯和技术教育改革蓝图》(Investing in America's Future：A Blueprint for Transforming Career and Technical Education)，对职业技术教育进行改革。新的职业技术教育体制，将会组建由中等教育机构、中等后教育机构、雇主、产业构成的联盟团体，共同推动改革，并引入私营机构和个人分担改革成本，促进实现改革成本的集约化。2014 年，美国颁布的《劳动力资源创新与机遇法案》(Workforce Innovation and Opportunity Act)为校企协作提供了制度保障。

(九)专利和税收政策激发企业参与职业教育办学的活力

20 世纪 70 年代，美国的专利制度还不够完善，造成大学的很多研究成果滞留在实验室中，使企业对大学的投入时断时续。鉴于此，1980 年，美国颁布了《拜-杜法案》(Bayh-Dole Act)。该法案规定"允许企业拥有相应专利权或独占性"和"大学要尽快使专利技术实现商业化；减免向大学投入研发经费企业的税收"。此外，美国政府在税法中规定工商企业向大学捐赠的仪器、设备可以作为慈善捐赠予以减税。同时，参加合作教育的企业、公司年营业额的 5% 可以免税。② 因此，上述系列政策激发了企业参与职业教育办学的活力，推进了大学与企业的合作，加速了科技成果转化。

二、地方层面的法律法规

美国作为联邦制国家，其各州也制定了加速校企合作进程的法律法规。例如，夏威夷州修订《职业安全法案》，以减少企业管理参与职业教育培训项目的学生应担负的责任；③ 密歇根州、马萨诸塞州等先后颁布《最低工资法规》和《职业安全和健康法案》，明确规定严禁对参加合作教育的人进行性别、年龄、种族、身体健康等状况的歧视，并且对残疾人的待遇做了规定，保障了残疾人参加合作教育的合法权益；美国密歇根州颁布《底特律契约》，对学生的教学、实习等每个环节都制定了具体完整的细则，保障了人才培养质量，使学生毕业后深受企业和大学欢迎；④ 1996—2003 年，加利福尼亚州政府针对加州大学伯克利分校的企业—大学合作研究项目所投入的资金累计达到 3860 万美元；⑤ 1991 年，阿肯色州政府拨款 300 万美元用于实施青年学徒计划；特拉华州纽卡斯尔县增收 1% 的财产税，旨在连续 5 年为校企合作提供人员培训费和购买技术、改善设施费；奥斯汀市政府每

---

① 傅林：《从〈2009 美国复苏与再投资法案〉看奥巴马时代的美国教育改革动向》，载《比较教育研究》，2010(4)。

② 华北庄、胡文保等：《中国产学合作教育探索》，102 页，武汉，武汉大学出版社，2005。

③ Marc S. Miller and Robert Fleegler, "State Strategies for Sustaining School-to-Work," *Jobs for the Future & New Ways Works National*, 2000(2), pp. 3-4.

④ 林木：《美国高校合作教育支持系统研究》，硕士学位论文，西北师范大学，2011。

⑤ 李联明、陈云棠：《政府支持大学搭台企业加盟——从加州大学校企合作解读美国官、学、产研发创新机制》，载《高等理科教育》，2009(1)。

年拨款 20 万美元创建校企联合体系，等等。[①]

上述法律法规，以提升劳动者素质能力和促进就业为目标，在适应经济社会发展的过程中不断改革、修订和完善，具有明确的针对性、科学性、连续性和可操作性，激发了企业参与职业教育办学的热情，促进了校企合作的规范化和制度化。

第三节　美国企业参与职业教育办学的发展历程

美国的校企合作模式可以追溯到 20 世纪初期。1906 年，辛辛那提大学实施合作教育计划，标志着美国企业参与职业教育办学的开始。此后，伴随着科技进步、技术变革对劳动者素质能力需求的日益变化，企业与学校为了保障双方的各自利益，不断改革合作模式、丰富合作内容，由此校企合作逐渐走向成熟。

一、萌芽创建时期(20 世纪初至 1970 年)

20 世纪初期，美国工业发展迅速，随着美国大学与企业合作的开展，美国启动了校企合作培养人才模式的探索。受俄亥俄州辛辛那提大学工程学院赫尔曼·施奈德教授的合作教育思想的影响，1906 年，辛辛那提大学(University of Cincinnati)设计了第一个合作教育计划。该校工程学院的 27 名学生以工学交替的方式在学校和企业里进行合作教育的早期尝试，取得了成功。1909 年，东北大学(Northeastern University)在新建工程学院实施合作教育模式。1919 年，麻省理工学院在工程系开展合作教育。1921 年，文科学院安提亚克学院(Antioch College)也开始实施合作教育计划。[②] 截至 1957 年，美国共有 55 所高等院校开展合作教育。

1957 年，在爱迪生基金会主席、通用汽车公司研究主管查尔斯·凯特林(Charles Kettoring)的倡导下，美国在俄亥俄州代顿市首次召开了"合作教育与即将到来的教育危机"大会，旨在讨论如何发展合作教育来应对大批中学毕业生升入大学的压力。80 所学校和 100 家企业代表参加了此次大会。[③]

然而，这种企业与学校合作开展教育的发展势头在 20 世纪 60 年代中期有所遏制，原因在于教育政策制定的环境发生变化和企业家的热情逐渐消减。尽管如此，美国政府并没有因此放弃合作教育计划：1963 年颁布的《美国职业教育法案》提出要大力发展部分时间制的合作教育；1968 年颁布的《美国职业教育法案修正案》规定了联邦政府对合作教育的拨款办法。此后，合作教育领域逐渐拓展。1970 年以来，美国开展的计生教育运动，密

---

① 方彤:《美国校企联合面面观》，载《外国教育研究》，2000(5)。

② 苏俊玲:《美国职业教育校企合作实践的研究》，硕士学位论文，华东师范大学，2008。

③ Roy L. Wooldridge, "Factors Influencing Recent Growth and Expansion," *Journal of Cooperative Education*, 1979(9)，p. 24.

切了职业教育与普通教育的联系，促进了教育公平。截至 1975 年，美国参加合作教育的学校达到 1000 余所。[①]

在这一时期，合作教育是学校主导的校企合作模式。企业作为学生的雇主是职业教育的合作伙伴，为学生提供工作场所和相应报酬，并通过评估、指导和其他方式，与学校共同确保课程的有效性，同时还为企业自身招募雇员创造了良好条件。

二、改革繁荣时期（1980—1990 年）

1980 年年初，公众对学校的教育质量质疑不断，企业也抱怨新员工素质差。与此同时，美国中学毕业生人数减少、妇女就业人数增长缓慢、企业劳动者接受流动频繁等，使得企业面临劳动力短缺和不稳定的情况，加大了劳动者接受教育与培训的难度。这一时期，以原子能、电子计算机、空间技术和生物工程的发明与应用为标志的第三次工业革命启动，使生产方式转变为"大规模自动化生产"，此时仅仅依靠学校教育已经无法满足劳动者知识创新、技术更新和技能精湛的需要。因此，世界各国大力发展职业教育，加强校企合作。办学模式逐渐由以学校形式的职业教育为主转变为职业基础教育在学校、职业培训在企业、再就业培训在社会等多种形态并存的职业教育。

在此背景下，美国再次强调要进一步加强校企合作。学校强调理论教学与实践技能传授并重，通过调整教学内容、加强与企业的合作等措施，提高了人才的综合素质。企业为了雇用到满足行业产业发展需求的劳动者，主动加强与学校的合作，参与改革教学模式，丰富教学内容，促进人才链与产业链的有效对接。由此，美国保障了学校与企业双方的利益，增加了校企合作单位数量，拓宽了校企合作领域。例如，1983—1988 年，建立校企合作关系的学校数从 4.2 万所上升到 14.08 万所[②]，学科领域由早期的农业、工程学科扩展到所有学科。

20 世纪 80 年代，"收办学校"成为美国风靡一时的职业教育形式。所谓"收办"，就是指企业与学校建立密切的合作关系，为学校提供财政援助，并把自己的影响深入学校教育内部，而学校则为企业培养合乎要求的新工人。

在这一时期，教育质量下滑、劳动力短缺、经济竞争力下降等原因，激发了企业与学校加强合作、协同培养经济社会发展急需的高素质劳动者的动力。因此，校企合作学校数量迅速激增，合作领域不断拓宽，取得了实质性进展，为缓解经济危机压力提供了人才保障。

三、发展成熟时期（1990 年至今）

20 世纪 90 年代至今，以信息技术、互联网和物联网的应用为标志的第四次工业革命

---

① Ryder K G，"Cooperative Education in a New Era,"*Higher Education Policy*，1988，1(3)，pp. 66-67.
② 刘存刚：《美国的校企合作及其对我国职业教育的借鉴意义》，载《教育探索》，2007(8)。

启动，使生产方式转变为"智能制造定制生产"。此时生产方式更加灵活，对劳动者的理论知识、实践技能等复合能力的要求更高了。

1990 年秋，美国联邦劳工部颁布了 6 个试点性行动计划。每个计划都要求学生学习与职业相关的实践课程、获得工作经验、提高实践技能，由此提高教育教学质量和劳动者的复合能力，促进学生就业。

1994 年，美国总统克林顿签署的《学校到工作机会法案》要求各州加强校企合作，建立"从学校到职场一贯的教育体系"，对规范、促进校企合作起到了很大的指导作用。同年，克林顿政府颁布的《2000 年目标：美国教育法案》提出每家美国大型企业都将参与强化教育与工作相联系的活动，旨在增强企业参与职业教育办学的责任，提高学生的就业竞争力。此后，美国形成了各种校企合作模式，主要有技术准备计划（Tech-prep Programs）、从学校到学徒计划（School-to-apprenticeship Programs）、青年学徒制（Youth Apprenticeship）、校办企业（School-sponsored Enterprises）、生计学校（Career Academies）、校企契约（Business-education Compacts）以及专门帮助辍学学生的前途策略（Promising Strategies）等。[①]

21 世纪以来，美国政府、学校和企业通过加强对校企合作项目的跟踪调查，掌握校企合作项目的执行情况，分析校企合作模式的发展状态、存在问题及问题产生的原因，并在实践中不断改进校企合作模式，以此保障人才培养质量，促进经济社会发展。

在这一时期，美国政府立法的实施、资金的保障、校企合作模式的规范等，增强了企业提高劳动者职业技能的责任意识和参与职业教育办学的主体意识，使美国的校企合作逐渐走向政府支持、各方参与的良性循环轨道，标志着校企合作这一职业教育方式在美国逐渐走向成熟。

第四节　美国企业参与职业教育办学的运行机制

美国通过健全法律政策、建立组织机构、加大资金投入、加强监督评估等措施，激发了企业参与职业教育办学的动力和热情，逐步构建了企业参与职业教育办学的动力机制、管理机制、经费机制和监督机制，促进了校企合作的科学、有效、规范运行。

一、动力机制

企业作为校企合作的重要主体单位，参与职业教育办学的动力主要体现为以下几点：一是激励政策的驱动，即美国通过实施税收优惠等激励政策，将企业接收学生实践与企业利益挂钩，增强了企业参与职业教育办学的积极性；二是高素质廉价劳动力的驱动，即随

---

① 苏俊玲：《美国职业教育校企合作实践的研究》，硕士学位论文，华东师范大学，2008。

着知识经济的快速发展，企业需要合作学校提供接受过专业知识培养和技能训练的高素质廉价劳动力，为企业可持续发展提供人才支撑；三是企业未来发展的驱动，即企业为了提高自身在同行中的竞争力，需要通过与大学合作实现技术革新，促进大学的科技成果转化成企业生产一线的技术成果，进而提高生产效率，降低生产成本，增加生产利润；四是良好社会效应的驱动，即多数企业通过校企合作，特别是通过资金投入、提供学生实习岗位等措施积极支持教育事业发展，有利于企业传播企业文化，赢得良好的社会声誉，提高社会地位，当然也有少部分企业出于社会公益目的参与校企合作。

二、管理机制

美国企业参与职业教育办学的有效运行，除了上述动力因素外，还在于通过成立相关机构协调政府、企业、学校、行业协会、社会组织等各方面的关系，统筹推进校企合作，使校企合作成为全社会的共同事业。

(一)建立国家职业技能标准委员会，指引校企合作方向

1990 年，美国首次提出了"国家职业技能标准"的概念。1991 年，美国劳工部成立国家就业学习顾问委员会，研究开发技能标准。1992 年，教育部与劳工部开始在 13 类职业中进行国家职业技能标准开发试点工作，此后增至 22 个项目。为了确保这项工作的顺利实施，1994 年，美国联邦政府成立了国家职业技能标准委员会，全面负责美国职业技能标准体系的开发与确定工作，并把美国国家职业技能标准贯穿劳动力的教育、培训、考核、就业过程的始终，发挥了指引方向的作用，强化了教育与就业、学校与企业的联系。[1]

(二)建立各级组织机构，统筹推进校企合作

美国的职业教育管理通过发挥联邦政府的引导作用，由州政府和地方政府分级负责，形成了以地方为主、学校根据市场需求自主办学的管理机制。美国联邦政府对各州的文化教育不直接过问，而是通过颁布法律法规、提供拨款等方式，向各州文化教育主管部门和社会教育机构提出改革建议和相关要求，引导各州职业教育的发展。美国的州政府设有高等教育委员会和社区学院委员会，其成员由州长任命，为 10 人左右，包括教育、工商、社会工作等各界人士。部分州成立了职业教育委员会或类似的机构，主要负责统筹、协调和规划全州的职业教育，其他州的职业教育大多归高等教育委员会管理。[2]

美国通过多种举措加强学校与企业的联系，统筹推进校企合作。1962 年，美国成立了由大学校长、行业管理人员和政府代表、劳工组织代表、国家组织代表组成的国家合作教育委员会，该委员会通过企业资助大学教育的研究项目推动校企合作，通过争取广告协会支持，宣传合作教育，促进了校企合作的顺利开展。在国家合作教育委员会的积极推动下，1963 年，美国又成立了合作教育协会，旨在推动工作与学习整合的教育策略。1984

---

① 张锋：《二战后美国企业参与职业教育研究》，硕士学位论文，福建师范大学，2007。
② 郝志强：《美国促进职业教育校企合作的管理机制探析》，载《职教通讯》，2011(15)。

年，美国成立了全国职业教育咨询委员会，负责随时向国会及总统提出政策性建议。

1991年6月，为了帮助学校了解如何改革教学大纲和教学内容，使学生获得未来工作所需的技能，美国劳工部成立了获取必要技能部长委员会，强调学校必须通过教育让学生学会生存，并为此发表了《职场要求学校做什么》(What Work Requires of Schools)报告，要求学校、家长和企业帮助学生获取在目前和将来的职场上所必需的三种基础和五种基本能力，极大地推动了校企合作。

2001年，为了适应职业教育的终身化发展趋势，美国职业协会更名为生涯和技术教育协会。该协会由2.8万名来自全国各行业的专家构成，以保证企业在职业教育发展中的话语权，其主要任务是发挥职业教育在促进和帮助劳动力就业方面的作用，提高劳动力的职业技能，帮助劳动者找到更加适合自己的岗位。[1]

美国的行业协会、商会等中介组织主要包括三个层次：一是国家层面的中介组织，此类组织垂直设置，即在全国范围内，对某一行业的校企合作进行促进，通常在地方层面和州层面设有相应的分支机构，如世界上最大的商业基金会美国商会；二是地方层面的中介组织，此类组织一般水平设置，即在某一地区建立各个行业的职业教育—工作场所联系；三是介于前两种模式之间的州立层面组织，此类组织试图将地方层面和国家层面的组织联系起来。[2]

此外，民间学会(协会)组织通过发挥自身的影响力吸引企业参与校企合作，敦促学生将课堂学习与企业实践相结合，鼓励学生参与社会实践，为学生提供财政资源，督促企业雇主支付工资等，在协调校企合作关系、帮助毕业生就业等方面起到了不可或缺的作用，成为推动美国校企合作的重要力量。

三、经费机制

在美国，伴随着相关法律法规和政策的出台，企业参与职业教育办学的经费投入力度不断加大，主要体现为以下几点。

《史密斯-休斯法案》规定联邦政府对各州发展职业教育提供资助：一是联邦政府每年要支付50万至300万美元的补助金以支付从事工业教育的学校员工的工资；二是4年中拨款50万至100万美元培养工业和农业教育的教师；三是各州要取得补助金，必须由州增加一倍补助金为前提，以鼓励各州发展工业和农业教育；四是以补助金的近20%补贴家政科教师的工资，近1/3资助14岁以上的青少年就读的钟点制学校。每个州都应当为职业教育的发展进行拨款。《乔治-里德法案》规定从1929年开始，联邦政府连续4年每年对农业、家庭经济方面职业教育拨款150万美元。[3]

《乔治-埃利泽法案》规定美国政府3年内，每年拨款300万美元资助农业、家庭经济、

---

① 周文娟、吴晓义：《美国社会转型时期的职业教育管理体制改革》，载《职教通讯》，2009(9)。
② 郝志强：《职业教育校企合作的管理机制研究》，硕士学位论文，天津大学，2012。
③ 马骥雄：《战后美国教育研究》，124页，南昌，江西教育出版社，1991。

贸易和工业教育。《乔治-迪恩法案》规定政府每年拨款约 1400 万美元发展农业、工业、贸易、家庭教育。同时，法案强调与市场经济相关的营销、服务等职业拨款资助教师教育，使美国职业教育的领域又有所扩大。《乔治-巴登法案》在 1958 年为职业教育筹集了 4000 万美元资金。[①]

《高等教育法案》规定发展中学校可以使用条款规定的款项发展合作教育[②]，同时规定社区学院有资格从"院校发展"资金中获得 22％的份额，用于推进与商业、雇主的合作活动。《高等教育法案修正案》独立设立了合作教育基金，使合作教育获得资助有了专门法律保障。[③]

《美国职业教育法案》规定在对各州的拨款中，50％的款项用于 15～19 岁的人群，20％用于 20～25 岁的人群，15％用于 25～65 岁的人群，其他 5％不考虑年龄限制。同时，该法案首次对职业教育研究工作进行资助。《美国职业教育法案修正案》规定通过对示范及合作计划、寄宿学校、课程开发和师资培训进行专项拨款，支持在规划和教学中涌现出的新颖、具有创造性的概念。《职业训练合作法案》增加了对弱势个体和团体的资助。把这部分人列入计划重点扶持、另外资助，体现了教育的公平性。

《卡尔·D. 帕金斯职业教育法案》扩大了联邦政府拨款补助的职业教育对象的范围。《卡尔·D. 帕金斯职业与应用技术教育法案》强调由联邦政府直接对职业教育进行资金拨款，同时要求地方至少按 1∶3 的比例给予配套经费。《卡尔·D. 帕金斯职业和技术教育法案》和《卡尔·D. 帕金斯生涯和技术教育促进法案》进一步扩大了政策的适用范围，继续为校企合作提供经费。

《2000 年目标：美国教育法案》的颁布，使国家职业技能标准委员会成立当年获得联邦政府 1500 万美元的经费支持。《学校到工作机会法案》规定从 1995 年起，联邦政府每年为高中学生和毕业生的职业技能训练拨款 3 亿美元，主要内容包括校企合作、课程整合、提高技术等。

此外，美国企业一般每年都会拿出销售收入的 1％～5％或工资总额的 8％～10％用于学生培训，有效解决校企合作中的资金问题。各种从事社会公益活动的非政府、非营利组织，即基金会，也通过为大学捐款、免费宣传等措施，支持校企合作的有效开展。例如，1953 年，福特基金会出资建立电视广播教育中心，加强合作教育的宣传；1965 年，福特基金会设立教育促进基金，为发展合作教育提供资金。

四、监督机制

美国的职业教育包括两类：一类是中等职业教育，以综合中学为主体，主要培养熟练

---

① 张建党：《美国职业教育立法与职业教育》，硕士学位论文，河北大学，2004。
② 邓志军：《德美两国高职院校与企业互动的模式及机制》，载《成人教育》，2009(275)。
③ 王义智、李大卫、董刚等：《中外职业技术教育》，48～49 页，天津，天津大学出版社，2011。

工人和初级从业人员；另一类是高中后职业教育，以社区学院为主体，主要培养技术人员等。[1] 为了使职业教育培养的人才紧贴地区人才市场的需求，美国的职业教育院校通过设立专门机构、选派协调员等，加强与企业的沟通与合作，以此掌握企业对人才的实际需求，进而制订教学计划，确定人才培养方向。

美国企业设置监督指导员，一是负责制定校企合作进程中关于企业的工作计划，确定学生具体的工作内容和相关准备工作，确保工作任务的合理性；二是负责调查参加合作计划的学生的背景和能力水平，确保工作任务的针对性；三是负责向学生介绍企业的规章制度、工作同事、企业文化等，确保学生对工作的适应性；四是负责与受训期间的学生进行沟通交流，确保工作任务的执行率；五是负责与受训后的学生共同总结工作，对学生的工作情况进行评价，确定学生能否获得长期雇佣，以此确保学生的培养质量。[2]

校企双方监督机制的建立，促进了校企合作的规范运转，提高了校企合作育人的质量。

第五节 美国企业参与职业教育办学的主要模式

美国企业参与职业教育办学的历史较长，由于时代背景的变化、社会经济的发展等，涌现出合作教育计划、青年学徒制、技术准备计划、校企契约等各具特色的办学模式。

一、合作教育计划

1906 年，俄亥俄州辛辛那提大学工程学院的赫尔曼·施奈德教授创办合作教育。该学院的 27 名学生以工学交替的方式在学校和企业里进行了合作教育的早期尝试，取得了成功。到了 1921 年，美国已经有 11 所高等院校接受合作教育，并进行了卓有成效的实践，最终奠定了合作教育在今后广泛开展的基础。

合作教育主要由在校教学和在工作岗位教学两部分组成，主要模式如下。

(一)辛辛那提大学合作教育模式

1906 年，赫尔曼·施纳德教授提出在辛辛那提大学工程学院实施合作教育计划。该计划要求一部分专业和一些教育项目的学生每年要有 1/4 的时间到相关公司或企业实习，旨在使学生在真实的工作环境下进行学习。根据实习计划，在实习过程中，学生可以带薪兼职实习或集中时间带薪实习，并要明确实习的应知应会内容；实习指导教师负责指导和评估学生的操作。这种模式最大的特点是学校和企业共同设计培养方案，并监督方案的实施。学生一方面在学校学习相关课程，另一方面在企业学习实用技能和具体操作，把所学

---

① 王凤英：《美国的职业技术教育》，载《成才与就业》，2003(17)。
② 边海娇：《美国社区学院合作教育的影响因素》，载《科教文汇(中旬刊)》，2009(11)。

知识运用于实际工作中，并可获得工资报酬。①

(二)平行计划模式

这种模式可以被视为"半天交替制"，其典型做法是学生上午在课堂学习，下午和晚上进行兼职工作，每周工作时间为 15～25 小时，如西海岸大学和西湖假日酒店的合作教育。这一做法对于那些比传统学生年龄偏大、有不同要求的学生有特别重要的意义。②

(三)交替模式

交替模式，即全日制学习学期与全日制工作学期的交替，但工作学期的工作是经学校认可的，这种模式多为四年制院校采用。③ 1990 年以来，美国中等职业教育开始采用这种模式。在实行的项目中，采用交替模式的有实习制和学徒制。

(四)强制式模式、任选式模式、选择式模式

从合作教育的选择形式看，强制式模式是指学校把合作教育作为学校的办学基础，所有注册学生必须参加合作教育。(学生)任选式模式是指学校提供合作教育作为一种选择，学生入学注册时既可以选择参加合作教育，也可以选择参加非合作教育的学习模式。(学校)选择式模式是指学校以学生的学习成绩为依据，选择符合一定条件的学生参加合作教育。此外，从学分角度看，有的合作教育模式虽然规定了学生参加合作教育的要求与任务，但是不计算学分；而有的合作教育模式需要计算学分。因此，合作教育可以分为有学分模式和无学分模式。④

(五)集中管理模式、分散管理模式和集中分散相结合管理模式

从合作教育的管理角度看，集中管理模式是指以校级管理为主，学校设有专门机构，有专职人员负责合作教育的管理运作。分散管理模式是指以二级院系管理为主，主要由教学人员承担合作教育的管理协调工作。集中分散相结合管理模式，则由专职协调员和教师共同承担合作教育的管理协调工作。目前，美国开办不同层次、不同类型和不同形式合作教育项目的院校已有 1000 余所，参与高等教育合作教育的大公司和企事业单位已达 5 万余家。合作教育的倡导者辛辛那提大学每年有数千名学生分布在美国及世界各地从事各种实习工作，并且该校参与合作教育的学生一年的收入达到数百万美元。⑤

二、青年学徒制

20 世纪 80 年代，在美国，青年学徒制主要沟通和协调中学、中学后教育机构与企业的关系，使学生为中学后教育和未来的工作做准备。1993 年，根据未来工作组织(Jobs for

---

① 王义智、李大卫、董刚等：《中外职业技术教育》，49～51 页，天津，天津大学出版社，2011。
② 徐平：《美国合作教育的基本模式》，载《外国教育研究》，2003(8)。
③ 刘华东：《美国合作教育及其对我们的启示》，载《中国高教研究》，2002(10)。
④ 徐平：《美国合作教育的基本模式》，载《外国教育研究》，2003(8)。
⑤ 李有观：《美国的合作教育》，载《世界文化》，2000(3)。

the Future)的界定，青年学徒制包含的关键要素如下：雇主提供给参加青年学徒制的学生带薪的工作体验以及结构化的工作场所学习机会；学校教育将整合学术学习与职业学习；学校学习与工作场所的学习相结合；高中与高中后教育项目至少有为期两年的联结；完成青年学徒制的学生将得到通用的学术与职业技术证书；各机构的合作者联合管理学徒制项目，加大资金投入力度、人员配置和评估总结，注重资格证书的授予。具体做法如下：学生被安排在企业中工作，并在社区学院的指导下学习相关的职业技术课程；学生不仅获得学分，还获得工作经历和收入，其学分也是社区学院相应专业的学分；学生若进入社区学院进一步学习，毕业时可同时获得大专学历和成为熟练技术工人的资格。由于立法、制度、社会文化等多方面因素的影响，青年学徒制在美国的本土化操作遇到了雇主参与度不高等问题。但整体来说，美国的青年学徒制仍然保持了核心优势，促进了学校与行业企业的合作，有利于学生获得实用的工作技能，从而增强就业能力。[1]

三、技术准备计划

为了更好地衔接中等职业教育和高等职业教育，美国政府希望通过实施技术准备计划，整合就业、升学、终生发展、提高就业者的技术水平以及提升教育效率等多重目标，对职业教育进行改革。该计划主要包含政府支持、校企合作、项目确定及其课程体系和标准。该计划的主要目标是整合至少两年中等教育和两年中等后教育，使学生在一门内在一致的课程中，获得数学知识、科学知识和交际能力；通过整合学术和职业与技术课程，加强职业与技术教育的应用学术课程内容，为学生从事诸如工程技术、应用科学、农业、健康或应用经济领域的某种职业提供技术准备，把学生导向某一特定职业领域的学位或其他证书，并通向高技能、高薪职业领域，或继续接受高等教育。为达到上述目标，该计划的课程改革要实现三个方面的整合：一是在学校内整合学术课程和职业课程；二是在学校与工作现场之间整合学校本位课程与工作本位课程；三是在综合中学、职业学校与社区学院之间整合中等职业教育课程与中等后职业教育课程。[2] 该计划的实施，建立了中等教育和中等后教育无缝过度的系统，提高了美国对职业教育的重视度和美国高素质学生对职业教育的认同；促进了中等职业教育与高等职业教育的整合，加强了中高职教育课程的衔接，减少了重复内容，提高了职业教育的效率；促进了学术课程教师与职业课程教师、学校教师与企业的合作，从而较好地解决了学术课程与职业课程、学校本位课程与工作本位课程割裂的问题。[3]

---

① 苏俊玲：《美国职业教育校企合作实践的研究》，硕士学位论文，华东师范大学，2008。
② 徐国庆：《从美国的"技术准备计划"看我国高职的发展》，载《教育发展研究》，2002(2)。
③ 苏俊玲：《美国职业教育校企合作实践的研究》，硕士学位论文，华东师范大学，2008。

四、校企契约

  校企契约模式即政府教育部门、学校、企业、工商协会等组织与家长、学生协商签订契约，约定学校、企业与学生之间建立互惠互利的合作关系。校企契约模式主要包含波士顿契约（Boston Compact）和底特律契约（Detroit Compact）两种。波士顿契约规定，凡是签订契约的地方企业和学校都要利用暑假开办职业培训班向学生提供职业培训。企业的技术人员和教育专家定期到学校指导学生完成"协定"目标，缓解了当地学生因就业困难而产生的厌学问题，保障了学生顺利就业。底特律契约由企业、学校、学生、家长，还有社区团体、劳工组织、州及市的各级行政主管部门、密歇根州的 18 所大学、银行、电视台等签订。学生签约后可以获得暑期工作、实习训练岗位、未来就业机会以及大学奖学金等。契约针对学生的教学、实习等每个环节制定了具体完整的细则，保证了学生培养质量，使学生毕业后深受企业和大学的欢迎。[①]

五、其他计划

(一)赛扶(Students in Free Enterprise，SIFE)计划

  赛扶计划是由 SIFE 组织实施的为学校、媒体和企业联合搭建平台的计划。1975 年，美国领导力研究协会牵头组建 SIFE 组织，当时由个人、基金会和公司联合出资，旨在在大学校园内鼓励并指导学生开展各种与自由市场经济相关的教育项目，使美国的大学生能更好地了解并认可自由企业制度。目前，SIFE 已成为一个全球性的非营利大学生组织。

(二)高级技术教育(Advanced Technological Education，ATE)计划

  高级技术教育计划是 1993 年由联邦政府倡导、美国国家科学基金会（National Science Foundation）发起的一项旨在满足技师人才需求、有效整合产业与教育的计划。参与该计划的主要是两年制的社区学院，主要通过 ATE 中心和 ATE 项目运作。所有 ATE 中心和大多数 ATE 项目都与商业、工业、四年制大学以及中学建立了广泛联系。[②]

(三)集团化办学

  20 世纪 60 年代，为了满足人们日益增长的教育需求以及教育机构对教育管理的需求，以教育专业化为运营手段、以集团化组织为基础的教育集团应运而生。20 世纪 90 年代，教育集团化发展的趋势越来越成为教育界关注的焦点，于是大批的教育集团纷纷成立。21 世纪初，美国开展了从学校到生涯的系列教育改革，强调职业教育与企业界的战略合作关系，帮助学校和企业建立紧密的合作关系。在这种精神的指引下，原有的教育集团更加发

---

① 苏俊玲：《美国职业教育校企合作实践的研究》，硕士学位论文，华东师范大学，2008。
② 匡瑛、石伟平：《职业教育集团化办学的比较研究》，载《教育发展研究》，2008(Z1)。

展壮大起来，新生的各种教育集团公司纷纷涌现，美国的职业教育集团化呈现出良好的发展趋势。职业教育集团化办学模式主要包括政府主导、院校主导和企业主导三种模式。该模式集中多方优势联合培养技术人才，无论是在组建方式、办学模式，还是在运作体系上均体现出校企合作理念在职业教育中的运用。[①]

第六节　美国企业参与职业教育办学的发展趋势

随着科技的迅猛发展和终身教育理念的深入，美国企业参与职业教育办学开始走向终身化、信息化和国际化的发展道路。美国企业不仅关注参与学校职业教育，也非常重视企业内部的员工教育与培训。企业的竞争归根结底是人才的竞争。进入 21 世纪，企业表现出了在教育理念、教育方式和教育内容上的发展趋势。

一、企业参与职业教育办学促进教育终身化

美国企业参与职业教育办学的重大变革之一是从相互分离的"教育"和"培训"到"终身教育"的转变。1976 年，美国政府颁布的《终身学习法案》提出终身教育包括成人基本教育、继续教育、独立学习、农业教育、商业及劳工教育、职业教育及工作训练方案、在职教育、退休前老人与退休人员教育、补救教育、职业及晋升教育，以及协助各机关团体运用研究成果或创新方法服务于家庭的需求及个人的发展等。[②]

企业和员工是企业终身教育体系的重要因素。企业在市场经济的各类行为中占据重要位置；员工的行为方式在很大程度上受到企业的影响。现代企业人力资本理论将人力视为一种资源，对员工的能力要求日益提高。当企业对员工能力的要求与员工具备的能力不匹配时，企业就认为员工有必要接受职业培训。因此，企业员工在一定程度上会一直处于接受终身教育的位置。

同时，随着科学技术的迅猛发展，传统的教育制度已经无法满足人们对海量知识与综合技能的现实需求，因而人们需要在工作和生活中不断学习、不断提升，进而实现可持续发展、适应科学技术进步和经济社会发展对人们素质能力的新要求和新挑战。因此，美国提出了在职业教育方面加强全民终身教育的理念。

目前，美国针对企业在职人员的终身教育主要是以实际轮训制为主导形式的。从宏观上看，当代美国企业参与职业教育办学有利于充分开发人力资源，从而促进社会和个人的全面发展。

---

① 苏俊玲：《美国职业教育校企合作实践的研究》，硕士学位论文，华东师范大学，2008。
② 纪军：《当代美国终身教育的发展论略》，载《外国教育研究》，2003(11)。

二、企业参与职业教育办学促进教育信息化

美国企业职业教育体系的另一重大变革是从以传统课堂为基础的教育与培训到在线学习和在线培训的转变。随着信息技术教育的蓬勃发展，近年来，美国企业职业教育采用了在线学习和在线培训的学习方式。在企业应用领域中，在线学习和在线培训通常指线上学习和培训，主要通过学习和培训与网络的整合，利用网络设计与传送课程内容，管理学习经验，增加互动机会，延伸传统学习方式。

鉴于网络资源更新快捷、传输方便等特点，企业可以根据实际需要及时修改、添加、删除培训和教学内容，缩短了培训内容的更新时间。学习者可以根据自身需求自主选择学习内容，不受时间和空间限制，便捷地接受培训或者进行学习。

同时，网上学习减少了企业成本和时间成本，使员工可以节省出更多时间参与工作。此外，网上学习有效促进了组织学习和企业文化建设。员工可以通过网上学习进行交流，共同解决实际工作中的问题，使企业成为一个积极向上的学习型组织。

三、企业参与职业教育办学促进教育国际化

21世纪以来，世界经济发展呈现出全球贸易经济一体化的发展趋势。发达国家竞相争夺国际市场，使跨国大企业的势力遍及全球。伴随着资本与劳动力的跨国流动，美国职业教育的发展走出国界，与其他国家的交流与合作日趋增多。

为了提高竞争力，国外的美国企业既希望本土学生到企业学习、培训并帮助管理企业，又希望企业所在地的大学生到美国的学校接受职业教育，以便将来这些大学生充实到本企业的员工队伍中。此后，在合作教育国际化的带动下，企业参与职业教育办学逐渐走向国际化。

美国企业的跨国合作形式主要包括合资办学、合作办学、联合考核、职业资格国际认证等。美国的企业大学通过合作接受来自世界各地的行业人才学习企业职业培训的各种课程；另外，一些跨国公司的企业大学也在不同的国家建立分校，负责当地员工的职业培训；还有一些跨国企业利用互联网等现代技术手段，通过"虚拟大学"在国际上开展培训。企业的国际化发展，既提高了企业自身的知名度，也促进了教育资源的国际分布和优化配置，促进了国家和企业之间的交流。[①]

---

① 张锋：《二战后美国企业参与职业教育研究》，硕士学位论文，福建师范大学，2007。

第六章　加拿大企业参与职业教育办学机制

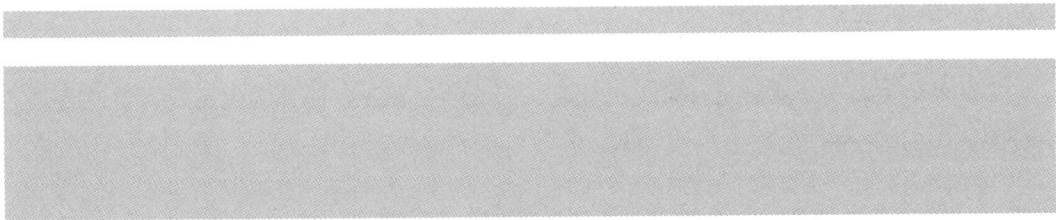

第一节　加拿大职业教育概况

加拿大高度重视科教兴国战略，使自己从默默无闻的英属殖民地一跃成为世界经济强国。

加拿大的教育体系较为系统，从小学教育到高等教育呈现出一种金字塔式的形状，总体上包含初等教育、中等教育和中学后教育三个层次。加拿大职业教育主要分为中等职业教育和高等（中学后）职业教育两个阶段。中等职业教育在综合中学、职业学校或职业中学完成，而高等（中学后）职业教育主要在大学学院（University College）、社区学院（Community College）、职业技术学院（Career College/Academy）完成。

一、中等职业教育

加拿大的中学教育一般包括初中和高中两个阶段，总学制为六年，其中初中三年、高中三年。学生在接受完初中三年的教育后实现第一次分流，其中少部分学生选择就业，大部分学生选择进入普通高中继续升学或进入职业高中接受中等职业教育。

在加拿大，实施中等层次职业教育的主要教育机构为综合中学。加拿大的大多数中学都提供两种课程：一种是为上大学做准备的学术性课程，另一种是为就业或进入学院学习做准备的职业课程。此外，也有为数不多的省份专门设立了公立职业学校或职业中学，但这类学校仍归属各省管理普通教育的学区教育局管理。学区教育局下设管理委员会，一般由 10 名左右成员组成，包括企业人士、各类专家、政府官员、教师、学生、家长等人员。成员有明确的职责分工，任期为三年。[1] 中学层次的职业课程主要有四类：工艺劳作课程、毕业后准备立即就业的课程（如秘书和烹饪）、短期职业培训课程以及徒工培训课程（常由普通中学与地方劳动部门利用假期举办）。[2]

随着加拿大的社会进步和经济发展，教育领域出现了明显的学历高移现象，即越来越多的学生不再选择初中毕业后就业或者升入职业高中，而是选择接受更高层次的学历教育。从目前来看，加拿大中学层次的职业教育已经基本衰退，中学后职业教育即高等职业教育成为加拿大职业教育最主要的部分。

二、高等职业教育

加拿大学生高中毕业后进行第二次分流：部分学生就业，部分学生进入大学或者进入

---

[1]　王义智、李大卫、董刚等：《中外职业技术教育》，425～426 页，天津，天津大学出版社，2011。
[2]　王艳玲：《蓬勃发展的加拿大职业教育》，载《教育与职业》，2004(5)。

社区学院接受高等职业教育。在加拿大，有学位授予资格的高等学府称为大学；其他不授予学位、只颁发文凭或者证书的高等学府统称为社区学院；还有一种将社区学院课程和大学课程相结合的高等院校称为大学学院，其学生可选择学位教育，也可选择只授予文凭的课程学习。[①]

(一)社区学院

加拿大的高等职业教育主要在社区学院进行，属于中学后教育的一部分。在加拿大，"社区"并非具有行政级别的机构，而是按照学院的分布进行的地理上的划分。且"学院"这一名称的使用并不像"大学"一样受到严格的法令限制，除了受加拿大某些省份及地方特别规定限制外，在法律上并不受太多限制，因此"学院"一词使用较为宽松。各种学院名称不一，例如安大略省的应用艺术和技术学院，萨斯喀彻温省的应用文科和科学学院，魁北克省的普通和职业教育学院，不列颠哥伦比亚省、阿尔伯塔省和育空地区的技术/职业和大学基础性学院等。[②] 1946年，湖首技术学院的创建成为加拿大这一国家探索社区学院教育的开端。自该学院创办至今，加拿大社区学院已经经历了70多年的发展历史。

加拿大社区学院的教育目标是培养具备专业技术技能的实用性人才。课程设计以市场为导向，一般可提供一到三年的专业课程。有些学院可提供大学转学课程，即学生可在社区学院先研修四年制大学的前两年课程，完成后可向大学提出入学申请，从而完成四年制课程的后两年课程。在文凭发放上，社区学院相应地可提供一年、两年或者三年的学院文凭，也可提供一年和两年的学院/大学后文凭。社区学院的毕业生适应和满足了加拿大经济社会发展对第一线生产技能型人才的需求和高中普及后人们追求高等教育的教育要求，同时也为加拿大继续教育、终身教育做出了自己的贡献。经过几十年的发展和调整，社区学院已成为加拿大职业教育的主力军。加拿大形成了一个以社区学院为主的职业教育网络。

(二)大学学院

加拿大大学学院结合了大学和社区学院的优点，在课程设置上，既设有以学术为主的大学学位科目，也设有具有较强技能性的应用科目，其多元化的课程选择较好地弥补了大学与社区学院间课程设置分离的鸿沟。此外，大学学院在学生课程学习上还提供了良好的软件设施，包括较优质的学生支援服务、小班制教学模式及规划完善的校园环境等。与大学学院的课程设置相对应，在文凭发放方面，大学学院除了可向学生发放较具专业色彩的大学文凭之外，也可向其发放课程更为实用的学院文凭。

(三)职业技术学院

加拿大职业技术学院大多为私人创办与经营，主要为学生就业做准备。与公办社区学院相比，私立性质的职业技术学院侧重基本职业技能培训、入门培训或初级岗位培训，强

---

① 吉莉莉：《加拿大社区学院高等职业技术教育研究》，硕士学位论文，中央民族大学，2007。

② 何二毛：《加拿大社区学院职业教育的经验与借鉴》，载《职业教育研究》，2008(6)。

调学生技能培养的实践性和应用性。职业技术学院希望它们所培养的学生在商业、电脑或文书等方面所获取的专业性技能要高于一般大学的学生。[①] 因此，在课程安排上，职业技术学院主要提供短期课程，以实用取向为主。依据法律和政府监管程度的不同，加拿大职业技术学院大体可分为如下三种类型[②]：第一种为公认的私立学院，该类院校在法律上获得了政府所授权的可向学生颁发文凭或证书的权利；第二种为非公认但有注册执照的学院，政府一般以企业监管的形式对该类学院进行管理，学生则以消费者的身份得到政府保护；第三种为非公认且无注册执照的学院，政府对此类学院不进行监管，但各省有相关的法律法规对其进行约束，如安大略省的《私立职业学院法案》。需要指出的是，虽然加拿大职业技术学院大多由私人开办，但在学院教学质量保障方面也同样受到地方政府等相关机构的监督与管理。

第二节　加拿大企业参与职业教育办学的相关法律法规

与其他国家不同的是，加拿大没有全国统一的教育部及全国一致通行的教育政策。各省政府可以自由制定自己的教育政策。联邦政府与省政府之间的这种权责分明的做法早在1867年的《不列颠北美法案》中就已确立。《不列颠北美法案》于1867年7月1日生效，标志着加拿大联邦的建立。在此法案中，英国承认了加拿大作为自治领土的自治权，并规定加拿大为联邦制以及各省和联邦是平行分权的关系。联邦和各省各有自己的财政来源和经济责任。当时，联邦政府认为诸如健康、教育等事务是小事，因此该法案明确将加拿大的教育权力和职责赋予各省政府而不是联邦政府。然而，随着加拿大各级各类教育事业的发展，联邦政府越来越处于一种十分尴尬的局面。对于由各省政府直接负责的教育事务，联邦政府的作用微乎其微，而且一直到现在加拿大也是西方发达国家里唯一没有全国性教育部或教育法规的国家。[③] 这个历史原因也使得加拿大鲜有联邦层面的教育政策。虽然某些重要政策来源于各省政府的规定而并非成文法典，但是它的存在已经足以对加拿大职业教育的发展构成重要影响。

在加拿大，产学合作教育已经成为该国职业教育普遍实行的一种企业和职业院校合作培养实用性人才的教育模式。产学合作教育简称"合作教育"，是一种将学生的课堂学习与有报酬、有计划和有督导的工作实践结合起来的结构化教育模式。[④] 其中合作教育项目是指职业院校专门针对商业、工业、政府和社会服务等职业领域实行的课堂学习与工作实践交替融合的人才培养项目。

---

① 徐猛：《加拿大高等教育质量保障体系研究》，硕士学位论文，华东师范大学，2012。

② 《国外职业教育专题调研报告汇编》，《中国职业技术教育》，2006(5)。

③ 范立民：《外国高等教育政策研究》，61页，天津，天津人民出版社，2013。

④ 王传毅、查强：《加拿大产学合作教育项目认证的制度分析——基于新制度主义的视角》，载《高等工程教育研究》，2015(6)。

合作教育的实施要求职业院校和企业共同参与学生技能的培养，鼓励院校学生走出校园，在真实的工作场所中寻求实用性技能的获得与提高。因此，我们探究加拿大企业参与职业教育办学的相关法律法规，将会不可避免地聚焦加拿大政府推进合作教育出台的相关法律法规与政策。

一、联邦政府层面保障企业参与职业教育办学的相关政策与制度

20 世纪 70 年代的加拿大政府推行积极的劳动力市场政策，较为关注国家劳动力技能短缺、工人失业以及经济发展缓慢等典型的社会问题。1977 年，加拿大联邦政府劳动就业署为合作教育设立专项资金以支持合作教育的发展。20 世纪 80 年代初期，联邦政府认识到本国的职业教育未能反映劳动力市场真实的人才需求状况，即本国技能型人才处于极其短缺的状态，因此这一时期联邦政府主要加强为短缺技能培训提供资助。20 世纪 80 年代中期，加拿大开始实施职业战略，对迫切需要获得职业支持的社会群体如年轻人、再就业者、长期失业者以及贫困阶层等给予特殊的政府帮助，注重联邦政府计划的合理性。从 20 世纪 90 年代开始，加拿大实行了全新的劳动力培养战略，加强社会劳动力的结构调整，不断增强对贫困阶层、社会救济领取者和失业保险领取者等特定人群的技能培训。此外，为更好地借助商业、工业和劳工等部门委员会了解社会劳动力的发展状况，加拿大在 20 世纪 90 年代开始对各部门委员会提供政府资助，以鼓励它们参与职业教育的课程开发、能力标准制定以及支持它们在全国范围内推广以行业为基础的技能培训。[1]

回顾加拿大联邦政府支持职业教育发展的相关政策，我们可以看出联邦政府对职业教育与培训并不进行直接的政府干预，而更多地运用诸如制订劳动力计划、提供政府贷款、资助贫困群体参加技能培训等间接方式来帮扶职业教育发展。因此，我们可从联邦政府具有不同时代特性的职业教育政策中探究联邦政府层面企业参与职业教育办学的相关政策与制度。

(一)通过制定相关的法律和政策等直接方式推动企业参与职业教育办学

通过立法推动企业参与职业教育办学是加拿大促进本国职业教育发展的一项重要举措。为了使国家劳动力的技能水平更好地满足本国经济社会发展的技能需要，加拿大联邦政府把推动技术教育与职业训练视为一项极其重要的国家事业。1960 年，加拿大联邦政府出台《技术与职业训练援助法》，规定联邦政府负责指导技术教育与职业训练并为其提供财政支持。此后，加拿大联邦政府开始采用资金注入的方式鼓励企业参与职业教育办学。1967 年，《成人职业训练法》颁布施行，该法案规定联邦政府可通过向社区学院"购买"课程的方式来支持社区学院的发展，这一规定直接刺激了企业参与社区学院办学的意愿。20 世纪 80 年代，随着加拿大本国技术的更新速度不断加快，加之依靠引进西欧技术人才变得越来越力不从心，加拿大联邦政府逐渐意识到增强本国劳动力培养与储备的重要性，随

---

[1] 威廉·戴依：《加拿大的职业技术教育》，载《中国职业技术教育》，1994(2)。

即决定在加拿大探索建立与企业界紧密相连的职业培训体系。1982 年，加拿大联邦政府颁发《国家培训法》，明确政府将通过资金注入的方式推动职业教育的发展与企业培训活动的开展，提出联邦政府将为社会短缺技能培训以及企业雇主所举办的工业培训等技能培训活动直接提供经费支持。[①] 20 世纪 90 年代以来，加拿大职业教育发展越发强调企业在职业培训系统中主导作用的发挥。为此，加拿大联邦政府实施了一项以私营企业参与为基础的劳动力市场开发战略。该战略要求私营企业需接受劳动力市场生产力中心的管理，并能够制订出反映其部门技能发展的培训计划；同时劳动力开发局负责相关培训计划的推行以及为之提供有效的咨询建议。

同时，为支持职业教育领域合作教育项目的启动与规模扩展，鼓励企业积极参与产学合作培养技能型人才，加拿大在联邦政府层面为合作教育项目的开展给予了积极的政策支持。例如 1983 年，加拿大联邦政府推行加拿大职业与就业增长计划，提出对于那些为参与合作教育项目的学生提供短期工作机会的企业雇主，政府将对其实行退税政策。又如 1986 年，加拿大联邦政府为支持合作教育项目的发展成立了全国合作教育办公室[②]，为企业参与合作教育的规范化发展提供了组织保障。如今，加拿大联邦政府公共服务委员会和财政局两个机构共同制定合作教育雇佣政策及工资政策，明确企业参与的权责问题，保障合作教育项目的顺利开展。同时，加拿大联邦政府还对诸多参与合作教育的企业项目提供贷款或岗位工资。其中，较为知名的企业项目包括中小企业实习项目、加拿大国家研究理事会工业援助项目、先进制造业投资计划、可持续研究和试验发展项目、大学生研究援助计划、沃克清洁水中心项目等。[③] 此外，在加拿大学徒培训体系中，加拿大联邦政府通过相关立法详细规定了行业所设定的资格认证标准与培训机构的准入资质，规定了政府、行业企业、培训机构在学徒培训体系中各自应承担的职责。同时，加拿大联邦政府在学徒培训中还承担着一项重要职责，即拨款。凡是政府选定的技术工种和行业的学徒培训，全部由政府出资，其款项主要用于基础设施建设、人员安排与管理等方面。[④]

进入 21 世纪，加拿大联邦政府发表了一份经济战略报告。该报告指出加拿大国民生活水平在近 20 年的时间内日趋下降，国民经济发展渐趋衰退。在这一时代背景下，加拿大联邦政府于 2002 年 2 月适时推行加拿大创新战略。该战略由《知识至关重要：加拿大人的技能与学习》和《追求卓越：投资于国民、知识和机会》两份报告组成。其中，《知识至关重要：加拿大人的技能与学习》号召私人企业等相关机构团结协作，确保加拿大拥有知识经济时代发展所需要的足够的高质量技能人才。《追求卓越：投资于国民、知识和机会》则直接将技能列为加拿大全国创新战略优先发展的 4 个关键领域之一，探寻私人企业等相关机构参与国家创新行动计划的机会与方法，促进加拿大各级政府、非政府组织、学术机构以及私人企业间的紧密合作，使各方协同规划国家创新战略的优先发展领域，将加拿大打

---

① 盛建军：《加拿大高职教育的产学合作制度》，载《中国高等教育》，2012(23)。
② 苏俭、王益宇：《对高职院校"工学结合"教育模式的再思考》，载《中国高教研究》，2010(5)。
③ 李宇飞：《加拿大滑铁卢大学合作教育的运行机制》，载《世界教育信息》，2010(10)。
④ 吉莉莉：《加拿大社区学院高等职业技术教育研究》，硕士学位论文，中央民族大学，2007。

造成为极具创新力的世界强国。于是，在加拿大，通过企业尤其是私人企业参与职业教育办学来保障职业教育培养的技术技能人才的质量就成为加拿大实现国家创新战略的重要举措。

(二)通过提供多项职业技能培训项目的间接方式推动企业参与职业教育办学

如今，加拿大联邦政府更多地通过联邦人力资源与培训部这一组织对本国职业教育的发展提供间接引导与支持。联邦政府每年定期向联邦人力资源与培训部拨款，由该部根据每年职业教育发展的现实需求设立诸如青年就业项目、学徒培训项目、网上在线学习项目等灵活多样的职业技能培训项目。以青年就业项目为例，该项目是由加拿大联邦人力资源与培训部、加拿大海关及税务总署和各省政府联合出台的针对年轻人和实习学生群体的一系列优惠项目。[①] 该项目对参与人员没有严格的年龄限制，即年龄在15~30周岁的加拿大公民或移民均可参加。参与形式包括职业院校实习、暑期工作以及学徒培训等。加拿大联邦政府通过提供多项职业技能培训项目的间接方式促使企业雇主雇用没有或缺少工作经验的社会人员，提升企业参与职业教育办学的积极性。

二、省级政府层面鼓励企业参与职业教育办学的税收政策

在省级政府层面，加拿大各省为鼓励社会各界对职业教育领域进行投资与捐助，适时推行了多种税收抵免政策。其中，引导企业界参与职业教育发展的税收抵免政策主要包含两种：一种是针对合作教育项目而实施的税收抵免政策，该政策主要鼓励企业参与在校大学生的技能培养；另一种则是服务于学徒制发展的学徒培训税收返还政策，该政策鼓励企业参与某些特定行业与职业的所有学生的实践能力培养。

(一)合作教育税收抵免政策

在加拿大的曼尼托巴省、安大略省和魁北克省等一些省份，地方政府部门为支持本省合作教育项目的开展制定了一系列激励企业雇主雇用参与合作教育项目学生的税收优惠政策。本部分现以安大略省为例，介绍企业参与合作教育的税收抵免政策。

关于安大略省企业参与合作教育的税收抵免政策，最早可追溯至1990年的《企业所得税法案》。该法案就企业参与合作教育的税收抵免政策进行了详细的法律规定。目前安大略省关于企业参与合作教育的主要法律依据是该省2007年颁布的《税收法案》的相关规定。2007年，安大略省为了切实提升本省技术技能人才的培养质量，在该年颁布的《税收法案》中明确规定了企业参与合作教育的项目要求以及可提供的工作岗位的标准等。此外，该法案还借鉴加拿大合作教育协会关于合作教育项目框架的相关规定，提出学生在实习过程中要真正地参与到企业的生产性工作当中，而不能仅仅充当一名观察者。学生在企业实

---

① 《国外职业教育专题调研报告汇编》，载《中国职业技术教育》，2006(5)。

习的期限最短不应少于 8 个月，但最长也不得超过 16 个月。企业雇主需对学生的实习工作进行管理与评价并支付一定的工作报酬；同时学生的实习还需得到合格教育机构的监督和认可。[①]

2009 年，在安大略省，企业雇主为合作教育项目学生提供一个常额编制（最少连续 10 周，不超过 4 个月）便可以申请税收减免。减免额占到一个合作教育工作岗位合理开支的 25% 到 30%，最高限额为 3000 加元。具体而言，在企业雇主的前一税收年度，员工工资单总额不多于 40 万加元（规模较小的雇主）的，则税收抵免政策的退税比例为 30%；员工税前工资单总额超过 60 万加元的，则税收抵免政策的退税比例为 25%。[②] 一个被教育机构认定合格的合作教育工作岗位在一个工作学期内最高可获得 3000 加元的退税额。无论该工作岗位持续几个工作学期，企业雇主均可重复申请在该工作岗位上的退税额。

(二)学徒培训税收返还政策

加拿大联邦政府于 2004 年开始启动学徒培训税收返还政策，提出将按照企业培训学徒的实际经费投入，将企业缴纳给政府的税收遵循"只高不低"的原则返还纳税企业，以此鼓励企业主动承担培训学徒的工作。2004 年，安大略省率先施行了这项税收返还政策，将企业所纳税款的 25% 返还给纳税企业用于学徒培训。2006 年，不列颠哥伦比亚省也在学徒培训领域推行了税款返还政策，将该省约 9000 万的政府预算投放于建筑行业和一些新兴产业的学徒培训。[③] 此后，加拿大的一些其他省份也渐次推行该项税收返还政策。2008 年，加拿大学徒制论坛显示，企业在学徒培训中所承担的培训费用基本上都可以在政府那里以 1∶1.38 的比例得到补贴。从上我们可看出，虽然加拿大学徒制的经费由政府和企业两方面资助构成，但企业方面的培训经费在很大程度上源于政府的经费补贴。

在学徒培训领域，加拿大联邦政府除通过制定学徒培训税收返还政策这一直接的方式激励企业参与学徒培训外，还通过对承担培训的师傅以及参与培训的学徒提供资助的间接方式减少企业参与学徒培训的经济成本。在加拿大，国民平均税率高达 30%，所以政府对于承担徒弟培训的师傅实施税收减免政策，适当减免师傅的个人所得税将在很大程度上激励更多的师傅来承担带徒弟的培训工作。除此之外，政府还会对参与学徒培训的学徒提供学费补贴和收入支持。相应措施包含发放学徒补助金、学徒激励补助金以及学徒完成补助金三种。学徒补助金不同于贷款，不用归还。每位学徒可接受 4000 美元的学徒补助金，用于支付学费、参观考察、购买工具或者其他消费。学徒激励补助金主要针对参加红印证书计划的行业，学生在完成第一年学习或者第二年学习之后便可申请。一名学徒一年一般可获得 1000 美元补助，最多可获得 2000 美元补助。学徒完成补助金的主要对象是参加红印证书计划行业并且已经完成学徒培训和获得从业证书的成员。[④]

---

① 胡海青：《产学合作培养人才政策与实践的国际经验与启示》，载《高等工程教育研究》，2014(1)。
② 鱼曼曼：《加拿大企业参与产学合作教育的激励机制及其启示》，载《高等工程教育研究》，2014(4)。
③ 童学敏：《加拿大学徒制的问题、对策选择及启示》，载《中国高教研究》，2012(4)。
④ 童学敏：《加拿大学徒制的问题、对策选择及启示》，载《中国高教研究》，2012(4)。

第三节　加拿大企业参与职业教育办学的发展历程

产学合作教育，亦称合作教育，是指产业界与教育机构联合培养技术技能型人才的一种教育模式，一般有广义和狭义两种解释。[①] 广义涵盖工作本位学习（Work-Based Learning）、工作整合学习（Work-Integrated Learning）等形式[②]，包括现场参观、实习、服务学习、学徒制和"三明治"模式等；狭义则指一种把学生的课堂学习与有收入、有计划、有督导的实际工作经历结合起来的一种教育模式，并且这种实际工作经历是与学生的学业目标和职业目标相联系的。[③] 加拿大职业教育领域的合作教育即属于后者，它将校园课堂学习与有报酬、有计划和有督导的工作实践相结合，允许学生走向社会，在工作实践中获取实用性技能。它不仅能将理论知识应用于工作实践，还能将工作中的问题反馈到课堂教学中，不断地促进职业院校教学内容的更新和完善。[④]

加拿大合作教育于 1957 年在滑铁卢大学诞生。然而，合作教育起初在加拿大并不为人们所接受，招致着社会各界的不断批评与质疑，所以滑铁卢大学自 1957 年引进合作教育之后孤军奋战了 8 年之久。反对者声称合作教育将玷污学术项目，使原先舒适的学年体制产生巨大的改变，且声称经济发展也不支持这样的冒险。这些学者们都秉持一致的言论："合作教育终将失败。"[⑤]。而在此时，企业雇主们挺身而出，成为支持合作教育的先锋，可以说加拿大合作教育孕育之初就彰显着企业参与的力量。之后随着滑铁卢大学的发展，合作教育教学逐渐成为它的办学特色，成效显著并以此闻名。其后，加拿大近百所高校陆续借鉴和发展了滑铁卢大学的经验。现如今，加拿大滑铁卢大学已成为本科阶段产学合作教育的成功典范。

进入 20 世纪 60 年代，为了满足企业对专业技术人员的需要，加拿大开始出现社区学院。从 1965 年开始，这些社区学院也陆续实施合作教育，同时也带动了其他高等院校。1969 年，加拿大莫哈克学院率先在本校的工业管理专业引进合作教育项目，通过工读交替的方式培养工业管理专业的技能型人才，成为加拿大第一所实施合作教育的社区学院。[⑥]此后，随着合作教育相关研究的深入以及合作教育在学生实践技能培养方面优势的彰显，合作教育这种崭新的教育理念在 20 世纪 70 年代初期开始得到社会各界的认可，并在 1976

[①] 查强、朱健、王传毅等：《加拿大大学均衡性和产学合作教育的发展》，载《高等工程教育研究》，2015(5)。

[②] Abeysekera I，"Issues Relating to Designing a Work-integrated Learning Program in an Undergraduate Accounting Degree Program and Its Implications for the Curriculum,"*Asia-Pacific Journal of Cooperative Education*，2006，7(1)，p. 15.

[③] 徐平、吕淑云：《美加合作教育概论》，7 页，哈尔滨，黑龙江教育出版社，2003。

[④] 张明、何家蓉：《加拿大产学合作教育及对我国的启示》，载《教育理论与实践》，2012(18)。

[⑤] 鱼曼曼：《加拿大企业参与产学合作教育的激励机制及其启示》，载《高等工程教育研究》，2014(4)。

[⑥] 刘昌明：《加拿大的合作教育模式评介》，载《煤炭高等教育》，2008(5)。

年基本覆盖加拿大所有省区。[①] 然而，20 世纪 70 年代末到 90 年代中期，加拿大社会矛盾激发，经济迅速滑坡，大量劳动力失业，使合作教育的进一步发展遭到阻滞。在这一动荡时期，加拿大联邦政府适时出台了一系列扶持合作教育发展的针对性政策。从 20 世纪 90 年代后期开始，加拿大合作教育一直保持着稳步发展的状态。与此同时，伴随着合作教育发展规模的扩大，合作教育项目的学科范围也从最初的工程类学科拓展到了文科、理科等众多学科。近些年，加拿大会议总局和加拿大人力资源部对大学生"受雇能力"认证和"基本技能"认证在范围上的不断拓广，大大增强了社会各界对合作教育相关模式的接受与认可。

加拿大合作教育经过半个多世纪的发展已渐趋成熟，呈现出发展迅速、规模宏大、范围广阔以及学科齐全的特点。现如今，加拿大的合作教育已成为全球产学合作教育的典范。

第四节　加拿大企业参与职业教育办学的运行机制

加拿大合作教育从合作项目的申请、实施到评价的整个运行过程具备了健全的组织架构和完善的运行机制。

一、自愿自主的申请机制

在加拿大，各省并没有通过法律强制要求职业院校必须与企业合作开展合作教育项目。职业院校是否实施以及学生是否参加合作教育项目都基于自愿的原则。同样，企业是否接受合作教育项目的学生并提供给他们相应的工作岗位也依据企业自身的意愿。企业是否申请合作教育税收抵免政策是其权利而非义务。总之，在加拿大，合作教育项目的运行是基于职业院校、学生以及企业等利益主体平等自愿的原则进行的。

二、完善的院校内部运行机制

在加拿大，实施合作教育的职业院校需成立专门的机构(一般称为合作教育与就业指导部)来负责此项工作的运行。合作教育与就业指导部人员通常会分为外勤和内勤两种，且有明确的职责分工。外勤人员主要面向企业，向企业宣传院校、院校学生、院校专业以及各专业、各年级学生所学的课程等，以便加强企业对职业院校的了解，同时还负责搜集企业用人信息以及为学生联系企业工作岗位等。内勤人员则需将外勤人员了解到的企业用

---

① Bruce A. McCallum and James C. Wilson，"They Said It Wouldn't Work（A History of Cooperative Education in Canada），"*Journal of Cooperative Education*，1988，XXIV，2~3，p.62.

人信息向学生进行公布，组织学生填写简历、申请工作岗位以及参加面试培训等，同时当企业需到职业院校招聘学生时，还负责联系、接待和组织企业人员与学生面谈等。

加拿大合作教育项目中企业、职业院校、学生的权利与义务的划分机制如下：学生参加合作项目要经过申请和企业面试，学生与企业进行双向选择；学生到企业的工作时间因专业不同而有所差别，各专业未做统一规定，通常需占到全部学习时间的 40%；学生的大多数工作岗位由院校推荐，雇主和学生双向选择确定；学生亦可自己寻找工作岗位，但需要得到院校的认可。[①]

三、以组织机构为桥梁的外部保障机制

在加拿大，一些独立的民间组织机构致力于合作教育在全国和地区的推广，它们对合作教育项目的运转情况保持着高度的警觉性，及时在企业、职业院校和学生间进行沟通交流，满足他们的不同需求，服务于各利益相关者的利益实现。可以说，这些独立的民间组织机构在推进加拿大合作教育项目发展方面的作用是不可替代的，亦是不可估量的。相关组织机构有加拿大合作教育委员会、加拿大职业教育和企业委员会、安大略省工作学习委员会、合作教育项目顾问委员会、雇主顾问委员会、学生理事会等。加拿大职业教育的产学合作组织机构，主要有如下几类。

(一)加拿大合作教育协会

加拿大合作教育协会是加拿大合作教育最具代表性的机构，该协会内设会长和指导委员会，其成员均由各省协会推选。加拿大合作教育协会在不列颠哥伦比亚省、阿尔伯塔省、萨斯喀彻温省、马尼托巴省、安大略省、魁北克省、新不伦瑞克省、新斯科舍省、爱德华王子岛省、纽芬兰与拉布拉多省、育空地区等地均设有分会。[②] 由于加拿大在联邦层面尚未设立教育部，所以为了协调各省的合作教育工作，加拿大有必要设立这样的全国性机构来搭建全国性合作教育平台，为职业教育的发展创造机会。它的主要任务是支持和推荐合作教育在加拿大的实施，通过发展会员的方式将政府、企业和职业院校结合起来，以确保加拿大企业参与职业教育办学的工作在全国范围内长远发展。

(二)加拿大合作教育认证委员会

加拿大政府于 1979 年在加拿大合作教育协会下成立了合作教育项目实施认证的专门机构认证委员会，该委员会在加拿大被视为全国合作教育项目高质量开展的领导者，是确保加拿大合作教育健康发展的保障机构。它的成员主要由两部分组成：一是每个通过认证的教育机构，根据委员会主席的邀请可委派一名代表担任委员；二是加拿大合作教育协会

---

① 明航：《校企合作模式的国际比较》，载《教育与职业》，2010(30)。
② 李桂山、郭洋：《加拿大高校产学合作教育及其借鉴意义》，载《国外社会科学》，2010(3)。

董事会的代表。各委员的任期均为两年。[①] 认证委员会的主要职责在于制定并更新合作教育项目的国家标准、评估和审查项目质量以及为一些项目实施的实际问题提供咨询等。由于认证委员会的评估标准与认证体系始终保持着良好的社会口碑，加之加拿大合作教育协会的游说，加拿大联邦政府就业和移民局特别规定在加拿大开展的合作教育项目要想申请联邦政府的经费支持首先必须通过合作教育协会认证委员会的认证。

(三)政校企三方联席会

顾名思义，政校企三方联席会主要由政府、职业院校和企业界相关人士组成。该联席会每年举召开两次，其目的在于通过这一常设机构加强政校企三方的沟通与合作，探讨合作教育项目在实际推行中遇到的现实问题，并提供解决的措施和建议。通过政校企三方联席会，学生在工学交替的产学合作中遇到的实践问题能够得到及时讨论和反馈，确保了职业教育课堂学习与生产活动的同步进行。

(四)行业协会

在加拿大，行业协会由职业院校和企业自发组成，是密切职业院校与企业关系的重要机构。该组织在职业教育培训、校企合作以及技术转让等方面承担重要责任，并且还负责行业职业标准与培训包制定等相关工作。它的具体职能如下：帮助职业院校确立教学标准，参与课程开发，并为职业院校学生提供实习培训项目；以技术转让的方式使职业院校熟悉企业的技术需求，扶持职业院校的发展；推动职业院校课程与职业认证体系的结合。[②]

(五)专业顾问委员会

为使职业院校的专业设置、课程开发、人才培养能更好地满足企业要求，也为使企业在资金、技术、管理、培训等方面更好地为职业学院提供服务与支持，加拿大的一些高等职业技术学院还成立了专业顾问委员会。该委员会主要由职业院校的教师、管理人员与产业界代表组成，其主要职责在于向职业院校提供产业界的最新技术信息，并根据产业界的发展需求和行业协会提出的工作技能标准，为职业院校的专业、课程和教学等提供指导，以确保职业院校培养的学生能够最大限度地符合企业雇主的需求并且更加顺畅地进入工作市场。

四、企业税收优惠政策的双重管理体制

在加拿大，合作教育税收抵免政策的实施既涉及合作教育项目的开发者与管理者，又关涉财税征收管理系统。例如在安大略省，职业院校负责合作教育项目的开发与运行，对合作教育项目的实施具有较强的自主权。合作教育项目的岗位设置、课程开发、教学安排、学生薪水以及考核方式等众多有关合作教育项目税收抵免资格审查的基础信息都有赖

---

① 杨秋波、王世斌、查强：《加拿大产学合作教育认证体系及其对中国产学研合作教育评价的启示》，载《高等工程教育研究》，2016(2)。

② 盛建军：《加拿大高职教育的产学合作制度》，载《中国高等教育》，2012(23)。

于职业院校提供。安大略省财税征收管理系统则主要负责合作教育税收抵免的返还和管理的相关工作，包括核查企业的申请材料，确定企业税收抵免资格、抵免税率与抵免数额以及提供税收抵免返还方式等具体事务。总之在加拿大，合作教育税收抵免政策的顺畅实施需要职业院校与财税征收管理系统两个组织的协作管理。

五、利益相关者互相评价的评价机制

在加拿大，合作教育项目的实施基于各利益主体平等自愿的双向选择，同样合作教育项目的考核评价实行的也是利益相关者互评的考评机制。首先，职业院校和其院系需接受职业院校决策层和学生的考核评价。其中，院校决策层的评价结果将直接决定一项合作教育项目的存留，其考核的主要依据多为参加该项目的学生数量及其变化。而学生的评价则决定他们是否愿意选择或继续参加院系开发的合作教育项目。其次，学生必须接受企业和职业院校院系的双重考核评价。其中，企业雇主主要对学生在实习岗位上的工作表现做出评价，其评价的重点多为学生的工作态度、团队精神、业务能力等。职业院校考核的主要依据则为学生工作结束后写出的岗位工作报告。[1] 学生完成合作教育项目后需按照要求向职业院校递交岗位工作报告。职业院校将组织教师对学生写的岗位工作报告以及企业做出的考核评价等相关资料进行审核，并最终对学生参与合作教育项目的整体表现给出综合性评语和等级性评定。通常，学生在多个学期的工作考核中有 4/5 达到合格即可表明学生在此门课程学习中成绩合格。等学生毕业时，学校将在学生的毕业证上加盖特别标记，证明该生在校学习期间参加了合作教育项目并且成绩合格。最后，企业也必须接受职业院校院系和学生两方的评价考核。其中，职业院校院系对企业的考核具有明确的指向性，主要关注企业所提供的工作岗位是否满足合作教育项目教育性的要求，其评判结果将直接影响企业是否具备税收抵免政策的申请资格。而学生的评价则主要关注企业本身及其所提供项目的教育性、岗位质量和薪金报酬等，其评价结果除直接影响学生是否愿意继续接受企业所提供的工作岗位之外，还将进一步影响企业能否获得满意的实习生和税收抵免的金额。[2]

第五节 加拿大企业参与职业教育办学的主要模式

一、加拿大企业参与职业教育办学的方式

在加拿大职业教育的办学过程中，行业企业的深度支持和广泛参与是加拿大职业教育

---

① 明航：《校企合作模式的国际比较》，载《教育与职业》，2010(30)。
② 胡海青：《产学合作培养人才政策与实践的国际经验与启示》，载《高等工程教育研究》，2014(1)。

发展的一大特点。加拿大职业教育主要为中学后职业教育，且以社区学院为主要载体，因此加拿大企业参与职业教育办学的方式，突出地表现为企业参与社区学院办学的方式。

(一)企业参与社区学院的课程建设

加拿大企业参与社区学院的课程建设是加拿大以能力为本位的职业教育模式发展的必然要求。课程建设的具体工作主要由课程设计专家和企业专家组成的课程开发(Developing A Curriculum)委员会来承担，其中在课程开发委员会中负责职业分析的人员必须是从企业工作岗位上精心挑选出来的企业代表。课程开发委员会中企业人员的广泛参与不仅有利于加快职业院校中那些已不适宜的落后专业的改造与更新，更确保了职业院校新专业、新课程设置的准确与高效。

(二)企业向社区学院捐助办学经费和仪器设备

加拿大社区学院办学经费的来源主要包括政府财政拨款、学生学费、行业企业资助和社会捐助等，其中行业企业及社会的捐助约占社区学院办学经费总额的15%～40%。例如，乔治布朗学院2006年接受工商企业界的捐助达3668万多加元，约占乔治布朗学院该年总收入的20%。[①] 企业向社区学院捐资能有效减轻社区学院沉重的办学经费负担，而企业设备的投入又将有力解决社区学院设备老化、数量不足等问题。

(三)企业向社区学院提供师资

在加拿大，职业教育教师的任职有很高的职业资格要求。职业教育教师首先需具有较高的受教育程度，其次至少有5～6年在企业工作的实践经历。社区学院的教师分全职教师和兼职教师两种，其中兼职教师一般是来自工商企业界的专家。他们既具有一定的实用理论知识，又具有丰富的职业实践经验，可以将工商企业界的最新技术成果及时传递给社区学院。因此，他们在社区学院中通常负责实用理论教学、学生实验指导和技能训练等工作。与此同时，为了保证社区学院师资技能水平的不断更新与提高，社区学院通常会要求其全职教师每年有4周时间到企业进行技能锻炼，了解行业企业的需求和最新动态，以确保社区学院的教学能够与企业界的技术发展吻合与对接。

(四)企业向社区学院提供学生实习场所

在加拿大，企业参与职业教育办学的另一种常见形式便是接受社区学院学生到企业进行实习培训。社区学院学生通过在企业生产车间跟班劳动和模拟操作，能在第一时间认识、了解和熟悉生产和管理过程中的工艺、操作及流程。这一方面能够使社区学院学生运用所学的知识操练实际操作技能，另一方面也有利于培养学生的职业情感、职业意志、职业道德及团结协助能力，提高他们在劳动力市场上的竞争力。同时，企业的生产车间成为社区学院学生接受技能训练的重要场所，也在一定程度上减轻了社区学院更新教学仪器设备的压力。

---

① John D. Dennison and Paul Gallagher, *Canada's Community Colleges : A Critical Analysis*, Vancouver, University of British Columbia Press, 1986, pp. 37-39.

(五)企业向社区学院进行技术转让

企业技术转让工作通常在社区学院和企业联合创建的技术转让中心完成。该中心可设立在社区学院,也可设立在企业,主要负责各大企业最新技术的汇集以及实施技术转让培训的具体工作,其人员主要由技术人员、操作人员、管理人员和监控人员等组成。企业将行业内的最新技术转让给社区学院,不仅有利于社区学院运用企业技术升级学院的技术课程,更便于社区学院学生享受企业界的最新技术成果,保障了学生技能培养的前端性与有效性。

二、加拿大企业参与职业教育办学的模式

(一)合作教育模式

在加拿大,合作教育模式是一种极其普遍的由职业院校和企业共同合作的职业教育模式。1957 年,加拿大滑铁卢大学率先将合作教育从美国引入加拿大,开启了合作教育在加拿大半个多世纪的发展历程。

在加拿大的合作教育体系下,学生的工作学期和学习学期交替进行,且有固定的时间安排,不可随意更改与变动。以新生第一年参加合作教育项目的时间安排为例,时间安排分为两种情况:一种是学生学习 4 个月后,开始第一个工作学期;另一种是学习 8 个月后,开始第一个工作学期。在工作学期,学生做的是与本专业相关的全职工作,每周工作5 天,每天工作 8 小时,不仅可以获得工作体验,还可以获得工作报酬。[1] 参加合作教育项目的学生不仅要完成学习阶段的学术课程,而且在毕业前需在 4~6 家不同的公司尝试不同的工作,累计工作时间要长达两年。以位于加拿大安大略省多伦多市的佐治亚学院为例,该学院的合作教育项目一般从第二学期开始。学生平均每年在校学习 8 个月(两学期),在校外实习 4 个月(一学期),二者交替进行。学生可从事从低到高不同能力层面的工作,在不同工作岗位中获得不同的职业体验。[2]

加拿大合作教育项目的运作程序一般如下:职业院校发布雇主名单;学生提交申请(需完成相关课程的学习,达到所学专业的学术要求);合作双方组织面试(双向选择,大多数集中在校园内面试);雇主录用、学生到企业实习(带薪实习,不低于最低工资标准);协调员定期访问雇主;学生提交工作报告等材料;雇主填写工作成绩评价表等。[3]

1. 企业参与合作教育的方式

企业参与合作教育的方式因合作教育需求程度的不同而不同,主要包含以下 4 种[4]。

---

① 张明、何家蓉:《加拿大产学合作教育及对我国的启示》,载《教育理论与实践》,2012(18)。
② 吴红雁、潘岚岚:《加拿大乔治亚学院带薪实习教育的经验及启示》,载《职业技术教育》,2010(29)。
③ 周桂瑾:《加拿大合作教育的特点及其对我国的启示》,载《教育与职业》,2015(14)。
④ 鱼曼曼:《加拿大企业参与产学合作教育的激励机制及其启示》,载《高等工程教育研究》,2014(4)。

(1)企业雇用合作教育项目学生

通常，在企业雇用合作教育项目学生之前，职业院校需对雇主招聘的合作教育项目学生进行职前培训，并在工作学期对学生进行指导，以提高企业雇主对学生和职业院校的认可度，从而吸引企业雇主长久地为该校学生提供工作岗位。

(2)企业邀请学生参加产业或行业实践

行业协会通常会通过发放一定比例的入场券吸引学生参与协会的例会和行业活动。在商业会议和行业活动中担任活动志愿者的合作教育项目学生(如会议服务生)还能够得到行业协会为其提供的有效服务和有价值的网络联系机会。这些积极参与商业会议和行业活动的合作教育项目学生同时更有机会展示和推广职业院校的合作教育项目。

(3)企业参加职业院校的教育活动

通常，企业会积极参加职业院校的校园研讨班、座谈会、事务委员的活动项目等来展示该企业或行业的概况，同时参加职业院校举办的校园虚拟招聘会、简历评论或者向学生提供面试信息等，使职业院校学生了解该企业的实力与优势。除此之外，企业雇主还负责提供相关信息帮助职业院校建立和更新雇主数据库。

(4)企业为合作教育项目提供资金支持

在加拿大，企业雇主和行业协会通常把雇用合作教育项目学生作为他们招聘人才的战略，因此，他们乐意捐资或者筹集资金支持合作教育项目的实施。他们会为合作教育项目学生设立奖学金或通过合作教育项目顾问委员会捐赠人等建立捐赠基金用于合作教育行政机构的构建和特殊合作教育项目的开展。

2. 企业参与合作教育的收益

合作教育项目可以帮助企业招募新人，满足企业短期的用工要求，获取如下收益[①]。

(1)减少企业招募和雇用新职员的经济成本

首先，参与合作教育项目的雇主可以在一年内接受不同专业的学生参与企业内部的特殊任务或项目，获得充足的、优质的人力资源。其次，雇主还可通过长时间的实践考察，从这些"临时"工作人员中选取优秀的人员选聘为企业正式员工，从而节省新员工的培训费用。这成为企业的一种比较经济的新人招聘方式。

(2)企业可进行有效的人力资源管理

通常，企业会面临因员工休假、调任、提升、培训、高峰工作负荷或者特殊项目等而出现的短期人员缺位的情况，而这种缺位就可以由参加合作教育项目的学生来填补。短期人员需求的安排有利于提高企业对现有员工的有效利用和促进员工的发展。

(3)便于企业对行业、产业未来的投资

企业为参加合作教育项目的学生提供在课堂之外的工作实践机会，培训和开发学生，参与职业教育，如在设计相关度较高的课程时给予建议，能够帮助学生成为社会上有能力的人才或者潜在的领导。

---

① 鱼曼曼：《加拿大企业参与产学合作教育的激励机制及其启示》，载《高等工程教育研究》，2014(4)。

3. 企业参与合作教育的责任

参与合作教育项目，企业在获得如上收益的同时，也必须承担如下教育责任[①]。

(1)企业需为参加合作教育项目的学生提供一定的待遇和福利

参加合作教育项目的学生在企业是企业的员工，应当在待遇和福利方面和企业内部临时员工一样受到同等对待。

(2)企业需为参加合作教育项目的学生提供相应支持

企业需向学生介绍工作场所，包括组织概述(如宗旨和产品等)、实体布局和学生在工作团队中被给予的职责或任务，同时负责告知学生在任何工作场地的保密事宜以及签署相关保密协议等。

(3)企业需监督并评价参加合作教育项目的学生的工作

在学生工作过程中，企业需要告知学生他们在工作学期中要达到的要求，及时与学生进行交流与沟通，并且定期向学生反馈他们做得如何，还要协助学生设立实际的学习目标，为学生提供实现学习目标的相关学习机会，最后需对学生在工作学期中的整体表现做出最后评价。

(二)学徒培训模式

在加拿大，学徒制以及其对应的红色印章(Red Seal)制度给人们提供了另外一种继合作教育之后企业参与职业教育办学的典型模式，成为加拿大企业参与职业教育办学的又一大特色。它强调企业在学徒培训中主导作用的发挥，确立了企业在学徒技能培养中的主体地位。

加拿大的现代学徒制是把课堂学习和在岗培训相结合的一种人才培养模式，主要实施于中等后教育。加拿大的大部分省份和地区对参加学徒制的学生具有一定的条件要求，例如在年龄上，除特殊的辖区和行业外，一般要求学徒必须年满16周岁，在学业上规定学徒至少需要完成十二年级的学业或者完成类似等级的教育，此外还要求学徒能够找到自愿为他们提供技能培训的企业。[②] 一旦有了接收企业，学徒就可以在省政府下设的学徒培训机构与企业签订学徒培训协议，该协议明确了学徒在接受培训期间的各项权利和义务。[③] 此外，除魁北克省要求学生进行工作学习前需参加统一的学校技能培训之外，其余省份和地区均采用一学年中企业培训和在校学习交替进行的培训模式。

加拿大大部分学徒从事的是体力和技术方面的职业，学制通常为二至五年，但以四年较为典型。[④] 在学习时间分配上，学徒90%的时间需用于在企业接受培训。工作机会则由企业雇主提供，并由企业配备一名合格的熟练技师进行指导。学徒在社区学院接受学习的时间仅占10%，并由社区学院提供其在校学习期间所需的教学资源。在学徒培训期间，政府为每位学徒提供学费补贴和收入支持。企业也会按熟练工人工资的50%~90%支付学徒

---

① 鱼曼曼：《加拿大企业参与产学合作教育的激励机制及其启示》，载《高等工程教育研究》，2014(4)。

② 童学敏：《加拿大学徒制的问题、对策选择及启示》，载《中国高教研究》，2012(4)。

③ 吉莉莉：《加拿大社区学院高等职业技术教育研究》，硕士学位论文，中央民族大学，2007。

④ Canadian Education Statistics Council，"Education indicators in Canada：Report of the Pan-Canadian Education Indicators Program 2007"，Canadian Education Statistics Council，Ottawa，2007.

工资。培训期满后，学徒在企业工作的成绩由行业协会负责予以评定，在社区学院学习的成绩则由社区学院进行鉴定。考核合格的学徒将被授予相应的学徒培训证书，这一证书现已成为加拿大很多企业招募新员工的基本要求。但需指出的是，在本省完成学徒培训与考核并获得培训证书的学徒只能在本省进行择业与就业，如果他们想要在其他省份工作即跨省工作则需考取该工种的红色印章。红色印章的课程由加拿大学徒委员会与国家人力资源和社会发展局主导设置，教学大纲、培训方式以及考核标准等则由 13 个省、自治区的行业协会代表协商制定。最终加拿大学徒委员会与国家人力资源和社会发展局会根据不同的工种出版相应的国家职业分析指南。[①]

第六节　加拿大企业参与职业教育办学的发展趋势

合作教育作为加拿大企业参与职业教育办学的典型模式，在 21 世纪的发展趋势在一定程度上反映了加拿大企业参与职业教育办学的整体样态。因此，我们试图以合作教育为支点来窥探未来加拿大企业参与职业教育办学的发展趋势。在全球金融危机的影响下，加拿大合作教育面临如下新的问题[②]：一年级新生缺乏社会实习和工作经验，导致其获得第一个实习工作岗位的难度越来越大的问题；学生工作学期时长与雇主期望的工作时长存在矛盾的问题；提高学生适应工作能力的问题；提高合作教育项目管理能力的问题、如何评估成绩以及改善流程的问题等。

在此背景下，加拿大合作教育的方式自然要迎合时代需求，在加拿大职业教育未来发展中适时做出时代调整。

第一，增加合作教育项目，拓展合作教育规模。加拿大的合作教育要想保持其在全球的领先地位，需在未来不断扩大合作教育规模，尤其需要吸纳普通学生的加入。

第二，深化合作教育的相关研究，加深师生对合作教育的理解。[③] 职业院校尽可能地为所有学生提供进行经验性学习的多元机会，这在客观上要求教职工及其学生要对合作教育有更深刻的理解。

第三，拓宽合作教育参与者的范围。加拿大合作教育在未来发展中追求参与者范围的扩大，即各级政府部门、不同性质的行业企业以及多种类别的非政府组织将被纳入其中。

第四，加强合作教育的国际化。当前加拿大正在积极推进教育国际化策略，合作教育无疑是其题中之意。目前加拿大已与美国、英国、澳大利亚以及中国等多个国家展开了国际合作教育的合作。未来加拿大将持续本国合作教育的国际化历程，与世界各国共同培养合作教育学生，持续享有自身在世界合作教育中的盛名。

---

① 谭旭、陈正学、陈宝文等：《加拿大职业教育特色及中国本土化启示》，载《教育导刊》，2015(2)。
② 张昌凡：《产学合作教育模式探析——加拿大滑铁卢大学与湖南工业大学之比较》，载《高等教育研究》，2007(11)。
③ 贾卫辉：《加拿大滑铁卢大学合作教育研究》，硕士学位论文，华南理工大学，2012。

第七章 法国企业参与职业教育办学机制

第一节　法国职业教育概况

法国现行的职业教育系统为"双轨"模式[①]：一轨是学校职业教育系统，指学生作为全日制在校生在相关学校(中学、大学、工程师院校及其他大学校)接受正规的职业教育；另一轨是学校外学徒培训中心系统，指学生作为学徒在培训中心进行工读交替学习接受非正规职业教育，或者作为求职人员或工薪职员在各类培训机构接受非正规的职业教育。该系统的核心特点：一是两轨内部结构完整，升学路径畅通；二是两轨既相互平行又相互衔接，呈现出"立交桥"式的职业教育体系。

一、学校职业教育系统

法国中等职业学校主要有职业高中和高级技术员班；高等职业学校主要包括大学技术学院、综合大学、大学校等。

(一)职业高中

学生在接受完四年的初中学业后，可选择不同的教育机构继续中等教育阶段的学习以获取不同类型的学历。通常，具有较强升学意愿的学生一般选择普通与技术高中，而渴望接受实用性技能学习的学生一般申请职业高中，其学制通常为二至三年。

(二)高级技术员班

高级技术员班是设立在普通与技术高中的高等职业教育机构，招收高中毕业生，学制两年，培养高级技术员，可颁发 100 多种专业的高级技工资格证书(国家文凭)。[②] 学生在接受高级技术员班的技术训练后一般能在工作市场快速找到并适应相应的职业工作。也有少数学生在接受完高级技术员班学习后选择升入职业本科继续深造。

(三)大学技术学院

大学技术学院是设立在综合大学的二级学院，招生对象主要以高中应届毕业生和社会上具有业士学位的学习者为主，但没有获得业士文凭的学习者也可通过同等学力认定申请入学。大学技术学院学制为两年，主要培养高级技术员。学业结束后，学习者可获得大学技术文凭，并在获得文凭后选择直接就业或选择继续学习一年来获得职业本科文凭。

(四)综合大学

法国的综合大学实施"双轨"教育，即可提供包括本科生教育、硕士生教育和博士生教

---

①　刘继芳：《法国现行"双轨制"职业教育体系及其启示》，载《中国高教研究》，2012(11)。

②　刘继芳：《法国现行"双轨制"职业教育体系及其启示》，载《中国高教研究》，2012(11)。

育的普通教育，也可提供颁发职业本科和职业硕士教育文凭的高等职业教育。学习者在获得职业本科文凭后可选择直接就业，也可选择进一步学习获取职业硕士文凭。

（五）大学校

法国大学校以严格而竞争激烈的入学选拔和提供极具吸引力的职业教育文凭而著称，一般包括工程师学院、高等师范学校、高等商校和兽医学院四类学院[①]，学制通常为五年，其学生毕业可获得相当于职业硕士的教育文凭。这些学校的规模一般较小，其专业呈现少而精的特点，属于一种精英化教育模式，主要负责为法国工业化培养实用型、专家型技术人才。

二、学校外学徒培训中心系统

法国的学校外学徒培训中心系统是地方政府、工商行会、企业或企业协会举办的具有半工半读性质的职业教育培训机构，主要招收16～25岁的企业学徒，可提供包含中等职业资格证书、高中毕业文凭、高级技工资格证书和职业本科文凭等不同等级的中高等职业教育文凭。[②]　其中，职业本科文凭是学徒培训中心系统颁发的有关职业教育的最高文凭。学徒培训中心系统主要采取"双元制"教学模式：学徒一方面要在学徒培训中心进行普通文化课程和专业理论课程的学习，提高专业理论素养，同时也要在企业进行相关职业实践性知识的学习，参与企业生产性项目和任务，培养自身的从业素养和技术技能。

三、法国职业教育证书类型

在法国，职业教育证书具有国家认可的效力。证书采取等级制，从Ⅴ级（初级）到Ⅰ级，这些证书涵盖接近450个相关专业的不同领域。证书的设置和更改由国家机构中的专业组织来决定。学生要获得相应的证书，前提是必须获得专业而全面的技术和知识。职业教育证书由低向高分别为：①职业能力证书（CAP）和职业学习证书（BEP），初中毕业后学习两年获得，为Ⅴ级文凭；②职业高中会考证书，初中毕业后学习3年获得，为Ⅳ级文凭；③大学技术文凭（DUT）和高级技术员证书（BTS），高中毕业后学习两年获得，为Ⅲ级文凭；④职业学士文凭，高中毕业后学习3年获得，为Ⅱ级文凭；⑤职业硕士或工程师文凭，高中毕业后学习5年获得，为Ⅰ级文凭。

---

① 刘继芳：《法国现行"双轨制"职业教育体系及其启示》，载《中国高教研究》，2012(11)。
② 刘继芳：《法国现行"双轨制"职业教育体系及其启示》，载《中国高教研究》，2012(11)。

第二节 法国企业参与职业教育办学的相关法律法规

法国职业教育的实施强调政府的主导作用：政府一方面通过制定法律法规的形式强制性要求企业参与职业教育办学，另一方面制定了一系列支持政策与制度来保障和激发企业参与职业教育办学的积极性。在法国，企业可通过独立办学、校企联合办学或者提供学徒培训等多种方式履行其参与职业教育办学的职责。

一、提升职业教育地位的法律法规

第一次世界大战前，法国的职业教育主要由私人创办。参差不齐的职业教育质量无法满足经济社会的发展需求，更无法满足政府和社会公众的教育期待。因而在 1919 年，法国政府颁布了《阿斯蒂埃法案》，将职业教育的举办权由私人手中转交到政府手中，并将举办职业教育视为一项重要的国家任务。《阿斯蒂埃法案》提出将由国家负责社会公民接受职业教育的任务，要求每个市镇都必须设立一所职业技术学校来保障当地职业教育的实施，并从中央到地方设置了众多的管理与执行机构来保障职业教育的顺利开展。此外，《阿斯蒂埃法案》特别强调国家要加强与企业的合作以及职业教育的教育经费由国家和企业共同承担[①]。第二次世界大战结束后，法国政府出台了《郎之万——瓦隆教育改革方案》，赋予了职业教育与其他各类教育同等的社会地位。该法案成为法国职业教育发展过程中一部极具里程碑意义的教育法案。1975 年，法国政府出台了《哈比改革法案》，补充了 1947 年改革中"提高职业教育地位"的具体措施，从各级各类职业教育机构的设置标准和教育内容出发将职业教育改革的运动推向了实践，至此法国职业教育的改革达到顶峰。

二、明确企业责任的法律法规

1998 年，法国政府颁布了《职业教育改革的工作纲要》，对企业与职业教育间的合作进行了明确规定。此后，法国政府又颁布了《面向 21 世纪职业教育宪章》，正式启动了法国职业教育在 21 世纪的改革进程，具体包含如下 4 项改革内容[②]。一是构建全国职业教育与企业界的对话机制，具体包括设立文凭委员会与企业合作处等相关的职业教育管理机构，制定职业教育与行业企业以及社会组织间的合作方案，签订职业教育与行业企业间的合作公约或协议框架等。二是颁发《新实习生法案》，明确提高实习生待遇。三是全面实施"竞争力集群"计划。2004 年 9 月，法国政府斥资 15 亿欧元用于支持"竞争力集群"计划的

---

① 吕俊丽：《法国职业教育的特点及对我国的启示》，载《江苏教育研究》，2015(Z3)。
② 壮国桢：《被冷落的标杆——法国职业技术教育"渐进式"改革及启示》，载《职教论坛》，2016(3)。

实施，力图破除职业教育与产业界的沟通壁垒，实现法国职业教育与行业企业间的无障碍沟通。四是实施"行业高中"标识制度。所谓"行业高中"主要是指政府颁发给那些与产业界联系紧密、社会认可度高且具有良好职业发展前景的职业教育与培训机构或团体的一个标识，如法国的"电力和电子行业高中""贸易和销售行业高中"等。这一制度标志着法国职业教育寻求从学校本位的传统职业教育模式向校企合作教育模式的转变。

三、促进职业教育发展的法律法规

2008 年，欧盟推出《欧洲终身学习资格框架》，把教育与培训体系的知识、技能分为 1～8 级水平（博士为 8 级）。法国则将职业教育的 V～I 5 级文凭分别对应欧盟职业资格的 3～7 级水平，使两者相互衔接。自 20 世纪初起，法国即通过制定一系列法律法规来规范政府对职业教育尤其是职业教育文凭的管理，促进职业教育良性发展。例如，法国于 1911 年创设了职业能力证书，该证书是法国最早的职业证书；1934 年的《关于颁发和使用工程师文凭条件法》，授权工程师院校颁发工程师文凭并对工程师文凭加以保护；1966 年的《关于创建大学技术学院的法令》，设置了大学技术文凭；1985 年的《关于创建职业高中和设置职业高中会考的法令》，设置了职业高中会考文凭；1999 年的《关于职业学士的法令》，对职业学士教育的教学内容和知识能力测定做了规定；2002 年的《关于国家硕士文凭的法令》，明确了国家硕士文凭包括职业硕士文凭和研究硕士文凭两种类型；2013 年的《重建基础教育规划与导向法》，规定由大区政府制定和实施本地区的职业培训和学徒政策，帮助无业或寻找新职业的年轻人和成年人接受职业培训；2013 年的《高等教育与研究法》，提出职业高等教育录取政策分别向技术高中和职业高中毕业生倾斜等。

同时，法国在继续职业教育方面也出台了多部法律法规，如《关于终身教育职业继续培训组织法》(1971)，《关于工作、就业和职业培训五年法》(1993)，《关于终身职业培训和社会对话法》(2004)，《关于终身职业培训和就业指导法》(2009)和《关于与培训基金组织达成授权协议实施管理决定的法令》(2011)等，使职业教育得到不断完善。

第三节　法国企业参与职业教育办学的发展历程

法国职业教育培训是伴生于法国社会经济发展对劳动力素质与技能不断提高的内生性需求而产生与发展起来的。在法国大工业化的进程中，大型企业普遍面临企业劳动力技能无法满足产业界技术发展需求的严重问题，因此一些大型企业纷纷在企业工厂内部创办生产性学校来寻求这一问题的解决。这些由企业创办的生产性学校就是法国职业学校的雏形。1881 年，法国开始以国家名义创办职业学校，称为国立初等职业学校。1919 年，法国颁发了在法国职业教育发展史上具有"职业教育培训宪章"之称的《阿斯蒂埃法案》，构建起了法国职业教育培训的基本框架。该法案除提出由国家来承担社会公民接受职业教育的任务外，还对法国职业教育培训做出了详细的规定。例如，该法案提出职业教育培训要从理论和实践双面入手，强调学习者既要学习各门学科的理论知识，也要注重各类技能的工艺知识的获得。再如，该法案提出不满 18 周岁的社会公民具有接受免费职业教育培训的义务，以及为他们提供工作岗位的企业主、商人等应为他们提供每周不少于 4 小时的职业教育培训，年累计学时不得少于 100 小时等。[①]《阿斯蒂埃法案》在法国企业界产生了巨大影响，引起了企业界对职业教育前所未有的关注，奠定了法国职业教育培训发展的基础。

　　虽然法国职业教育培训伴生于法国工业化发展的进程，但它培养的劳动力素质与技能无法满足快速的经济社会发展所带来的不断提升的技能发展需求。1975 年的全球经济危机更是给予法国职业教育与劳动力市场以巨大冲击，使职业院校学生的就业问题成为法国日益严重的社会问题。在这一社会背景下，法国开始寻求职业教育的改革，提出多元化职业教育培训目标、搭建普通教育与职业教育互通的桥梁以及制定一系列大力发展高等职业教育的措施。需要指出的是，这项改革的一个重要思路便是加强职业教育培训机构与企业的合作，如强调校企要共同参与职业教育培训，共同制定适应企业生产需要的职业（岗位）技能等。

　　1998 年，法国政府出台了《职业教育改革的工作纲要》，将职业教育与企业的合作以纲要的形式加以明确，并对法国职业教育培训的发展做出如下要求：其一，要坚持市场化导向推动职业教育培训的发展，提出职业教育要与企业界达成良好的社会伙伴关系，在全国范围内搭建起职业教育与经济领域的对话机制；其二，要求企业界要广泛而深入地参与到职业教育培训中来，如职业教育培训机构可在企业内设立学徒培训中心、学生培训基地等培训组织，改变过去由教育培训机构单一提供技能培训的教学模式，同时还鼓励企业参与职业教育机构的组建与管理等。《职业教育改革的工作纲要》的出台在法国全社会营造了良好的企业参与职业教育办学的社会氛围。

第四节　法国企业参与职业教育办学的运行机制

一、健全组织体系

　　法国实行国家主导的教育体制，国家在教育政策、国民教育纲领的制定和执行方面持有基本权力。2007 年，法国教育部进行机构调整，分成两个部门，分别是国民教育部和高等教育与科研部。国家主要通过国家、学区、社会组织三个层面对职业教育的体系进行管理。

---

① 李荣生：《法国校企合作实践及对我国的启示》，载《中国培训》，2007(5)。

(一)国家层面

法国国民教育部负责制定教育政策、管理职业教育以及学徒制培训。高等教育与科研部负责制定有关高等教育的国家政策，对高等教育中的教育和培训服务进行管理。法国的劳动、工作、职业培训与社会声援部负责制定和实施政府在劳动、就业、职业培训、社会声援等方面的政策，是公共就业服务的核心管理部门。这一部门下设了就业和职业培训总代表团，负责制定就业和职业培训方面的政策。2002年，法国建立了国家职业资格委员会，负责制定法国国家职业资格。该委员会属于独立设置的部门，负责制定国家职业资格标准，修订专业证书，调整学位、头衔，监控职业资格，为相关机构提供专业证书与资格方面的咨询建议等。2004年，法国又设立了国家终身职业教育理事会，旨在在国家层面上促进相关各部门之间的协作；在法律和制度建设方面，为法国终身职业教育和学徒制提供建议；评估地方职业教育和学徒制的政策；为议会提供终身职业教育和学徒制的财务资源利用特征等情况。

(二)学区层面

法国国民教育系统按照学区进行管理：每个学区是一个行政管理单位；全国共分为30个大区；每个大区会根据本区域的经济社会特点制定相适应的教育政策。学区层面的职业教育管理机构有学区委员会、地区就业和职业培训协调委员会。学区委员会主要承担地区的职业培训。2004年，法国学区委员会的功能外延到承担对失业的成年劳动者的培训。学区制定和实施该地区的学徒制以及职业培训政策。学区每3～7年制订一个详细的职业培训地区发展计划，包含了针对初始职业培训和继续职业教育培训的内容。[①]

(三)社会组织层面

法国职业教育管理体系还有一部分是社会组织，包括以下几种：专业咨询委员会，负责学位、技术与职业资格的建立；国家教学委员会，负责高等职业教育学位的设立；地区职业教育发展规划协会；职业教育国家联合委员会，负责职业教育的平稳发展以及使职业教育各有关方面达成一致意见；国家就业联合委员会；职业生涯保障联合基金等。

二、保证师资质量

法国的职业教育教师招聘是按照公务员管理条例以及教师协会的规则进行的，通常采用竞争性的考试。教师招聘考试的申请者必须在获得他们所教学科的本科文凭后完成硕士层次的教育，或者在本科后接受三年的教育并获得相应的文凭。然后，他们必须参加教育部或高等教育部组织的竞争性的教学考试。

法国的职业教育教师绝大多数是教师教育大学院培养的。法国的教师教育大学院是法国专门培养教师的机构，目前全法国每个学区一所，招收获得本科文凭、志愿做教师的学

---

① 李玉珠、刘荣民：《法国职业教育管理体系建设启示》，载《教育与职业》，2014(16)。

生。教师教育大学院的教育分两年进行：第一年，学生学习教师资格考试的准备课程，为期一年，学年结束参加第一次国家考试，考试合格者获得实习教师资格，可以进行第二年的学习；第二年，通过考试的学生获得实习教师身份，享受正式教师的津贴，带薪实习一年，完成规定数量的教学实践、课堂管理，毕业论文获准通过后就获得教师资格证书成为正式教师，同时获得公务员身份。第二年成绩合格者方能获得教师资格证书。成绩不及格者可延长一年，若第二年仍未通过，将被取消实习教师资格。此外，教师在工作的头两年，还要接受 6 周的在职培训。法国实行严格的教师资格证书制度，由国家直接管理。法国政府每年都会根据各学区学生人数的变化，分配教师人数指标，确定教师职位的数量，严把教师入口关。

法国的职业教师和培训师还要参加在职继续教育培训。由于行业差异很大，法国没有对在职教师的培训内容和培训时间做统一规定，但是当前法国正在使在职培训透明化：每个行业的培训都要提前将培训者及其资格水平、专长领域、所承担的培训课程提供给受训者，由受训者自由选择培训者和培训课程。每一个培训组织都必须自动遵守培训规则和要求。

三、保证经费投入

(一)中央政府投入

法国学校职业教育经费的一半以上来自中央政府，主要是中央政府保留部分人员的支出，这在教育经费中是最高的一项。但对学徒制的投资则由中央政府、地方政府和企业三方面共同承担。私人机构承担了学徒制培训绝大部分经费的投入，而中央政府对学徒制培训的投资相对较少。中央政府提供的财政支持主要是免除企业的社会保障税，为企业招收新的学徒提供补助。2013 年，法国用于持续的职业培训的支出为 147 亿欧元，用于非正规培训的支出为 27 亿欧元。2012 年，在法国和欧盟的其他大多数国家，10～19 人规模的公司只有 16.1% 提供职业培训，而 2000 人以上规模的公司有 57.9% 能够提供职业培训。[①]

(二)地方政府投入

地方政府对学校职业教育的投入主要在基础建设、维护、设备及运行等方面，这部分原本由中央政府承担，后根据地方分权法被转交给地方政府。地方政府对学徒制培训的投资主要来自各个地方政府的转移性支出以及学徒税中一定比例的返还款项。地方政府不承担对工读交替制培训投资的责任。但地方政府主办职业资格准备课程和资格课程，因此地方政府将更多地承担对此类培训的投资。地方政府主要通过培训税减免、提供财政资助金等形式进行资助。对求职者培训的投资，地方政府投入的资金总额在不断上升。它主要以资助培训计划的形式完成投资。[②]

---

① 资料来源：法国教育部网站。
② 臧志军：《职业教育国家制度的比较研究》，博士学位论文，华东师范大学，2013。

(三)企业投入

法国所有的企业每年都有义务为员工的继续培训提供经费。法国每一个财政年都要对企业的员工培训经费进行审计。如果雇主提供的培训经费达不到应付款的数目,企业就必须将差额上缴到公共财政系统。总的来说,企业所负担的培训经费比重并不大。规模较大的公司和企业的培训经费所占的比例稍大。在这种"要么把钱花在培训上,要么把钱交给政府"的管理制度下,企业都选择将钱花在员工培训上,在提升员工的同时获得自身的持续发展。

企业投资的范围涉及所有类型的职业教育与培训。政府主要通过三种税收对职业教育与培训进行投资:学徒税、工读交替制培训税、继续职业培训税。这些税收经过政府的统一调节,分配给各种类型的培训机构。企业的投资系统由此建立。在所有投资中,企业重点支持的是工读交替制培训、在职雇员继续培训、学徒培训。

第一种是学徒税。法国法律规定,企业应按法律规定缴纳一定的学徒税,按上年职工工资总额的0.5％缴纳学徒税用于支持学徒培训。经过学徒税改革,这项税收资助的范围扩大了,不再局限于学徒培训,但仍保证学徒税的一定比例专门留出来资助学徒培训。学徒税征收的对象是所有法定的个体和企业,不论规模和所在行业,税率都是工资总额的0.5％。这种长远投资为企业的发展培养了合格劳动力,实现了学校和企业的双赢。学徒税自1925年开始征收。2011年,法国学徒税总额约为20亿欧元。2015年,除部分地区外,学徒税根据上一年企业员工毛工资总数的0.68％缴纳。

第二种是工读交替制培训税。工读交替制培训税也可以用于学徒培训,也就是说雇员不少于250人的企业缴纳的工读交替制培训税的一部分将用于学徒培训,但这笔资金主要给予政府投入不足的学徒培训中心。每个企业都有缴纳工读交替制培训税的义务,但根据企业的大小,缴纳的税率会不同。

第三种是继续职业培训税。这笔资金主要用于继续职业培训的两种类型:培训规划和个人培训休假。企业缴纳的税额与企业的大小以及所在的产业部门有关。总体而言,雇员不少于20人的企业缴纳的税金在继续职业培训经费中占据统治地位。

第五节　法国企业参与职业教育办学的主要模式

自20世纪70年代开始,在法国职业教育培训改革的过程中,校企合作从形式到内容不断深化,到21世纪初期已经成为法国职业教育培训的重要运作方式,也成为法国职业教育培训的特色和经验之一。总结法国职业教育培训开展校企合作的实践,其主要做法如下。

一、确立职业教育培训市场化的改革和发展目标

在法国，关于职业教育培训的定位曾经一直存在着争论。大多数企业要求职业培训机构培养的学生必须符合企业对劳动力的直接需求，而职业培训机构则认为职业教育培训的基本目标不是培养直接劳动力。在职业学校学生就业困难和随之而来的生源素质下降的现实困境下，法国选择了以市场化为发展方向的职业教育培训改革，开始强调培养的人才要同劳动力市场需求相结合，要适应企业对技能和素质的要求以及职业教育培训的开展要发挥企业的力量和作用。为此，很多企业建立了学徒培训中心，接收职业学校学生在此实习或将企业作为学习的主要场所；职业教育培训的教学内容和课程设计参考劳动力市场和企业的需求；职业培训机构开展以具体企业为就业目标的合同培训和企业委托的在职职工继续培训。以市场化为方向的职业教育培训的改革和发展，为校企合作奠定了坚实的基础。

二、培训机构和企业结成战略伙伴关系

在法国，几乎所有的培训工作都不是由培训机构独立完成的，而是由培训机构和企业共同进行的。培训机构一般都会根据自己的培训专业挑选几个企业结成培训战略伙伴关系，让企业充分参与到培训中来。这种战略伙伴关系具有以下几种内涵。

第一，让企业或企业的代表充分参与到培训机构的决策中来。董事会里有企业的代表。此外，在培训机构的重大事项决策过程中，如培训机构发展方向的确定、培训专业的设置等，培训机构都充分听取企业方面的意见。

第二，培训课程设置、培训教材编写和培训课程内容，都充分考虑企业的需要，并广泛听取企业主、企业工会代表、部门负责人和有关工程技术人员的意见和建议，或者与企业有关人士共同商定。

第三，大量吸收企业有关专业人员参与到培训教学中来，甚至使他们成为培训机构师资的主体力量。例如，法国石油学院设立的专门开展职业培训工作的培训部，从与他们结成战略伙伴关系的企业中聘请了300多名专业人员作为培训教师，使这些教师成为该培训部师资的主要力量。

第四，把企业作为职业培训学生（学员）的实习基地甚至是学习的主要场所。在培训期间，培训机构都会安排一段时间让培训学员到企业实习，甚至将大部分的培训教学都安排在企业进行。学员或者参与岗位工作，或者参与课题研究，从而获得必要的实践经验和实际工作能力。对于那些寻找工作的学员来说，这些企业还是他们就业的可能之所。很多学员就是在实习过程中得到了企业的认可，从而被企业录用的。

第五，企业的员工培训任务，一般也都交给培训机构来进行。有些培训机构的高级专家还在企业担任中层干部以上的职务，并继续给企业里的有关人员进行培训。

三、企业和行业组织举办或广泛参与职业培训

在法国，企业不但参与到培训机构的培训工作中去，而且还设立了自己的培训机构，既培训本企业员工，也面向社会甚至国外开展培训业务，尤其值得一说的是行业组织对职业培训工作的广泛参与。法国同行业企业一般都结成行业组织（或社团），这些行业组织大都设立了自己的培训机构，为本行业企业开展培训服务（后来发展到面向行业外开展培训）。例如1610年成立于马赛的法国工商协会，至今已经在全国范围内设立了500个培训中心，面向本协会内部企业及国内外广泛开展培训工作。在获得一定发展后，该协会还成立了法国高等商业学校和法国高等科技商业学校，介入正规学制职业教育领域。

四、实行企业员工带薪培训休假制度

法国的职业教育培训立法相当完善，其中2004年颁布的《个人带薪培训法》对校企合作发挥了重要作用。该法规定，劳动者个人享有带薪培训权，每人每年可带薪培训20小时。在同一行业工作两年以上，而且在本企业工作满6个月的职工都可以享有带薪培训假期的权利。企业有大量的在职职工需要进行培训，而企业与职业教育培训机构联合进行培训成为重要的选择。除了生源和时间安排，双方在培训内容、培训组织、培训师资等很多方面都要进行密切的合作。很多校企合作就是实行带薪培训休假制度这个契机促成的。①

第六节 法国企业参与职业教育办学的发展趋势

一、法国职业教育的发展趋势

法国的职业教育自1987年实行职业高中会考文凭以来，规模迅速扩大。随着职业教育改革的不断深入，接受中等职业教育的学生更多地选择两年的专业资格证书，或者3年的职业教育文凭。2016年，法国有31%的中学毕业生进入职业学校学习，超过32万名学生在1000多家学徒培训中心学习。接受职业教育本科层次教育的学生有47%继续接受高等教育，其中39%在两年后可以获得高级技工资格证书。

① Centre pour le developpement de l'information sur la formation permanente (France)，"Vocational Training in France：An Answer to Your Questions，"*Centre Pour Le Developpement De Linformation Sur La Formation Permanente*，2012，116 (1)，pp.45-55.

(一)进一步加强政府、学校、企业的合作

法国教育部部长在 2016 年 1 月职业教育学位实行 30 周年纪念活动上说："职业教育是至关重要的，因为今天，就像 30 年前，它符合我国特定的经济和社会需求。职业教育可以使我们为法国提供所需要的工人、技术人员和管理人员。"[①]法国于 2013 年 7 月 8 日通过一项法律，自此职业教育与企业合作的目标已经改变为"未来"计划的实现，旨在让学生更加了解职业领域，让他们更加具有参与多样性的职业培训项目的意识，发展他们的意志力和主动性，并为他们准备教育和职业计划。此外，这种与企业的合作是更深远意义上的一个全面的指导计划，而不仅仅局限在学校范围内。最近的一个例子是法国创建了 31 个专业校园来加强学校和企业的关系。从 2013 年开始，这些校园在同一个专业领域将学校（职业学校和培训中心）、高等教育机构、研究实验室、企业和地方政府召集到一起。这样的专业校园的好处是多方面的：学生毕业后因为简历上有这样的经历更容易找到工作；归功于多样化的教育，学生可能会寻求更高层次的教育。2015 年法国政府创建了实习中心，目的是确保学生不仅能够平等接受在职培训，而且注重这些培训的质量。这些中心提供了一个全国性网络，使所有学校都与实习中心相关联。这些中心由一个负责人监督学术项目和总体协调。

(二)加强创新创业教育

与此同时，法国正在主导一个雄心勃勃的教育倡议，鼓励创业精神。法国的创业教育的概念根据教育的层次，涵盖了一个广阔的领域。在中等职业学校层面，企业教育的目标是让学生获得有助于表达的知识和技能以及合作能力、创造能力。在中等学校的低年级，学生可以参加"未来"计划逐步形成创业和创新能力，与当地企业合作。学徒制和其他项目也可以与企业或非营利组织合作，包括与小企业的教育项目合作。在高等教育层面，教育部启动了学生创业行动计划，包括三个方面：设立创业与创新训练模块课程，可在欧洲学分转换系统内予以认可；2014 年 3 月 29 日建立了学生创新和创业中心，为学生建立一个"学生企业家"，为临近毕业的学生提供创业空间；设立学生企业家奖，作为一个由教育部资助的国家奖励。[②]

(三)加大职业教育投入力度

2014 年 3 月 5 日，法国政府颁布了《职业教育、就业与社会民主法》，其主要举措如下[③]：①设立个人职业教育账户。为提高企业职工培训假期的使用效率，从 2015 年 1 月 1 日起，法国政府设立了个人职业教育账户。该账户面向每位年满 16 周岁的公民，跟踪企业职工个人的职业发展，记录其就业、工作变更、失业等情况。法律规定，企业必须保证职工个人 7 年内接受总计 150 学时以上的职业教育，以确保职工职业技能的发展。政府每

---

① 资料来源：法国教育部网站。

② 资料来源：法国教育部网站。

③ M Pilz，"Typologies in Comparative Vocational Education：Existing Models and a New Approach,"*Vocations & Learning*，2016，9（3），pp. 295-314.

年将投入 10 亿多欧元，用于支持这一政策。②为最需要接受职业教育的人提供更多的资金支持。政府为待业人员、缺乏技能人员和年轻学生提供更多的资金支持。从 2015 年开始，政府也为学徒教育提供更多的财政支持。③减少职业教育分摊金的收缴次数。政府将职业教育分摊金的收缴次数从 3~4 次减少到 1 次。根据员工规模，企业必须将占全部职工工资 0.55%~1.00% 的资金用于支持职工职业教育。④加强地方政府对于职业教育的分管力度。中央政府放权给地方政府，加强地方政府对于职业教育的分管力度。地方政府对于购买职业教育服务具有更大协调权。

二、特点分析

(一)四通八达的"双轨制"职业教育体系

一是两轨内部结构完整，升学路径畅通；二是两轨之间既相互平行，又相互衔接，呈现出"立交桥"式的职业教育体系。该体系主要的衔接点有以下四种：普职衔接，体现在职业教育系统内部纵横交错，职业教育和普通教育有效衔接；"凭""证"衔接，不管是两轨的学校教育还是学徒培训，都可以获得相同的职业文凭；校企衔接，强调学校与企业间新型合作关系的建立；跨国衔接，与欧盟其他国家开展职业教育证书、文凭互认。

(二)企业高度参与学校管理

法国职业教育一般都是在企业界的倡导下实施的，与企业始终保持密切的联系。无论是在学校领导机构中，还是在教学中，企业界代表在学校始终保持其地位，使得学校的教育大纲能够超前把握企业界的需求。学校或培训机构一般都成立了校董会，校董会里有企业的代表。此外，在培训机构的重大事项决策过程中，如培训机构发展方向的确定、培训专业的设置等，学校或培训机构都充分听取企业方面的意见。校董会由两部分人员组成：一部分由校内教师、学生和个人代表组成，并且通过选举产生；另一部分由与学校的教学、科研、发展以及融资等有关的校外人士组成，其中大部分是与学校人才培养和科学研究有关的大型企业负责人。校董会主席由在地区和行业有相当影响的大公司的董事长担任。校董会讨论决定学校的发展战略规划和大的发展计划。例如，培养工程师的精英学校的校董会成员有一半来自校外，其中大部分来自拥有大量校友的大型企业集团和跨国公司。

(三)企业专家和工程师直接参与学生培养

企业通过举行论坛、演讲、讲座的形式参与教学，并对学生的培养提供参考意见。企业在课程设置上提供的意见是学校必须参考的。学生到企业实习被纳入学校教学的重要内容之一。法国出台多部法律法规，在企业接纳、实习报酬和实习报告等多方面明确企业、学校和学生的权利和义务，推动企业参与职业教育办学和保障学生实习的权益。学生通过工业基地参观、邀请实践操作者讲课、企业案例研究、研究设计、实习等各种形式不断增强实际动手能力和解决企业实际问题的能力。学校从一些大公司和企业的高层管理者中聘请有实践背景的专家担任兼职教授。他们有丰富的工程实践经验，承担一定量的教学任务，指导学生的工作，直接参与三年逐级递进加强的实习环节，使得学生的培养更好地面向社会的需求和未来的发展趋势。例如，法国国家航空航天学院有 60 名专职教授、1000 多名兼职教师。他们的大部分来自企业，或给学生做讲座，或直接给学生上专业课，或指导学生专题学术小组，或指导学生实习。在企业专家的指导下，很多学生在二三年级时就与很多大公司、企业甚至跨国公司接触，并直接参与一些公司的产品设计和创意。同时企业从中物色、选拔理想的员工。因此，很多学生往往在三年级就被著名的大公司"预订"，这些学生毕业后能很快适应企业的需求，成为企业的骨干力量。[①]

(四)学校获得企业提供的培训税

法国政府通过征税的形式促进和推动职业教育的发展。法国政府制定了一项非常特殊的强制税收制度，即企业每年必须向地方财政上缴上年员工工资总数的 $0.5\%\sim1\%$ 的学徒培训税，作为学校学生的实习培训费用。这种税是每个企业都必须交的，但企业可以有选择性地把税给哪个学校。通过这种形式，工业、企业和学校之间的联系越来越紧密。地方财政根据企业接受实习学生的数量和实习时间，按一定比例将企业上缴的培训税返还给企业，这就从政策上提高了企业接受学生实习的积极性。由于企业有选择向哪些学校提供实习助学金的权利，所以学科特色符合行业需求、生源好、学生素质高、杰出校友分布广泛的学校就能得到更多企业资金的支持，为学生争取到更多更好的实习机会。这一税收政策极大地调动了学校和企业的积极性，激发了企业与学校合作的内在动力，为工程师实践能力和创新能力的培养提供了政策保障。

---

① 呼文亮：《法国工程师教育与企业的关系》，载《北京航空航天大学学报(社会科学版)》，2011(2)。

第八章 日本企业参与职业教育办学机制

第一节 日本职业教育概况

日本职业教育的发展始于明治维新时期，历经开端建制期、改革衰退期、恢复发展期三个阶段，在学习和借鉴欧美发达国家职业教育经验的基础上，通过政府宏观调控，企业、学校和中介组织深度参与，构建了立体交叉、开放贯通、机动灵活的职业教育体系，培养了大批技术人才，促进了社会经济的快速发展。

一、职业教育的开端建制期(19世纪)

1868—1903年，日本以明治维新为标志，历经职业教育创立期、探索期和体系形成期三个阶段，通过聘请欧美发达国家的专家、向国外派遣留学生、引进欧美职业教育等措施，大力移植欧美资本主义的产业和经济制度，创办了国有企业和职业院校，培养了数以万计的掌握先进技术和管理经验的技术人才，实现了从传统学徒制向近代职业教育体系的转变。

(一)职业教育创立期(1868—1880年)

1. 企业内职业教育

1868年1月3日，日本颁布《王政复古大号令》，标志着新政府取代幕府的封建统治，开启了资本主义明治维新时代。受民族主义思想和产业革命的影响，日本明治政府提出了三大政策，即"富国强兵""殖产兴业""文明开化"。[①] 日本一方面抓紧废藩置县，革除封建遗弊；另一方面移植欧美的近代工厂制度，大规模兴建官营企业，通过引进欧美发达国家的先进科学技术、设备和专家，传习工矿业、纺织业、造船业等产业的相关技术，培养了大量新式技术人才，标志着企业内职业教育的创立。

2. 学校形式的职业教育

1871—1879年，日本的工部省、内务省、大藏省等政府机构和热衷于职业教育的有识之士，创办了工业学校、农业学校、商业学校、商船学校等职业学校，旨在培养更多的技术人才，特别是产业移植活动所急需的高级技术人才。例如，1871年8月，日本的工部省在东京延冈藩邸设立了第一所职业学校工学寮，旨在培养在工部任职的工业技术官，以逐渐取代高薪雇用的外国技术专家，标志着日本高等职业教育机构雏形的建立；1873年，在幕府设立的开成所的基础上，日本恢复建立了东京开成学校；1874年，日本在东京开成学校内设立了制作学教场，这是日本第一所正规的中等工业学校，旨在培养民间企业的中级技术人才，标志着日本中等职业教育机构的建立。[②]

---

① 朱文富：《日本近代职业教育的发展及其特点》，载《职业教育研究》，1991(3)。

② 贺国庆、朱文富等：《外国职业教育通史》上卷，216～222页，北京，人民教育出版社，2014。

这一时期的职业教育，由于盲目移植欧美发达国家的职业教育模式，脱离了日本产业发展的实际；国家投资建设的官营企业加重了财政负担，加之民间资本运用不够充分，带来了财政危机；而且学校形式的职业教育偏重培养高级技术人才，使得中低级的技术人才严重匮乏，在一定程度上浪费了人才资源。

(二)职业教育探索期(1880—1885年)

为了解决职业教育创立期的问题，1881年4月，日本政府建立了农商务省，除部分军工厂以外，把原有的官营企业低价出售给私人经营，以此扶植私人资本发展，实现了从官营主义政策向现实主义民营官助政策的转变，促进了大批中小型企业的涌现，增强了经济发展活力。[①]

1880年以后，鉴于普通教育的发展逐渐趋向制度化，文部省开始重视职业教育的发展。除农学博物馆、商船学校以外，文部省接管了各类职业学校，以此稳固职业教育在整个教育体系中的地位。随后，文部省于1882年11月倡导建立了东京职工学校，旨在培养未来的职工学校教师和工长、厂长。该校现已发展成为东京工业大学。

为了整顿职业学校，1883年4月，文部省颁布了《农业学校通则》，对农业学校做出了具体规定；1884年1月，文部省又颁布了《商业学校通则》，对商业学校做出了具体规定。《农业学校通则》和《商业学校通则》的颁布，成为日本近代职业教育发展史上最早的正式法规。

为了普及职业教育，1881年，文部省颁布的《师范学校教则大纲》《中学校教则大纲》《小学校教则纲要》等文件明确提出，要在师范学校和中小学校开设职业课程。1884年和1886年，文部省分别进行两次改革，在中小学的职业课程中增加了实践和实习内容，让手工课程作为初等教育课程，取代了原来小学校开设的"工业初步"，由此普及了手工教育。

(三)职业教育体系形成期(1885—1914年)

19世纪80年代后期，伴随着产业革命的推进，日本对技术人才的需求日趋强烈。在职业教育家、政府官员等各界人士的强烈呼吁下，1893—1894年，时任文部大臣的井上毅在调查欧美职业学校的基础上，提出了必须建立完整的职业教育体系的设想，倡导要成立实业事务局，加大对职业教育的经费投入，推动了初等职业学校的普及和发展。

为了整顿各类职业学校，1899年，日本政府颁布了《实业学校令》和工业学校、农业学校、商业学校、商船学校等方面的规程；1902年修订了《农业补习学校规程》；1904年修订了《徒弟学校规程》；1910年制定了《水产学校规程》。上述系列法令和制度，均强调对实业者进行职业教育，由此完善了初等职业教育体系，促进了中等职业教育的制度化和体系化。

1903年3月，日本政府颁布了《专门学校令》，规定凡是以实施职业教育为目的的实业

---

① 朱文富：《日本近代职业教育的发展及其对我们的启示》，载《河北大学学报(哲学社会科学版)》，1992(1)。

学校都属于实业专门学校，以此解决职业学校毕业生的深造问题。此后，一批实业专门学校相继产生。[①] 例如，1907年，一所私立的高等工业学校明治专科学校创立了。[②]

除了上述法定的职业教育机构外，这一时期还出现了非正规的职业教育机构"各种学校"，即凡不适合小学校、中学校专门学校规格的家塾、学校等教育机构统称为"各种学校"。[③]

为了满足各类职业学校对职教师资的迫切需求，1894年6月，日本颁布了《实业教育国库补助法》，强调培养工业教员；随后制定了《工业教员养成规程》《实业学校教师培训规程》等，增加学生补助，吸引学生从事职业教师教育工作，为职业教育的快速发展提供了师资保障。

至此，日本初步构建了全日制职业教育与业余制职业教育相结合、专门职业教育机构与各种学校相补充、公立职业学校和私立职业学校相协调、实业补习学校和实业学校、实业专门学校等多层次学校相衔接的职业教育体系，为各种产业部门培养了大批专门技术人才，促进了日本职业教育的发展。

二、职业教育的改革衰退期（20世纪前半期）

20世纪前半期，日本的职业教育历经改革扩充期、战争体制下职业教育的衰退期两个阶段。职业教育政策的改革、扩充与畸形膨胀，使得职业教育的发展从鼎盛兴旺逐渐走向衰退崩溃。

（一）职业教育的改革扩充期（1914—1931年）

以第一次世界大战为契机，日本经济得到飞速发展。日本政府为了适应其侵略扩张与经济发展、提高全体国民教育水准和培养大批科技人才的需要，于1917年9月，成立了教育咨询机构——临时教育会议。为了落实临时教育会议提出的职业教育改革方针，日本政府修改了《实业学校令》和工业学校、农业学校、商业学校、商船学校、水产学校等的规程，并制定了《职业学校规程》，以此加强德行涵养教育，提高实业补习学校的地位，加大实习课程的比例，促进各类职业学校的快速增长。实业补习学校根据第一次世界大战爆发后形势的需要，积极与产业界开展合作，不仅更好地服务经济建设，而且促进了实业补习教育的蓬勃发展。

1918年12月，日本政府修改的《大学令》规定："除帝国大学外，承认地方设立的公立大学和私人团体设立的私立大学；除综合性大学外，容许设置各种单科性大学。"这掀起了大学扩张运动。大学实业部和实业性单科大学迅速增加[④]，为日本培养了大批高级技术人才。

---

① 日本国立教育研究所：《日本近代教育百年史》第10卷，12～16页，22页，东京，文唱堂，1974。
② 王义智、李大卫、董刚等：《中外职业技术教育》，166页，天津，天津大学出版社，2011。
③ 贺国庆、朱文富等：《外国职业教育通史》上卷，236～237页，北京，人民教育出版社，2014。
④ 尾形裕康：《日本教育通史》，251页，东京，早稻田大学出版部，1960。

1914—1919 年，日本企业内教育迅猛发展。以培训中坚员工为目的的全日制企业内教育和以训练见习员工为目的的定时制企业内教育不断加强；同时，促进中坚员工向上级员工转化的企业内教育机构逐渐发展，该类机构重视实习课程，注重向学生传授工场管理、工业经济等方面的知识，促进学生实践技能和专业素质的提高。

1926 年，日本政府建立了青年训练所。该职业教育机构具有浓厚的军事训练性质。1935 年，青年训练所与实业补习学校合并成为青年学校，成为训练具有职业技能和效忠天皇精神的侵略战争工具的场所。[1]

这一时期，日本政府主要关注初等职业教育和高等职业教育，基本满足了产业规模扩张对技术人才的需求，同时形成了初级、中级、高级职业教育大体相称的层次结构，进入了日本近代职业教育的鼎盛兴旺时期。

(二)战争体制下职业教育的衰退期(1931—1945 年)

1927 年的金融恐慌和 1929 年的经济危机，使日本职业教育深受打击。为了挽回衰败局势，日本通过改革政策、调整职业教育机构等措施，向国民传授基本职业技能，以解决就业困难和劳动者素质下降等问题，确保低级职业教育的发展。

由于日本发动侵华战争与采取军事膨胀、经济管制、汇兑贬值等措施，从 1933 年开始，日本经济形势回暖，使职业教育规模畸形膨胀。1935 年，日本政府成立了由产业界、政界和教育界的代表组成的职业教育振兴方案咨询机构——实业教育振兴委员会。在该委员会的大力推动下，在增加原有职业学校的基础上，日本成立了机械工培训所、农民讲习所、青年学校、技能者养成机构等新兴职业教育机构，丰富了职业学校类型；1941 年，日本政府颁布的《国民学校令》将初等学校更名为国民学校；1943 年颁布的《中等学校令》和改正的《实业学校规程》将中学校、高等女子学校、实业学校统称为中等学校，实施高等普通教育和职业教育，以培养皇国臣民；[2] 1943 年，日本政府颁布的《关于战时国民教育的非常措施》提出将商业学校改为工业学校。此时各类职业学校的规模畸形膨胀。但是，由于这一阶段的职业教育从培养目标到专业设置、课程内容等都是以服务战争需求为宗旨的，所以 1945 年日本战败投降后，各级各类职业学校几乎陷入崩溃状态。

三、职业教育的恢复发展期(20 世纪后半期至今)

20 世纪后半期至今，日本职业教育历经战后恢复与重建、改革发展与完善、全面改革与开放等阶段，重新构建了立体交叉、开放贯通的职业教育体系，为日本经济的快速发展和社会的不断成熟提供了人力资源保证。

(一)战后恢复与重建

第二次世界大战后，日本百废待兴，其教育面临重新建章立制和民主改革。1947 年，

---

① 贺国庆、朱文富等：《外国职业教育通史》上卷，360 页，北京，人民教育出版社，2014。
② 石伟平：《比较职业技术教育》，152 页，上海，华东师范大学出版社，2001。

日本国会通过《教育基本法》；同年，文部省教育刷新委员会颁布了《学校教育法》，建立了"6334"新学校教育制度，即小学 6 年、初中 3 年、高中 3 年、大学 4 年制度。

小学 6 年和初中 3 年为义务教育阶段。初中彻底改为"单轨制"的普通教育。义务教育阶段的初中增设了必修或选修职业教育课程。第二次世界大战前"多轨制"的实业学校、实业专门学校、高等女子学校等改为综合制、男女同校的高中。[①] 高中包括普通高中、职业高中和综合高中。由此，在旧制学校中实施的普通教育和在实业学校中实施的职业教育统一由新制高中承担，这进一步提升了职业教育的地位，促进了职业教育与普通教育的融通。

新高等教育制度主要由旧制的大学、高等学校、大学预科、专门学校、师范学校、高等师范学校改制成四年制大学。当时，一部分旧制专科学校由于校舍师资等条件达不到新制大学的设置要求而难以升格，于是日本政府被迫采取临时性措施，参照美国两年制初级学院，将这类学校暂定为两至三年制短期大学。[②] 1949 年 8 月，文部省公布了《短期大学设置基准》；1950 年 4 月，短期大学制度正式实施。短期大学的建立，为第二次世界大战后的日本培养了大批中级技术人员。

此外，1947 年，以《劳动基准法》《技能工培养规程》《职业训练法》《职业安定法》等系列法规的颁布为契机，日本的社会职业训练得以恢复，技能工培养制度也在中小企业逐渐普及。

1951 年 6 月，日本政府颁布了《产业教育振兴法》，对职业教育的目的、职业教育的责任、国家对职业教育的财政投入等均做了具体规定，促进了日本产业结构由轻工业向重化工业的转变。

这一时期，日本的职业教育通过建立新制度、恢复社会公共职业训练、加大财政支持力度等措施，使各类职业学校得以恢复和重建。

(二)改革发展与完善

1955—1983 年，伴随着经济的高速发展、产业结构的调整和转型升级对大量技术人才素质与能力的新需求，日本的职业教育相应地进行了调整、改革和完善，催生了一批新型职业学校。

1957—1968 年，日本通过修订教学大纲、增设新型学科、强化理论与实践相结合、增加必修学分、设定专门补助金、扩大职业高中学生规模等措施，积极振兴高中职业教育；1973—1978 年，日本通过强化职业高中基础教育、调整学科结构、减少必修学分、加强实践性和体验性学习等措施，对职业高中进行了基础化改革，满足了科学技术发展和产业结构转型对技术人才素质与能力的需求。

为了加大对中级专门技术人员的培养力度，1962 年，日本建立了高中和短期大学五年一贯制的高等专科学校，招收初中毕业生，由此贯通了后期中等教育和高等教育，打破

---

① 王桂：《日本职业教育的改革与发展趋势》，载《职业教育研究》，1982(3)。
② 王江涛：《日本职业教育体系的历史溯源及其现代化启示》，载《中国职业技术教育》，2013(30)。

了单一的高等学校制度。为了更好地发挥短期大学的作用，1964 年 6 月，日本政府修订了《学校教育法》，强调短期大学是高等教育体系的组成部分。短期大学制度由此建立。为了提升职业教育的规格和层次，1976 年，日本成立了长冈和丰桥两所新型高等职业教育专门机构，即技术科学大学，实行本科和研究生院一贯制。

1976 年，日本成立了专修学校。它是职业教育和训练的专门机构，旨在培养国民职业或实际生活所必需的能力和提高国民的一般修养与水平。专修学校开设三级课程，即专门课程、高中课程和普通课程。设有专门课程的学校称为专门学校（专科学校），招收高中毕业生，其毕业生可获得等同于短期大学的毕业资格；设有高中课程的专修学校称为专修高中（高等专修学校），招收初中毕业生，授予毕业生高中毕业资格；设有普通课程的专修学校称为普通专修学校，入学资格不限，是实施终身教育的场所。专修学校的成立满足了技术人才多样化的需求。①

此外，1955 年以后，日本的企业内教育相继建立了独特的教育训练体系，旨在对各阶层的人员进行培训，产生了企业内教育与高中教育合作的训练形式，提高了职业训练的质量。

(三)全面改革与开放

20 世纪 80 年代以后，日本进入了知识经济时代和社会成熟阶段。为了适应全球经济一体化对职业教育发展的新挑战，从 1984 年开始，日本加大了教育改革力度，促进了职业教育体系的发展和完善。

为了适应科技发展的需要，日本通过减少必修学分，增加"信息"和"福祉"等学科，加强与社区、产业界合作等措施，推进职业高中课程改革，充实专业教育内容，将职业高中改称为专业高中（专门高校），同时增设综合高中，开设综合学科，旨在培养学生的自主创新能力。

为了深化短期高等职业教育改革，自 1991 年起，日本高等专科学校将学科范围拓宽至所有学科领域，授予该类学校毕业生副学士文凭；增设专攻科，授予专攻科毕业生学士学位。自 2005 年起，日本短期大学毕业生被授予短期大学士学位；对于修业两年以上的专科学校毕业生授予专业士文凭，对于修业 4 年以上的专科学校毕业生授予高级专业士文凭。自 2003 年起，日本创设专业研究生院制度，旨在培养高级专门职业技术人才。

至此，日本形成了由学校职业教育体系和社会职业教育体系构成的立体交叉、开放贯通、机动灵活的职业教育体系。其中，学校职业教育体系包含专业高中、综合高中、专修学校、高等专科学校、短期大学、技术科学大学和专业研究生教育机构；社会职业教育体系包含公共职业训练体系和企业内教育。②

---

① 王江涛：《日本职业教育体系的历史溯源及其现代化启示》，载《中国职业技术教育》，2013(30)。
② 李文英：《"战后"日本职业教育制度的演进》，载《教育与职业》，2010(5)。

第二节　日本企业参与职业教育办学的相关法律法规

日本企业之所以积极参与职业教育办学，并且具有稳定性，主要是因为日本高度重视产学合作，并通过立法的形式明确了政府、企业和职业教育机构的权利与义务，有效协调了各方面的关系，激励企业积极参与职业教育办学，促进了经济社会建设和企业可持续发展。

一、《产业教育振兴法》奠定了校企合作基础

1951 年 6 月，日本颁布了《产业教育振兴法》（产业教育即职业教育），旨在对职业教育实行国库补助。该法规定，产业教育是初中、高中或大学向学生传授从事农业、工业、商业、水产业及其他产业所必需的知识、技能和态度的教育。国家根据该法以及其他相关法律，努力推进产业教育。各地方的公共团体应在制订计划、充实教育内容、改善教育方法、完善设备、培训教师、与各产业界协调等方面推进产业教育。此外，该法还规定了国家对公立学校、私立学校的预算补贴，以及在地方教育委员会内部设置产业教育审议委员会等。[①]

该法规定，在文部省和地方政府分别设置产业教育审议委员会，针对职业教育的相关事项进行调查、审议与提建议。该法的公布与实施，促进了日本职业教育的发展，提升了职业教育在日本教育体系中的地位，促进了第二次世界大战后日本产业教育的振兴。产业教育带动了日本相关产业经济的迅速发展。该法虽然修改多次，但至今仍然沿用。[②]

二、《职业训练法》确立了职业训练体制

1958 年 5 月，日本根据产业界的要求，颁布了《职业训练法》，确立了第二次世界大战后日本的职业训练体制，主要包含公共职业训练制度、企业内职业训练制度、职业训练指导员制度、技能检测制度等。该法规定了政府和企业对培训的责任，指出企业只有按法律规定的要求进行培训，才能得到国家的认可并享受资助；同时，规定了培训企业的资格、企业培训的劳动时间和劳动强度。该法进一步提高了劳动者的职业稳定性和社会地位，促进了经济社会发展。该法建立起的体制，适应了技能工人的质量与规模的变化，建立了一种培养新型技能工人的体制。[③]

1962—1966 年，日本制定了《关于指定技能教育设施等规则》《失业紧急对策法》《雇佣

---

①　祝士明：《"二战"后日本职教立法及其启示》，载《中国职业技术教育》，2010(9)。

②　罗朝猛：《日本职业教育立法的嬗变及其特色》，载《职业教育研究》，2006(6)。

③　杨红荃、崔琳：《法制视域下德美日三国职业教育校企合作模式探析》，载《教育与职业》，2016(6)。

对策法》等系列补充条款。1969 年，日本实施了新的《职业训练法》，统一了企业内培训机构与公共职业训练设施的训练标准，形成了纵横交错、相互贯通的社会职业训练体系，旨在建立一个培养既有实际技能又有科学头脑的技能工人的终身训练体系。1974 年 10 月，日本对《职业训练法》进行了修改，增设了职业训练短期大学和技能开发中心。1978 年 5 月，日本对又《职业训练法》进行了修改，公布了《部分修改职业教育法的法律》，强调了终身职业训练与技能评价是职业教育的根本方向。

三、《学校教育法》明确了校企合作地位

1961 年，日本修订的《学校教育法》规定，凡是在国家指定的技能教育机构学习的高中生，其所学课程和学分可被视为高中课程和学分的一部分，毕业时获得证书，享受与高中毕业生同等的待遇；同时规定职业培训机构、全日制高中、函授制高中三结合。[①] 1973 年，文部省修订了《学校教育法》，该法给予大学更多的自主权，而且允许在大学中设置参与会。参与会的成员主要包括当地的政府官员、产业和财界的代表人物、校内外的著名学者等，旨在方便政府、产业界与大学的联系和协作。[②]

四、《职业能力开发促进法》健全了职业训练制度体系

1985 年 6 月，日本通过了《职业训练法修正案》，并将该法更名为《职业能力开发促进法》，强调了企业内开展职业教育的重要性。同年 9 月 30 日，日本公布了《职业能力开发促进法实施细则》，将职业培训实施分成养成培训、进修培训和能力再开发培训三个阶段。该实施细则详细规定了职业资格的种类、各职业所应具备的职业能力、各职业对应的训练科目和培训教师的资格条件等。日本职业教育的培训重点是以学校教育的毕业生为对象，使学习者将理论与实践结合起来，掌握职业岗位所要求的技能和知识。[③]

此后，由于产业结构调整、通货膨胀等问题，1993 年，日本修订了《职业能力开发促进法》，其改革重点在于确立事业机构实施教育训练或在职训练制度中的地位。同时，日本还制定了《关于振兴科学技术教育的意见》等配套政策，强调"要进一步加强大学与产业界的合作关系"，要求"进一步加强企业内技术人员的培养制度与定时制高中及函授制高中之间的联系"，并提出了具体的合作方案。[④]

---

① 尹金金：《德、美、日职业教育校企合作制度比较研究——基于历史视角与特征的分析》，载《职业技术教育》，2011(19)。
② 陈杨：《日本企业参与职业教育的个案研究》，硕士学位论文，陕西师范大学，2016。
③ 杨红荃、崔琳：《法制视域下德美日三国职业教育校企合作模式探析》，载《教育与职业》，2016(6)。
④ 尹金金：《德、美、日职业教育校企合作制度比较研究——基于历史视角与特征的分析》，载《职业技术教育》，2011(19)。

五、《雇佣—能力开发机构法》规范了职业训练责任

为了推进特殊法人合理化，适应经济结构调整，日本根据 1997 年内阁会议的研究决定，于 1999 年颁布《雇佣—能力开发机构法》。根据该法的规定，日本设立了雇佣—能力开发机构，并在地方的都、道、府、县都设立了分部。该机构设立了职业能力开发综合大学、职业能力开发大学、职业能力开发短期大学、职业能力开发促进中心，规定了不同职业教育机构的职责，旨在有效发挥劳动者的工作能力，充实职业生活，协调改善雇佣环境，创造良好的雇佣机会，促进职业能力的开发与提高，达到安定劳动者、改善社会福利和促进经济发展的目的。该法使日本职业教育中的职业训练机构更加完善、责任更加明确，让培养和开发技术工作人员能力的培训在规范的条件下有序进行。[①]

六、《中小型企业劳动力确保法》激发了中小型企业参与职业教育
　　办学的积极性

2006 年，日本修订了《中小型企业劳动力确保法》，确定国家为实施"实习并用职业训练制度"的中小企业及事业团体提供资金、政策等方面的支持，以推动他们致力于增加青年技能人才的劳动就业机会。政府对参与这一计划的企业进行了相关的经费支持，鼓励中小企业参与职业教育办学。[②]

七、《大学等技术转化促进法》等促进了企业与大学的教育合作

为了进一步强化产学合作，1998—2003 年，日本相继出台了《大学等技术转化促进法》(1998 年 8 月)、《产业活力再生特别措施法》(1999 年 10 月)、《产业技术力量强化法》(2000 年 4 月)、《国立大学法人法》(2003 年 7 月)等系列法律法规。例如，《大学等技术转化促进法》对大学、高等专门学校和研究机构的研究成果如何尽快地向企业转化，以及通过转化使新领域的开发、产业技术的提高和大学、高等专门学校及研究机构的研究活动更具活力，进而促使日本对产业结构的调整、国民经济的发展和学术研究的提高做出了详尽规定。《产业活力再生特别措施法》将原来由政府提供研究资金产生的国有知识产权(包括专利权)归还企业，并对企业活力再生进行必要支援。《产业技术力量强化法》对大学及大学教师实行了专利费减免，鼓励他们到民间企业兼职和提供资金援助等。《国立大学法人法》改变了国立大学的运营方式，使国立大学获得更大的自主权且能够更加灵活地参与产学合作。[③]

---

① 王君丽：《日本现代职业教育立法研究》，硕士学位论文，天津大学，2007。
② 唐智彬、石伟平：《比较视野中的职业教育校企合作》，载《中国职业技术教育》，2012(27)。
③ 李德方：《强化产学合作——日本企业参与(职业)教育的新举措》，载《中国职业技术教育》，2005(15)。

综上所述，日本在支持企业参与职业教育办学方面建立了较为完善的法律法规体系，为职业教育校企合作提供了有力的政策保障。

第三节　日本企业参与职业教育办学的发展历程

日本企业参与职业教育始于 20 世纪初期。企业通过与各类学校合作、发展企业内职业教育等形式积极参与职业教育办学，历经萌芽时期、改革时期和发展时期三个阶段逐渐走向成熟，形成了独特的产学合作职业教育模式。

一、萌芽时期（20 世纪初至 1960 年）

自 1915 年起，根据第一次世界大战爆发后形势的需要，日本部分实业补习学校积极与产业界开展合作，既促进了经济建设，又实现了自身的可持续发展。例如，神户市的川崎造船厂与市内的工商补习学校开展合作，通过采取承担职工就读补习学校学习费用和给职工增薪加资等措施，鼓励职工入学求知。大阪市的味原工业补习学校根据社区工业的发展需要设置专业，并派学生到工厂实习。[①]

1933 年，日本学术振兴会设立了大学—工业合作研究委员会。第二次世界大战之前，大学与工业企业的交流就已经开始了。在这个时期，产学合作受到了政府的鼓励。许多公司和实业家纷纷捐资建设大学、建设实验室或设立学术研究活动基金，供学校进行科学研究。[②]

20 世纪 50 年代中期，日本经济进入高速增长期。社会职业的多样化对人才的需求发生了根本变化。因此，日本产业界迫切需要加强与教育界的合作，并对教育提出了一系列改革建议，要求政府重视职业教育。1951 年，日本国会颁布的《产业教育振兴法》首次以立法的形式提出了学校与企业合作推进产业教育的具体规定。此后，部分职业高中与产业界开展合作，协同培养中级技术人才。例如，1955 年，日本文部省指定神户市立职业高中作为实验学校，与阪神内燃机公司开展校企合作，把高中的部分普通科目作为培训技工的教学科目，同时把培训技工的部分科目作为高中的职业科目，既满足了训练生上高中的愿望，减轻了他们的负担，又提高了他们的基础学历，最终提高了技工培训水平，保障了企业实习时间，受到企业和学生双方的欢迎。[③] 同年，在日本生产性本部的倡导下，经济同友会设想在 1961 年成立经济协同中心。

1956 年，日本经营者团体联盟向政府提交了《关于适应新时代要求改革技术教育的意见》，指出"用 5～10 年时间，有计划地培养能够适应今后经济发展要求的专业技术人才；

---

①　贺国庆、朱文富等：《外国职业教育通史》上卷，354～355 页，北京，人民教育出版社，2014。
②　王义智、李大卫、董刚等：《中外职业技术教育》，223 页，天津，天津大学出版社，2011。
③　石伟平：《比较职业技术教育》，174 页，上海，华东师范大学出版社，2001。

加强义务教育中的职业技术教育的比重；强化青少年的职业技能教育等"。同年，日本通产省产业合理化审议会发布了《"产学合作的教育制度"咨询报告》，建议在国内推行产学合作教育制度，希望通过产业界和大学之间的直接"联姻"，灵活调整中等教育和高等教育的系、科设置，最大限度发挥教育的经济功能。随后，日本经营者团体联盟向政府提交了《关于振兴科学技术教育的意见》，重申"要进一步加强大学与产业界的合作关系"，要求进一步完善企业内技术人员的培养制度，加强定时制高中及函授制高中之间的联系，并提出了具体的合作方案。例如，产业界可以对大学进行技术上的委托研究，从大学聘请技术顾问；大学可派遣讲师、学生到工厂实习等。[①]

日本生产性本部赴美国考察后，于 1958 年 7 月设置了产学合作委员会；1960 年 7 月，经济同友会公布了关于产学合作的政策性文件。

在上述背景下，日本政府积极推动产业界与教育界的合作。1960 年 12 月，日本制定的《国民收入倍增计划》正式提出："对于教育训练来说，今后更重要的是推进产学合作。"由此，日本确立了产学合作教育体制。

二、改革时期(1961 年至 1979 年)

在产业界的推动和要求下，日本政府对职业教育进行了改革，出台了系列法律，强化产业界与教育界的合作。

1961 年，日本政府修订了《学校教育法》，推进了高中与企业合作的法律制度化。此后，部分高中与企业建立了产学合作关系，并且合作范围日益扩大。例如，1965 年，神户市立职业高中与阪神内燃机公司、大阪府立成城工业高中与住友金属等八家公司、埼玉县立川口工业高中与池贝铁工、东京都立八王子工业学校与日野自动车建立了产学合作关系。截至 1967 年，产学范围从工业扩大到农业、商业、护理和家政等方面。工商产业界在职业教育中的作用日益增强。它们除了直接向学校提供资金支持，还建立了职业教育理事会、职业教育咨询委员会等机构，参与职业教育的管理与决策，促进了产学合作教育的发展。[②]

自 1970 年起，伴随着日本职业教育的发展，企业和市场逐步发挥了"主角"作用。日本政府制定了职业学校的办学条件标准。学校法人、财团法人、行业协会、企业和个人，均可开办职业学校和培训机构，旨在鼓励社会各界力量办学。[③]

1973 年，文部省修订的《学校教育法》强调了政府、产业界与大学的合作关系。随后，伴随着技术科学大学的建立，产业界与大学的合作不断深化。例如，1976 年，新成立的技术科学大学在教学方法方面，明确提出特别注重实验、实习尤其是到企业进行实务训练的要求。[④]

① 石伟平：《比较职业技术教育》，173 页，上海，华东师范大学出版社，2001。
② 王君丽：《日本现代职业教育立法研究》，硕士学位论文，天津大学，2007。
③ 喻忠恩、姚楚英：《企业参与职业教育：日本的经验及启示》，载《职教论坛》，2012(36)。
④ 李文英：《高级技术人才的摇篮长冈技术科学大学》，载《教育与职业》，2008(16)。

三、发展时期(1980 年至今)

1980 年以来，日本的产学合作伴随着经济的发展、低迷、转型而不断发展、调整和成熟。

20 世纪 80 年代，《通商产业政策的展望》首次提出"产学官"的概念："产"泛指企业，"学"指大学以及大学的研究所，"官"指政府和国立研究所。[①] 这一时期，在利用高新技术改造传统产业，积极发展高新技术产业，促进地方经济社会发展与产业结构调整的过程中，日本地方政府与企业开始吸收、利用大学的研究成果。大学也积极尝试利用研究成果为振兴地方经济服务。1983 年和 1987 年，日本政府出台了《产学共同研究政策》和《大学设立区域共同研究中心政策》，并且通过实行国家项目管理制度，促进产学官合作。但是，在第二次世界大战后，以大企业内部研发机构为主导的研发体制影响下，日本社会缺乏对产学合作必要性和重要性的认识。因此，这一时期，日本的产学合作虽取得了一定的进展，但发展速度比较缓慢。

20 世纪 90 年代是日本经济低迷的 10 年。教育重心高移、合作教育难以满足企业对人才的需求等原因，使得企业参与职前合作教育的热情降低，而对企业内教育的热情逐渐高涨。[②] 因此，日本通过采取自我启培训、在岗培训、离岗培训等模式，按照企业组织体制中的金字塔等级，开展了员工入职前教育、新入职员工教育、骨干员工教育、监督者教育、管理者教育等，形成了企业内终身职业教育体系。[③]

20 世纪 90 年代后半期以来，为了适应社会和产业界对产学官合作的要求，1995 年，日本颁布了《科学技术基本法》，之后针对如何促进产学官合作制定了《第一期科学技术基本计划》《21 世纪的大学和今后改革的对策》《促进大学等科研机构的科研成果向民间企业转移法》等系列对策。这一时期，政治、经济上残酷的国际竞争环境，使得企业与大学开展了广泛合作，使企业被迫放弃论资排辈制(由工龄和年龄决定的工资制)和终身雇佣制所支撑的人才培养、科学研究等方面的自付费用。

21 世纪以来，日本通过制定政策、加大经费投入力度、完善管理机制等措施，进一步加强产学合作。2001 年，日本颁布的《21 世纪教育新生计划》强调要注重校企合作的形式和弹性化的学制等。随后，《产业技术力量强化法》《国立大学法人法》《中小型企业劳动力确保法》《青年自立和挑战计划》《大学等技术转化促进法》和关于形成"产业集群""知识集群"的政策，促进了企业与各类院校的合作。此外，部分高等专门学校与相关企业、地方

---

① 卢彩晨：《日本产学合作的走势与启示》，载《辽宁师专学报(社会科学版)》，2006(6)。

② 刘春生、柴彦辉：《德国与日本企业参与职业教育态度的变迁及对我国产教结合的启示》，载《比较教育研究》，2005(7)。

③ 金双鸽、梁晓清：《日本企业内职业教育的发展及其对我国的启示》，载《教育理论与实践》，2015(36)。

政府建立了区域产学官合作联盟。例如，2006 年，日本经济产业省实施基础技术高度化支援事业发展战略，主要开发机器零部件及其材料。在该项目中，中小企业是主力军团，职业院校和政府公立实验研究机构负责基本设计、性能评价和承包管理等，相关大型企业参与制定开发目标和研究产品销路，由此形成了产学官合作联盟。[1]

第四节　日本企业参与职业教育办学的运行机制

日本通过健全法律政策、建立组织机构、统筹协调管理、加大资金投入力度等措施，激发企业参与职业教育办学的动力和热情，逐步构建了企业参与职业教育办学的动力机制、管理机制、政策机制和经费机制等，形成了独具特色的产学合作职业教育模式。

一、动力机制

日本企业参与职业教育办学的形式有三种：一是企业与职业院校合作，二是企业与大学合作，三是实施企业内职业教育。不同形式的产学合作的动力产生的机制不同，具体体现在以下几个方面。

企业与职业院校合作的动力如下。一是服务经济建设与产业发展的驱动。随着经济的快速发展和工业化进程的推进，职业院校为了培养适应经济产业结构调整需求的技术人才，调整专业设置，派学生到企业实习，提高学生的实践技能，为企业输送急需的劳动力；同时，企业支持职工到职业院校学习，提高职工的基础能力，使职工在更高水平上服从企业管理，以此推动企业与职业院校的合作，实现共赢。二是传统的偏重学历的文化背景的驱动。明治维新以来，日本确立了通过教育提高和改变人的社会地位和生活条件的机制[2]，因此，企业内的职工产生了获得更高级文凭的愿望，形成了企业职工半工半读的状况。三是政府激励政策的驱动。日本政府通过制定《国民收入倍增计划》等政策，给予合作企业相应的资金支持，推进产学合作。

企业与大学合作的动力如下。一是提升科技竞争力的驱动。由于日本自然资源匮乏，劳动力人口日益减少，技术进步成为日本经济增长的重要支撑。因此，日本通过推进企业与大学合作，推动技术进步，保持经济持续稳定发展。二是提升知识产权比重的驱动。伴随着日本新经济发展战略向企业战略、研究开发战略和知识产权战略的转变，日本企业通过向大学投资建设实验室、增进双方人员交流、合作开展项目研究、建立产学官合作联盟等形式，促进了大学的科研成果转化为企业的技术成果，提升了企业知识产权比重。三是日本科技创新体制改革的驱动。以大企业自我中心主义为主导的第二次世界大战后的日本

① 余沫汐：《日本职业教育"产学官"联合办学模式研究与借鉴——以日本高等专门院校为例》，硕士学位论文，江西科技师范大学，2014。
② 吴文侃、杨汉清：《比较教育学》，180 页，北京，人民教育出版社，1999。

科技创新体制迫切需要向与外部资源合作形成的网络型创新体制转变，而改革现行的日本国家创新体制的关键是充分调动、发挥大学和研发型中小企业的作用。①

实施企业内职业教育的动力如下。一是企业发展历史的文化驱动。日本企业历史上具有招收学徒、传授技能的传统，而且终身雇佣体制的实施，使得企业认为通过培训职工提高职工的职业能力和对企业的忠诚度，既可以提升资金的使用效率，又可以使职工成为企业所需要的合格员工，以此促进企业的可持续发展。二是高素质员工稳定性的驱动。随着经济的稳定增长，产业结构高移推进了教育重心的高移。受传统的重学历思想的影响，部分企业职工为了改变工作现状到职业院校提升学历，影响了企业职工的稳定性；同时，由于通过合作教育培养的职工基础能力薄弱，企业希望通过招聘高学历、高素质的职工，并对职工实施企业内职业教育，使职工满足企业自身发展的需求。

二、管理机制

日本产学合作的宏观管理分为中央和地方两级管理，实行中央指导下的地方分权制。中央的产学合作由文部省和厚生劳动省管理；地方的产学合作由县教育委员会和相应的劳动部门管理。政府对产学合作进行宏观调控和管理。文部省负责制定各层次学校的法律、规章和制度，确定研究项目、规划战略等，制定教学大纲；但实施中等职业教育的学校可以根据地方和行业的需求做调整。厚生劳动省从社会劳动保障的角度提供就业、职业认定、医疗保障等信息和指导。日本各都、道、府、县等地方教育行政组织根据文部省的要求，负责实践层面的具体工作。日本在中央和地方管理层面还设立了教育委员会，负责推进地区教育改革与地区社会经济文化建设。日本产学合作的具体工作由企业协会、科技协会和学术协会等中介机构执行。它们负责沟通企业与各类学校合作的具体事宜。

日本产学合作的决策主体包括文部省、厚生劳动省、经济产业省和内阁府等。2005年，联合会议发布职业教育综合计划，强调要重视不同社会部门间的合作，强调教育部门与劳动雇佣部门、产业界的合作。根据日本的教育法，所有学校的业务都要服从教育部门的管理。除日本教育部门外，产业、企业、雇主组织等也要直接参与职业教育的决策和管理。在日本校企合作的决策体系中，教育委员会、各种协会和职业教育科研机构等是重要的协作主体，为决策提供信息资料。这些协会组织规范，管理严格，分工细致，任务明确，规章清晰，在沟通企业、学校、学生、社会等方面起着重要作用。②

三、政策机制

为了适应经济建设和社会发展的需求，日本政府通过制定一系列职业教育法规政策，

---

① 刘家磊：《日本产学合作模式、机制与绩效分析》，载《学术交流》，2012(5)。
② 耿洁：《职业教育校企合作体制机制研究》，博士学位论文，天津大学，2011。

不断推进产学合作，形成了比较完善的政策保障机制。1958 年，日本政府制定《企业训练标准》，确立了技术鉴定制度，把企业内职业教育作为国策以法律的形式固定下来，进而完善企业内职业教育体系。有关产学合作的法律包括《产业教育振兴法》《职业训练法》《学校教育法》《职业能力开发促进法》《雇佣—能力开发机构法》《中小型企业劳动力确保法》《青年自立和挑战计划》《大学等技术转化促进法》等。一系列法律的颁布，明确了企业和职业院校各自的职责和权力，规范了产学合作行为，强化了校企合作地位，激发了企业参与职业教育办学的积极性。

四、经费机制

由于办学主体性质的不同，日本的职业教育机构分为国立、公立、私立三种。因此，产学合作经费的来源也有差异。国立学校由文部大臣管辖，其办学经费由国库负担，其产学合作经费根据合作模式的不同由国家和企业共同分担。公立学校是指由地方政府办的学校，其产学合作经费主要有两个来源：一是地方政府的财政补贴和国家为保证地区间的公平给予的补贴，二是企业的委托金额或是直接的投资与捐赠。私立学校的产学合作经费的来源途径多样，包括学费收入、政府补贴、社会捐赠和学校事业收入等。有关私立学校的法规主要有《私立学校法》《关于为私立大学的研究设置国家补助的法律》《日本私学振兴财团法》《《日本私立学校振兴共济事业团法》）《私立学校振兴助成法》。其中，最重要的是 1975 年颁布的《私立学校振兴助成法》，此法对政府资助私立职业高校做了专门规定。[①]

第五节　日本企业参与职业教育办学的主要模式

如前所述，日本企业参与职业教育的办学模式包括企业与职业院校合作、企业与大学合作、实施企业内职业教育三种途径，体现在以下几个方面。

一、企业与职业院校合作的办学模式

(一)双结合模式

在企业与职业院校的合作中，学生既具有职业院校的学生身份，又是企业里职业训练机构的受训生；学生在职业院校学习普通课程和部分专业课程，到企业提供的职业训练场所学习其他专业课程，并进行实习，以提高实践技能。

(二)委托培养模式

企业根据自身的人才培养计划，选派新录用的职工到比他们学历高一级的职业院校学

---

① 宫靖、祝士明、柴文革：《日本职业教育立法的演进》，载《中国职业技术教育》，2009(11)。

习。他们集体入学，组成专门班级，由企业提供相应的设备、教师和相关学费，以提高职工的文化素养和知识水平。

(三)巡回指导模式

职业院校与企业签订协议，由企业派遣有经验的技术人员作为兼职教师，定期到职业院校讲课，传授生产实践经验，或者对在企业实习的学生进行专门指导。

(四)集体入学模式

高等专门学校、短期大学、技术科学大学以及职业能力开发大学等，都设有培训课程班，接收同一企业的员工集体来学校学习。学习的内容、时间由校方和企业共同研究确定，学费由企业统一支付。[①]

二、企业与大学合作的办学模式

(一)企业投资模式

一方面，企业支持学校的发展建设；另一方面，大学按照企业的要求培养人才。有的企业在大学设立奖学金，资助学生学习，吸引学生毕业后到企业服务与发展。此外，有的民间企业提供奖学捐赠金，专门资助国立大学院系或专业学科举办讲座。捐助讲座的最低期限为两年，一般为 5 年。

(二)项目合作模式

企业根据自身的发展需要，发挥大学的人才优势，委托大学或者与大学共同研发项目，并将项目成果产业化；企业与大学就研究内容、完成时限、研究经费、授权专利、项目保密等事宜签订合同，规范双方的权利和义务。

(三)人员交流模式

企业和大学根据合作协议，定期进行人员双向交流。一方面，大学派遣教师到企业兼职工作或者学习，同时聘请企业的技术人员和专家到学校做兼职教师或客座教授，既密切了企业与大学的关系，又使学校在专业设置、课程安排等方面充分反映产业部门的需要；另一方面，企业在为学生提供实习机会的同时，也可派遣职工到大学进修，以提高职工的理论素养和科研能力。

(四)企业联合体模式

企业联合体模式是指多家企业组成联合体后，再与某一大学结成产学联盟。在该模式中，由于企业联合体不对新企业设置进入壁垒，所以新企业如果在企业组建联合体的初始阶段没能加入，可以通过各种机会在后期加入。在企业联合体模式中，有的学者特别强调确保知识产权的归属、保护和运用的必要性。

---

① 王义智、李大卫、董刚等：《中外职业技术教育》，224 页，天津，天津大学出版社，2011。

（五）技术指导模式

技术指导模式是指大学接受企业求助，帮助企业分析、确定经营课题，为企业提交解决问题的方案，并且支援企业实施提案的一种形式。随着专业化的发展，经营战略、人事代理、市场分销、生产管理等领域呈现细分趋势，于是技术指导形式应运而生。依靠案例体验式教学的技术指导，既有利于培养学生解决综合问题的能力，也有利于帮助企业解决实际问题。

（六）全面协议模式

全面协议模式是指大学与企业并非为特定目标而结成的个别联盟，而是为了更大的目标，通过签订全面协议而结成的产学联盟形式。大学能够创造各种新知识。一件产品往往集多种技术于一身。全面协议形式具有单一组织的多种职能，它是带有折中性质的一揽子制度，既有利于大学进行知识创新，也有利于企业创造新的产业技术。

（七）会员制模式

会员制模式是以达到促进会员信息交流、普及大学研究成果及活跃大学研究为活动目的的产学联盟形式，由大学研究中心与企业组成学会等团体组织，在学会中交流关于大学知识产权转化等的最新研究信息、专利信息与合作研究提案等大学种子技术。同时企业向学会发布研究需求信息。[1]

三、实施企业内职业教育的办学模式

（一）自我启发培训模式

自我启发培训模式是指职工按照一定的目标，自主选择学习内容和方式，以进一步提高自身的职业能力。在提倡终身教育的背景下，为实现科学、技术、技能的集约化与稳定发展，企业着重考虑培养职工的自主创新能力，启发职工按照自己的意向，提高自身工作能力，重视自发性、创造性，从而加速企业的发展。自我启发培训是职业教育动机形成、能力开发的基础。尤其对于没有在学校系统地接受职业教育的职工来说，在企业里的自我启发教育是不可缺少的。[2]

（二）在岗培训模式

在岗培训模式是指通过工作现场，企业直接管理人员等对下属、普通职工和新职工进行必要的知识、技能、工作方法等教育的一种培训。它主要通过完成具体工作，提升职工的工作能力和技能。这种模式紧紧结合受训职工的个性和特长开展，使得受训职工可以活学活用，省时省力，而且也便于工作现场管理者掌握受训职工的学习和工作情况，提高培训的实效性和针对性。

---

[1] 安宇宏、李彬、郑成功：《近年来日本产学联盟多元化发展及启示》，载《东北大学学报（社会科学版）》，2013(6)。

[2] 金双鸽、梁晓清：《日本企业内职业教育的发展及其对我国的启示》，载《教育理论与实践》，2015(36)。

（三）离岗培训模式

离岗培训模式是指职工离开自己的工作岗位，到社会办的学校或企业自己办的学校中，通过集训的方式接受业务培训。这是由企业内外的专家和教师，对企业内各类人员进行系统性、集团性的能力开发的集团教育培训。该培训模式根据企业规模、职务资格、职位结构进行分类，主要包括参加会议、研修、讲习会、留学等形式。

第六节　日本企业参与职业教育办学的发展趋势

经济全球化的推进、产业结构的转型升级和终身教育理念的推广，对技术技能人才的素质与能力需求和职业能力开发方式提出了新要求和新挑战。因此，企业参与职业教育办学的理念、模式、内容等逐渐呈现出民主化、综合化、信息化、国际化的发展趋势，主要表现在以下四个方面。

一、关注人才职业生涯发展，企业参与职业教育办学趋向民主化

随着职业教育学历层次的高移，日本社会已进入高学历时代，即大学本科及以上学历的技术技能人才成为企业职工的主体。由于企业现有的职工文化素质高，他们的自身要求、价值观等都呈现出多样化特点，他们已经不习惯于"手把手"的企业内传统职业教育，而是有着自己独特的学习和工作方式，所以通过"跳槽"和学历提升等方式寻求更好的职业发展途径已成为家常便饭。因此，为了稳定人才，日本企业在重视职工技能培训的同时，开始从职工的切身利益考虑，更加关注职工的职业生涯发展，将企业内职业教育重新定位为塑造"全面发展的企业人"的再教育过程，并将这个目标的实现延伸到学校，切实加强产学合作，以此提高职工的可持续发展能力。

二、普及推广终身教育理念，企业参与职业教育办学趋向综合化

21世纪以来，日本颁布的《21世纪教育新生计划》将职业教育纳入终身教育体系，通过综合统筹公民的职业意识、职业观念、职业知识、职业技能的培养与培训，构建了终身职业能力开发体系；同时，随着经济社会的快速发展和全民教育的多样化需要，日本的各类学校和学科体系实现了互融互通。例如，高等专科学校、短期大学的学生毕业后可以直接到企业工作，也可以进入大学继续深造，这促进了职业教育与普通教育的衔接与融通，并且这一趋势将促进职业教育向更高的层次发展。因此，伴随着终身教育理念在职业教育领域的普及和推广，企业紧紧围绕不同层次和不同年龄阶段人才的个性化、多样化需求，在组建职业教育联盟、开展综合化职业训练等方面拓宽渠道、深化改革，以此提升人才的综合素质和能力，促进人才全面发展和可持续发展。

三、深化人才培养模式改革，企业参与职业教育办学趋向信息化

面对世界教育信息化的潮流，日本政府不断调整教育政策，鼓励并支持企业推进职业教育信息化发展的进程。例如，通商产业省和文部省联合发起的"100 校计划"和"新 100 校计划"利用互联网为学校提供服务，由几家公司共同制定了"学校网构想"，为日本关东地区的所有学校无偿提供 10 年互联网服务，为学生和教职员工提供电子信箱和网页服务，为教学、就业、管理搭建信息平台。文部省高度重视教材配套软件的开发，大力提倡和鼓励民间企业为学校信息化提供服务。[①] 在企业的积极参与、经费投入和技术支持下，近年来，日本职业院校的网络化和信息化程度不断加深，多媒体教学条件得到有效改善，教师的信息素质和信息教育指导能力日益提升。

四、加速经济全球化，企业参与职业教育办学趋向国际化

随着经济全球化的推进，各企业尤其是大中型企业迫切需要具有国际经营理念的管理者和熟悉国际专业标准的技术技能人才。因此，日本企业内教育中的脱产培训逐渐成为主流，自我启发培训的比重随之相应增加。它的主要途径是通过国内研修和国外短期体验的方式，培养具有最低限度国际经营理念的人才；通过国内研修，让职工学习赴任国语言、经营基础知识，开展地区情况研究等，培养去国外子公司、国外事务所任职的管理者；通过在国外大学、研修所的进修，让职工对各个部门、各种职能的具体课题进行调查研究，培养能在国际上发挥作用的高级管理者；通过让职工留学培训、学历深造、学习先进技术和专业知识，培养具有国际专业标准的技术技能人才。此外，随着一些国际顶尖培训机构进驻日本，日本通过将部分企业内培训工作转交给国际培训机构完成，使企业职工接受最新的专业知识和技术技能。

---

① 李文英、史景轩：《"二战"后日本职业教育的发展趋势》，载《教育与职业》，2010(12)。

第九章　企业参与职业教育办学机制的比较分析

企业参与职业教育办学是国际职业教育发展的共同趋势和核心动力。无论是以"双元制"为主要特色的德国职业教育，还是以现代学徒制和新学徒制为主的英国和澳大利亚职业教育，抑或是以学校教育为主的美国职业教育，共同特点是企业在职业教育办学中发挥着重要作用。企业通过直接办学、参与职业院校专业建设、课程开发、实践教学、为职业院校提供师资和设备等，有效地解决了职业教育办学中"产学融合、协同育人"这一核心问题。企业参与职业教育办学既是职业教育办学的诉求，也是企业获取优秀人力资源、提升人力资本水平、承担社会责任、获得长期收益的有效途径，同时也是培养符合国家和时代发展需要的中高级技术技能人才、提高制造业水平和经济发展水平的明智选择。正因为如此，各国不论社会制度和文化传统如何，均通过法律法规保障、政策和制度支持等措施鼓励企业积极参与职业教育办学，并形成了较成熟的运行机制，推动了各国校企之间的良性互动。由于历史、法律政策、管理制度、文化传统等方面的差异，各国企业在参与职业教育办学的具体过程中，在参与模式、运行机制等方面各具特色。通过对各国企业参与职业教育办学的总体梳理和比较分析，我们可以从宏观上把握各国企业参与职业教育办学的共性和特性，探索企业参与职业教育办学的一般规律，了解影响各国企业参与职业教育办学的各种因素，为我国企业参与职业教育办学提供有益的经验。

第一节　企业参与职业教育办学的发展历程

从德国、英国、澳大利亚、美国、加拿大、法国、日本七国企业参与职业教育办学的发展历程来看，各国企业参与职业教育办学均有比较悠久的历史，迄今已取得了较为明显的成就。工业发展和技术革新推动了职业教育的发展，同时也逐渐加强了企业在职业教育中的作用。根据世界职业教育发展的历史轨迹，企业参与职业教育办学大致经历了以下发展历程。

一、从早期的学徒制逐渐过渡到企业自发地开展职业教育活动

职业教育源于古代学徒制。从最初的子承父业，到契约式学徒制的发展以及行会学徒制的建立，在正规职业学校出现以前，学徒制一直是培养技术人才的主要形式。这种生产、生活、训练三合一的人才培养模式为企业参与职业教育办学奠定了基础。

随着第一次工业革命的进行和新兴资产阶级的发展和壮大，传统学徒制逐渐衰退，于是学校开始介入职业教育人才的培养，出现了培养新兴城市手工业、商业等职业人才的城市学校和为行会成员子女创办的艺徒学校。新的生产方式和管理方式对劳动者素质提出了新的要求，使正规职业教育机构逐渐取代传统学徒制。一些个人和组织开始尝试开展职业教育活动，这些组织有德国的实科学校，法国的工艺学校、制图学校，英国的机工讲习所等。与此同时，一些开明的企业主认识到职业培训的重要性，开始进行企业内职工培训。

这些企业培训主要针对本企业的需要，为员工提供初级或高级培训，强调实用技术，而不注重知识的系统性。就企业行为而言，不同国家的企业培训具有各自的特点。例如，英国的企业培训是企业自发的培训，数量少、规模相对较小；美国的是主动的企业培训，包括初级培训和高级培训；法国的则是作为教会和政府办学配角的被动培训，多属于慈善性质；日本的发展最快，后来居上，在政府和私营机构的重视下快速实现了制度化。[①]

由此可见，企业参与职业教育办学是工业化发展的结果。早期的企业参与职业教育办学是出于自身发展的需要而自发组织的，具有自愿性、主动性和多样性等特点。

二、从个体自发参与到政府干预下有组织地参与

第二次工业革命将世界带入电气时代。19世纪70年代，科学开始应用于工业，技术在经济和军事中发挥了重要作用。各国政府开始重视技术教育；职业教育制度逐步确立；企业从早期的个体自发参与过渡到政府干预下有组织地参与职业教育办学。

政府干预下企业有组织地参与职业教育办学包括如下内容。①政府颁布相关法律鼓励或强迫企业参与职业教育与培训。例如，1889年，德国政府颁布《工业法典》，规定企业培训要与学校职业教育相结合，此法奠定了"双元制"职业教育的基础。1894年，日本颁布《实业教育国库补助法》，规定被地方官方认可的由农工商行会设立的职业学校，经文部大臣特别批准后可获得补助，目的是奖励实业技术教育。[②]各国政府通过法律对企业参与职业教育办学提出要求或予以保障，从而确立了企业在职业教育办学中的地位、权利和责任。②政府制定相关制度和政策鼓励企业参与职业教育办学。国家开始干预职业教育后，各国政府除颁布相关法律确立职业教育的地位外，还建立了职业教育管理制度。例如，法国建立了集权式的职业教育管理制度，英国确立了中央和地方共同负担和管理职业教育的行政体制和资格证书制度，美国形成了自下而上的职业教育制度等。为了鼓励企业承担职业教育或培训的责任，政府也制定了相关政策和制度。法国政府于"1925年颁布的《徒工税法》，规定所有的工商业主要交纳相当于职工工资额的2%的徒工税，用于职业培训；而提供足够职业训练的企业主可以免交徒工税"[③]。

尽管各国建立了不同的职业教育管理体制，政府的职责也不同，但政府开始通过法律、政策和制度影响企业参与职业教育办学是各国的共同趋势，使企业参与职业教育办学不再是完全自发的行为。

三、从有组织地参与到成为多元模式下的主导模式

第三次工业革命将人类社会带入了以原子能、电子计算机、空间技术和生物工程等为

---

① 石伟平：《比较职业技术教育》，15～16页，上海，华东师范大学出版社，2001。
② 黄志敏：《浅析日本〈实业教育国库补助法〉对我国职业教育的启示》，载《广东教育（职教版）》，2010(12)。
③ 石伟平：《比较职业技术教育》，22页，上海，华东师范大学出版社，2001。

标志的信息技术时代。信息技术的发展带来人类社会生产和生活方式的进一步变革，使生产从劳动密集型向知识密集型转变。同时，在西方社会思潮中，现代化理论、人力资本理论等盛行。第二次世界大战以后职业教育迎来了发展的黄金时期，以学校为形态的职业教育成为战后初期职业教育的主流，各种类型的职业学校也建立起来。20 世纪 70 年代的经济危机使世界职业教育的发展陷入低潮，使学校本位的职业教育发展战略遭受质疑，于是多元化的职业教育模式开始兴起。在此背景下，企业在职业教育中的地位和作用被重视起来，企业内的职业培训也被加强。一些发达国家成立了专职管理机构，负责企业内的在职人员培训；学徒制也得到完善；产学合作办学模式也在各国得到大力倡导。[①] 到了 20 世纪 80 年代，多元化的职业教育模式得到了继续发展。在市场理论的影响下，企业参与职业教育与培训的积极性加强，一方面表现在企业主动提出了参与职业教育的要求，另一方面表现在一些国家通过立法努力满足企业的这种要求。[②] 英国 1988 年《教育改革法》提出在中学教学体制内引入城市技术学院。英国城市技术学院由企业和国家共同投资，直属国家教育部，是私人资助的公立学校，主要以技术为主导。在这种学校中，企业参与学校的招生、管理、培训课程开发，审视课程设置，进行技术开发等。[③] 企业在加强内部职工培训的同时，也积极与学校合作，使产学合作办学模式得到发展并被世界职业教育界所认可。德国的"双元制"模式、美国的合作教育、日本的产学合作、英国的工读交替制等办学模式成为各国效仿的对象。20 世纪 90 年代以后，以市场为导向、以企业培训为重点、倡导产学合作的办学模式成为世界职业教育发展的主流方向。

四、从主导模式到全方位深度参与

进入 21 世纪，世界职业教育面临的环境发生了巨大变化。以物联网、人工智能、大数据为标志的第四次工业革命加快着世界经济发展和技术变革的速度，同时也对技能人才提出了新的要求。职业教育在当今世界的地位和作用更加重要。发达国家和发展中国家在新的科技浪潮中探索新的职业教育发展道路。职业教育的办学模式更加多样化，要求企业参与的广度和深度要有所加强。企业不仅参与职业教育的行政管理和宏观决策，在职业学校专业建设、课程开发、师资队伍、实习实训中发挥重要作用，而且直接参与职业教育办学，或者深入职业教育人才培养系统的调整。20 世纪 90 年代以后，国外职业教育集团化办学发展迅速。进入 21 世纪，职业教育与培训成为最具开发潜力的市场之一，行业企业直接或间接介入该领域成为全球范围内职业教育发展的大趋势。在各种类型的集团化办学中，行业企业主导的集团化办学更强调市场驱动和实践教学，催生了企业与学校的深度合作。此外，在工业 4.0 时代，德国职业教育要求培养具有以信息化素养为首的跨领域复合素质的人才，为此要对职业教育人才培养系统进行更新，包括针对职业信息化需求的专业

① 石伟平：《比较职业技术教育》，257 页，上海，华东师范大学出版社，2001。
② 石伟平：《比较职业技术教育》，259 页，上海，华东师范大学出版社，2001。
③ 邓志军：《中外职业教育热点问题研究》，41 页，武汉，武汉大学出版社，2015。

更新、培训内容的更新和数字化学习方式及环境的建设。① 在这一更新过程中，作为培训机构的企业、职业学校、企业培训中心都要做好相应的准备。

总体而言，国外发达国家的企业参与职业教育办学已经成为一种普遍现象，其参与程度经历了从个别到一般、从自发到自律、从局部到整体的发展过程。当然，由于管理体制和文化传统的差异，在各国企业具体参与职业教育办学过程中，企业参与的表现形式、政府的支持力度、企业参与的积极性等存在差异。

第二节　企业参与职业教育办学的法律和政策保障

企业参与职业教育办学离不开政府的有效支持，其中最主要的是法律保障，所以各国都建立了相对完善的法律法规为企业参与职业教育办学保驾护航。此外，政府在经费、税收等方面也为企业参与职业教育办学提供了政策支持。

一、企业参与职业教育办学的法律保障

完善的法律保障是国外企业参与职业教育办学的突出特点。德国、英国、美国、澳大利亚、日本等国家在职业教育相关法律中对企业参与职业教育办学的权利和义务做出了明确规定，奠定了企业参与职业教育办学的基础。

德国在1969年颁布的《联邦职业教育法》中规定了职业教育中企业和学校双方的权利和义务关系。英国最早规定企业参与职业教育办学的法律可以追溯到1563年的《艺徒培训章程》，1562年颁布的《工匠、徒弟法》对学徒制做了统一规定，如规定了学徒的习业年限、日工作时间和契约条款等。此后，英国在《1944年教育法》中规定了中等教育的实施机构，其中有企业参与的技术中学和现代中学是重要的实施机构，并规定了企业代表在全国工商业教育咨询委员会和继续教育委员会中的席位，为企业参与职业教育办学提供了法律依据。20世纪80年代以后，英国加强政府对职业教育的干预，1988年颁布《教育改革法》，规定企业和政府共同创办以技术教育为导向的城市技术学院。② 日本在明治维新时期就以敕语形式对职业教育提出要求，第二次世界大战以后，先后制定《产业教育振兴法》《职业训练法》等，对企业与学校合作举办职业教育与培训进行了部署。1985年，日本颁布《职业能力开发促进法》，代替《职业训练法》，规定了企业对劳动者自发的、有计划的能力开发负有积极支持的责任和义务。③ 美国颁布了一系列国家层面的法律法规鼓励企业参与职业教育办学。例如，美国1917年颁布的《史密斯-休斯法案》鼓励学校开设合作教育课程，这类课程由企业和学校共同承担；1963年通过的《美国职业教育法案》明确要求各州

---

① 赵文平：《德国职业教育如何应对工业4.0》，载《职业教育研究》，2016(2)。
② 邓志军：《中外职业教育热点问题研究》，37页，武汉，武汉大学出版社，2015。
③ 桑凤平：《日本职业教育促进产业发展的经验及其借鉴》，载《教育研究》，2012(6)。

的职业教育部门与企业合作，建立信息平台加强学校与企业行业之间的交流；1984 年通过的《卡尔·D. 帕金斯职业教育法案》及其修正案则使联邦资助企业和学校合作制度化。美国联邦政府通过拨款机制促成了企业与学校的良性互动和合作。同时，与联邦法律相适应，美国各州也制定了相应的促进企业与学校合作的法律法规。澳大利亚政府也在不同时期制定了企业参与职业教育办学的相关法律法规，如 1974 年的《坎甘报告》、1985 年的《柯尔比报告》、1988 年的《技能培训法案》、1990 年的《培训保障法》、2003 年的《塑造我们的未来——澳大利亚职业教育和培训国家战略（2004—2010）》等。此外，地方也出台了一系列具有地方特色的法律法规。

随着职业教育的不断发展和完善，企业在职业教育中的地位和作用越来越突出。各国在不同时期的法律法规中对企业参与职业教育办学的规定确定了企业在职业教育体系中的地位和功能。

二、企业参与职业教育办学的政策保障

(一)通过经费支持和税收优惠激励企业参与职业教育办学

政府提供的经费支持和税收优惠是企业参与职业教育办学的另一重要保障。德国、英国、美国等国家对企业参与职业教育与培训均给予财政上的支持，具体内容如下。一是政府为企业参与职业教育与培训提供专项经费支持。例如，德国政府为鼓励企业实施职业教育，为企业提供一定的培训补助。对凡是增加或扩充学习位置的企业，联邦政府提供相应的职业教育促进补贴资金，具体内容是企业每增加一个职业教育的学习位置，政府就给予4000～6000 欧元的资助。[①] 2010 年《就业机会法》提出用培训津贴降低职前职业培训的成本，专门提供给为年轻人提供额外培训职位的雇主。二是政府给予承担职业教育与培训义务的企业税收优惠。英国政府在《90 年代的就业状况》白皮书明确政府对实施职业教育有成效的企业予以奖励，并在税收政策上给予一定优惠。[②] 澳大利亚 1990 年的《培训保障法》明确规定了政府对企业的税收优惠政策。加拿大政府对参与学徒制培训的企业按其培训学员的数量和培训的质量进行税收减免；为了吸引企业里的高水平人员主动承担带徒弟任务，对企业所需缴纳的 30％个人所得税进行减免。

(二) 通过白皮书、政策报告等引导企业参与职业教育办学

除了法律保障、资金支持外，政府还通过白皮书、政府工作报告、指导方针等发布有关职业教育办学的政策，其中包含了企业参与职业教育办学的相关内容。以英国为例，英国是实行资格证书制度较早也比较完善的国家，英国企业积极支持和参与国家职业资格证书能力标准的制定与推广工作。英国政府颁布的《90 年代的就业状况》白皮书明确了企业在能力标准的制定过程中具有决定作用；规定能力标准必须由企业制定，并在全国得到认

---

① 姜大源：《德国职业教育的最新改革与发展动态》，载《中国职业技术教育》，2010(5)。
② 陈仙、李敏：《英国行业企业参与职业教育的保障措施》，载《职业教育研究》，2008(11)。

可；要求建立一个由企业领导的组织系统(产业指导机构)以确定能力标准，保证标准被认可。[①] 近年来，英国现代学徒制强调实现从政府主导向雇主主导的转变。英国在《英国学徒制改革：2013 行动计划》中重新定义学徒制，建立基于企业需求、满足雇主需要的现代学徒制培养模式，并开始建立雇主主导学徒制标准开发制度的改革。2007 年，德国联邦教育研究部职业教育创新小组公布了职业教育改革十大指导方针，特别提到要改进学校教育和企业培训之间的关系，保障企业培训岗位。

(三) 为企业参与职业教育办学提供信息

美国联邦政府不直接干预职业教育，除了制定相关法律外，还有一个重要作用是提供信息，包括幼儿园到大学各级各类教育的相关数据。联邦教育部设有国家教育统计中心，这是一个收集和分析教育数据的主要联邦机构。统计中心的数据资料包含生涯与技术教育的资料，涉及中等教育、中等后教育、社区学院教育、成人教育各个层次。[②] 此外，美国各州教育部也有关于职业教育和行业企业的大量信息。除美国外，澳大利亚、英国等也通过政府信息发布活动推动企业参与职业教育办学。2011 年 5 月，澳大利亚技能署发布了《为了繁荣的技能——澳大利亚职业教育与培训路线图》评估报告，通过信息发布会的方式向全国公众介绍报告内容，提高了澳大利亚职业教育信息的透明度，改善了公民对劳动市场的参与，提高了企业生产力，促进了社会融合。英国为推广现代学徒制，建立了学徒制官网，针对雇主、学徒、培训机构等不同群体提供现代学徒制信息。

第三节 企业参与职业教育办学的运行机制

一、动力机制

(一)提高劳动者素质、选拔优秀人才是企业参与职业教育办学的直接动力

企业生产离不开人、财、物的支持，其中人是最重要的因素。为了提高产品质量，在市场竞争中立于不败之地，许多企业会在人力资本上增加投入：一方面，与学校加强合作，为企业培养、招聘高素质的技能型人才；另一方面，加强对在职员工的培训。这是企业参与职业教育办学的直接动力。

在加拿大，接受学徒培训是企业选拔人才的有效途径。学徒在企业接受培训时作为企业员工融入其中，他们的知识、实践技能、综合素质等很容易被考察。企业据此筛选符合要求的优秀人才。日本也非常重视企业内职业教育。日本其官办的企业培训早于学

① 黄日强、邓志军：《英国企业参与职业教育的措施、途径及其发展态势》，载《职业技术教育》，2003(34)。
② Career and Technical Education (CTE) Statistics, https：//nces. ed. gov/surveys/ctes/index. asp，2018-03-23。

校形态的职业教育。早在幕府末期，日本就办起了少数官办工厂，聘请西方人进行技术指导和教育。[①] 当前，几乎所有的大企业都有公司内职业培训。企业认为，对内部员工和管理人员进行培训是提高企业生存能力、谋求企业发展的重要途径，是一种比设备投资更为重要的投资。

(二)获得经济利益是企业参与职业教育办学的根本动力

企业是在市场机制下运行的，通过参与市场竞争获取经济利益是最重要的目的。企业参与职业教育办学既可以带来直接的经济收益，还可以降低企业的运营成本，带来间接收益。

首先，企业参与职业教育办学可以带来直接的经济收益。企业通过参与职业教育治理和人才培养的过程，使职业院校的人才培养目标更接近企业的用人需求，满足企业对一些社会急需领域高技能人才的需要，为企业创造更多的经济利润。同时，参与职业教育办学的企业还可以获得政府的税收减免优惠或专项经费补贴，从而使企业获得更多的经济利益。因此，德国、英国、澳大利亚、日本等主要发达国家的大企业均积极参与职业教育与培训，将参与职业教育办学作为企业成功发展的重要保证。

其次，企业参与职业教育办学可以降低企业的人力资源成本。企业通过为职业院校的学生提供实习岗位或接收学徒可以解决企业的临时用工困难问题，而且一般只需付给实习生或学徒工较低的工资即可达到与雇用正式员工同样的效果，大大降低了用工成本。此外，企业在参与学生实习或学徒培训的过程中，还可以对实习生或学徒进行长期的实践考察和指导，深入了解实习生或学徒工与企业的匹配度，为雇主选拔优秀人才奠定基础，减少企业的招聘成本。德国企业参与职业教育办学的积极性非常高，是职业教育的主体，其中的核心动力不是法律的规定或政府的要求，而是选拔优秀员工及降低企业的经济成本。在"双元制"职业教育中，企业只需要支付正式员工工资的1/3或1/4，即可获得积极性非常高的学徒，并可以在学徒试用期和两到三年的学习期中，充分了解他们，进而选择合适的员工。[②]

(三)承担社会责任并获取优惠政策是企业参与职业教育办学的间接动力

接受学徒培训不会影响企业的利益，而且可以获得政府的税收减免优惠，同时还承担了社会责任，这种一举多得的事情成为国外企业尤其是大企业参与职业教育办学的间接推动力量。在德国、英国、美国、加拿大等国家，参与职业教育与培训的企业会得到政府的税收减免优惠。此外，在德国、美国的社会传统中，企业参与职业教育办学、承担实习和培训被认为是企业的一种责任和义务，也是企业提高社会声誉的方式，甚至已经形成一种企业文化。因此，企业参与职业教育办学的积极性较高。

---

① 石伟平：《比较职业技术教育》，25页，上海，华东师范大学出版社，2001。
② 罗丹：《德国企业参与职业教育的动力机制研究——基于"双元制"职业教育模式的分析》，载《职业技术教育》，2012，35(34)。

(四)产教结合、校企合作是职业教育自身发展的必然要求

产教结合是职业教育发展的必然要求，也是职业教育与其他教育的本质区别。职业教育的人才培养目标要着眼于劳动力市场需求，要根据岗位需求调整专业设置、设定课程内容。职业教育教师也必须是既有理论知识又有实践经历的双师型教师，这些客观要求决定了职业学校必须与企业合作，邀请企业相关人员参与职业教育政策和制度的制定，参与专业和课程建设，甚至直接到职业学校进行实践教学。职业教育自身发展的要求决定了职业学校必须走产教融合、校企合作的道路。因此，尽管世界各国职业教育的办学模式各异，但它们的一个共同特点是积极倡导并推动校企合作。

二、治理机制

职业教育治理体系包括内部治理体系和外部治理体系。内部治理体系指职业教育的多个利益相关者的利益在职业教育中的分配和调整情况；外部治理体系指职业教育机构与政府、市场、社会之间的主体关系。当前，国际职业教育已经从单维管理走向多元治理，即政府、企业、高校、行业协会和社会组织等都是职业教育治理的主体。企业是重要的利益相关者之一，在职业教育治理体系中占有重要地位，发挥着重要作用。

首先，政府在企业参与职业教育办学中发挥着重要的主导作用，在引导或协调职业教育运行中也规范着企业的行为。早在19世纪后半期政府开始干预职业教育时，各国便形成了各具特色的职业教育管理制度，包括对企业参与职业教育办学或企业内职业培训的管理。目前，各国的职业教育管理制度和组织机构更加完善，从中央和地方对企业参与职业教育办学进行管理。例如，日本的产学合作由中央和地方两级管理：中央的由文部省和厚生劳动省管理，地方的则由县教育委员会和相应的劳动部门管理。政府进行宏观管理：文部省制定法律、规章和制度，厚生劳动省负责就业、职业认定等方面的信息和指导；都、道、府、县的地方教育行政组织根据中央一级的要求开展具体工作。在职业教育工作具体的开展过程中，企业、行业协会和其他社会组织等参与实际工作。

其次，许多国家设立了专门机构协调企业与职业教育其他利益相关者之间的关系，或者直接管理与企业参与职业教育办学相关的事务。德国设有联邦职业教育研究所，协调联邦、州、企业、工会等各方面的关系。美国在联邦一级设有生涯、技术与成人教育办公室，管理与协调有关成人和识字教育、生涯与技术教育和社区学院的事务；在联邦、州、县都设有职业教育咨询委员会，由工商界、劳动部门等的人士组成。英国设立商业、创新与技能部，资格与考试办公室和技能经费资助机构加强对职业教育的管理。商业、创新与技能部根据英国经济变化对技能的需求做出决策，对职业教育与培训进行投入，并发布政府学徒制发展目标等；资格与考试办公室对所有资格、考试与测验进行管理；技能经费资助机构负责对学院和职业教育提供者进行投资，满足雇主的技能需求。澳大利亚的职业教育行政管理机构包括教育、就业、培训与青年事务部长委员会，国家培训局，国家行业培训顾问委员会，澳大利亚资格框架顾问委员会，国家职业教育研究中心等机构。2015年，

澳大利亚成立了产业与技能委员会，为政府提供职业教育与培训的政策建议，让职业教育与培训系统能听到来自产业的声音，确保高效培养产业所需、为工作做好准备的工人。产业与技能委员会由国家、州和领地部长提名的各个产业的领导者组成，另外还有来自澳大利亚商业与产业理事会、澳大利亚商业委员会和澳大利亚产业集团的轮值委员。此外，还有两名来自政府的高级官员作为当然委员，来支持产业与技能委员会的工作。

最后，企业是职业教育重要的治理主体之一，通常会作为代表与政府、学校共同组成相关委员会，负责职业教育或企业培训相关事宜。例如，德国行业协会中有职业教育考试委员会和由企业、雇员、教师代表组成的教育委员会，负责职业考试（企业培训考试）事宜以及确定企业的培训资格。英国的行业技能委员会由雇主引导、政府（就业与技能委员会）许可，是沟通行业、教育和政府部门之间的桥梁。加拿大成立专门行业协会管理学徒制培训，对企业和学院的学徒培训资格进行审核和备案，规定企业和学院各自的权责范围并进行监督施行，落实资金拨付和税收减免政策，对学徒与企业及学院的权责关系给予保障，组织学徒参加统一考试和发放国家证书等。此外，企业还作为重要成员参与职业学校的内部治理。加拿大的社区学院设有专门的董事会、学术委员会、课程顾问委员会。这些委员会均由企业领袖参与，从而保证学院能够根据企业的需要及时调整课程大纲和教学计划。美国社区学院设有职业咨询委员会，其成员由当地企业人员组成，监测每一种职业和技术专业，包括课程设置和课程标准。[1] 澳大利亚 TAFE 学院董事会的大部分成员也是来自企业一线的行业专家，他们对学院的办学规模、课程设置和开发、实训基地建设、师资培训等做出决策。

三、作用机制

在职业教育系统运行的过程中，企业和政府、学校、行业协会、社会组织通力合作，共同推动职业教育各项工作的开展。在不同国家，由于管理制度和职业教育办学模式的不同，各国企业在职业教育中的地位和作用存在差异，参与程度也不同。总体而言，企业在职业教育运行中发挥的作用可概括为以下几种。

（一）在职业教育中发挥主导作用

在有些国家的职业教育办学模式中，企业是职业教育的办学主体，在职业教育和培训中处于核心地位，发挥着主导作用。例如，在德国"双元制"职业教育模式中，企业发挥着主导作用。企业决定职业教育的招生、培训大纲的制定、实践教学和师资培训等，并为职业学校提供仪器设备等物质条件，实现校企资源共享；职业学校起辅助作用，仅负责理论教学部分；政府则通过政策法规发挥引导和约束作用。联邦与各州分别负责为企业实践教育和学校教育教学制定相应标准，为企业和职业学校的教育教学工作进行指导。根据1972年联邦与各州就协调企业实践教育教学标准与职业学校框架教学计划的工作程序达成的协

---

① ［美］杰弗里·A. 康托：《美国 21 世纪学徒制——培养一流劳动力的奥秘》，133 页，北京，中国劳动社会保障出版社，2016。

议，联邦职业教育研究所牵头组织专家组负责开发拟订企业实践教育教学标准；各州文教部长联席会牵头组织专家组开发拟订学校教学标准。在加拿大学徒制中，学校和企业是人才培养的双主体，但企业在学徒培训中占主导地位。

此外，还有企业直接举办职业教育或培训。企业办教育是日本职业教育的重要组成部分。一些大企业，如丰田汽车公司、松下电器等都开办了自己的大学或学院。澳大利亚具有注册培训机构资格的企业为自己的员工开展职业培训。这些机构讲授全国认可的培训课程，并颁发全国认可的资格证书。[①] 法国的很多大型企业设有自己的培训机构，面向本企业和社会开展培训。行业组织也为本行业企业开展培训服务。

(二)与行业协会一起发挥引领作用

行业协会是国外职业教育运行中不可缺少的参与者。有些国家甚至形成了行业主导的职业教育制度。在这种制度下，企业和行业协会共同代表行业的需求，在职业教育和培训中发挥引领作用。澳大利亚的 TAFE 模式就是行业引领职业教育的典型代表，充分体现了行业企业在职业教育中的地位和作用。职业教育培训包的开发和实施过程，特别强调行业企业的切实参与。在开发培训包时，行业企业参与到最新能力标准的制定、国家资格框架体系的构建和教学评估改革中。政府、行业企业专家、教育界专家协同合作，共同参与培训包标准的制定。其中，企业的作用是通过设置工作的范围和时间来驱动培训包的持续更新，同时从培训包的开发一直到最后的签署阶段为专家提供具有时效性的意见。[②] 此外，企业还和行业技术委员会一起对培训包的内容和结构进行验证，从而保证新开发的培训包满足企业的需求。

(三) 在人才培养过程中深度参与

有些国家的职业教育不是企业主导、行业主导或学校主导的，而是形成了企业与学校深度融合的模式——企业是职业教育人才培养过程不可缺少的参与者，在职业教育的专业建设、课程开发、实习实践、师资队伍建设、资金投入等方面发挥着重要作用。以英国为例，英国的职业教育以工读交替的方式进行，包括长期工读交替制和短期工读交替制。在这种"三明治"式的职业教育中，企业发挥着重要作用，如参与实习单位岗位招聘，参与学校治理，与学校共同协商课程，负责学校的教学评估，为学校提供教师，为学校办学提供各种物质条件等。加拿大社区学院的教学计划和课程大纲由企业和学院共同制定。教学计划明确规定了学院和企业各自的义务和责任、学徒在学院和企业的时段及每个时段的教学内容。

(四)在市场机制下与职业院校建立合作关系

在美国的职业教育体系中，市场机制体现得最明显。在利益驱动下，雇主、学校、学生积极主动参与合作教育，形成了人才市场开放、企业自主用人、学生自主选择的运行机

---

① 姜大源：《关于澳大利亚职业教育与培训体系的再认识》，载《中国职业技术教育》，2007(1)。

② 蒙秀琼：《澳大利亚国家质量委员会对培训包开发及认证过程的研究》，载《职教论坛》，2012(30)。

制。在这种模式下，企业与学校、服务部门等机构，在学生的实习和实践训练方面进行合作。合作的形式有合作教学、青年学徒制、注册学徒制、技术准备计划等。无论哪种形式，都强调企业在其中的重要作用。但与德国、澳大利亚、日本、法国相比，美国企业与职业院校的合作主要以学校为主。合同的签订、学生的实习管理、成绩的评定、校企双方的沟通等都是由学校来操作的；企业为学校提供实习岗位，派专人进行实践指导，并根据合同要求提供劳动报酬。随着学徒制培训日益被全球认可，美国目前也在采取多种措施增强企业的积极性，并通过发展学徒制凸显企业在学徒培训的地位。

（五）参与政府的培训计划，发挥辅助作用

各国政府在职业教育中发挥了重要作用，尤其在一些社会本位的职业培训和再就业培训方面。企业积极参与政府培训计划，在政府组织的培训中发挥辅助作用。20世纪70年代末，英国政府推出的培训机会计划、青少年就业机会计划，20世纪80年代推出的技术与职业教育倡议，20世纪90年代推出的青年训练计划，即"现代学徒制"等，均得到企业的大力支持和参与。[1]

四、经费机制

不同国家职业教育经费来源的多样化决定了其投入机制存在差异。目前，国际上主要有以下三种职业教育经费机制：一是以政府投入为主，包括中央政府投入和地方政府投入，例如美国、澳大利亚；二是政府、工商、企业界共同承担，例如英国；三是以企业或个人团体投入为主，例如德国"双元制"中的企业培训、日本的企业培训等。在一国的职业教育经费投入中，不同的投入机制往往并存。其中，学校职业教育由政府投入较多；在职培训则以企业投入为主。

美国的职业教育经费主要来自地方政府和州政府。联邦政府在历次职业教育法律制定中都对经费问题进行了说明，特别强调了职业教育专项补贴等内容。此外，美国的职业教育经费还有企业赞助、社会捐赠、学生学费等。美国职业教育经费来源主要是当地财产税、州政府拨款、联邦政府资助和学生学费，分别约占学校收入的48%、18%～20%、10%和8%～10%，另有少量的企业和私人赞助以及学校有关产业的收入。[2] 澳大利亚的职业教育经费来源于政府、培训机构和企业，其中政府投资占比最高。一般来说，在澳大利亚 TAFE 学院机构的经费开支中，国家投资占总数的2/3，机构自己的创收部分占1/3。但是，在 TAFE 学院进行的学徒培训和实习培训的费用，则主要由国家支付，由企业支付的不超过850澳元/年。[3] 德国"双元制"职业教育经费来源于州和地方当局的公共资金，但全日制职业学校的培训全部来自州预算。校外部分的职业培训则完全由企业承担。企业同

① 邓志军：《中外职业教育热点问题研究》，42页，武汉，武汉大学出版社，2015。
② 邓宏宝、吴寒飞：《美国职业教育外部治理：结构、特点与启示》，载《职教论坛》，2016(19)。
③ 姜大源：《关于澳大利亚职业教育与培训体系的再认识》，载《中国职业技术教育》，2007(1)。

时还要向学徒支付培训津贴。继续职业教育的经费来源于企业、州、联邦就业处和个体。英国的职业教育经费来自地方政府、工商界和企业的资助。日本倡导和鼓励民间团体和个人捐款或投资教育，规定企业等保障职业教育的经费。日本企业对员工职业教育的投入力度很大，根据 2008 年日本雇佣能力开发研讨会对教育培训市场资金投入的推算，企业投入占全部投入的 50.3％，比财政投入多 40 个百分点左右，比个人投入多 10 个百分点。[①] 此外，日本企业为职业教育提供经费，还包括购买实训设备、建立实践基地等。

五、监督机制

企业参与职业教育办学的监督机制包括两方面：一是承担职业教育与培训工作的企业要得到相关机构的认证才能从事职业教育与培训；二是企业在职业教育质量保障中发挥积极作用。

(一) 企业培训认证制度

并非所有企业都具备承担职业教育的资格，所以参与职业教育与培训的企业需要得到相关机构的认证，从而保证职业教育与培训的质量。此外，企业中承担培训工作的师傅也要达到一定标准，具备相关的专业知识和实践能力。

在加拿大，纳入学徒制资格培训的企业必须经过相关资格审核，被授予培训某工种学徒的资格以及能达到的培训学徒的规格；企业里的师傅也要通过严格考核才能胜任，要具备相关的专业理论知识和实践能力，具有一定的职业道德及教学经验才能被授予"师傅"资格。地方行业协会会对培训企业、师傅及教师资格进行严格把关。1978 年，加拿大政府成立了加拿大合作教育委员会，后来改称认证委员会。该委员会是加拿大合作教育协会之下的一个自治组织，负责为加拿大合作教育委员会成员提供项目认证服务。1979 年，加拿大联邦将加拿大合作教育委员会并入加拿大合作教育协会后使其成为国家级机构。[②] 加拿大合作教育委员会在合作教育项目质量保障方面发挥了重要作用。澳大利亚联邦政府评估合作教育项目经费申请采用了加拿大合作教育委员会开发的认证标准和项目评估制度。加拿大就业和移民局等机构几乎完全采用了加拿大合作教育委员会的认证标准，即如果合作教育项目没有得到加拿大合作教育委员会的认证将不会获得经费支持。[③] 加拿大合作教育协会为职业教育项目制定标准，提供项目开发和审查服务，将认证看作优异的标准。21 世纪初，认证委员会开展了两个重要项目：第一个是重新设计应用指南，并对初次没有集中申请但仍与标准严格一致的程序进行再认证；第二个是完成认证标准所依据的原则。任何情况下，高质量的合作教育都要具备以下 4 个要素：教育和培训机构、高质量的教育项

---

① 桑凤平：《日本职业教育促进产业发展的经验及其借鉴》，载《教育研究》，2012(6)。

② Andrew Crichton，"From Impossibility to Reality：Documenting the History of CAFCE in Canada，"http：//www.cafce.ca/＿Library/＿documents/2009-CAFCEHistory-AC.pdf，2017-08-20.

③ Andrew Crichton，"From Impossibility to Reality：Documenting the History of CAFCE in Canada，"http：//www.cafce.ca/＿Library/＿documents/2009-CAFCEHistory-AC.pdf，2017-08-20.

目、评估和监管、有助于合作教育学习过程的结构安排。[①]

澳大利亚的培训机构本身必须是注册培训机构，即必须是经过澳大利亚质量培训框架认证的机构，且每年还要接受严格的年检。若不能通过年检，该机构将被取消继续开展职业教育与培训的资格。[②]

美国对企业的学徒培训也提出了要求。在注册学徒制计划中，美国设有监督委员会。21 世纪以来，为保障学徒制培训的质量，美国劳工部学徒制办公室、行业标准组织联盟为所有的支柱产业集群建立行业标准委员会，重新设计与合作开发国家注册学徒制体系。[③]

(二)企业在职业教育质量保障中发挥作用

职业教育质量保障体系包括职业教育质量评价、质量标准制定、资格认证、成绩考核等多个方面。在这个保障体系中，企业在质量评价、标准制定、资格认证中都是重要的参与者。企业或雇主作为代表与政府、第三方机构、学校等共同参与职业教育质量评价或标准制定。例如，在美国的职业教育质量评价中，在地方教育机构组建评价团队时，工业界代表不可缺少。英国国家职业资格证书体系在每个行业都有一个产业指导机构，其成员以产业界人士(雇主)代表为主，主要任务是在国家职业资格框架指导下制定各行业的国家职业标准。企业参与制定职业标准，确保职业教育培养出来的人才是满足企业需要的高质量技能型人才。

此外，在企业参与职业教育与培训的过程中，为保证校企合作顺利开展并形成良性机制，一些国家还建立了校企合作的监督机构或职位，负责制定校企合作中的工作计划、规章制度，并对学习者进行能力水平调查，确保人才培养的质量。

第四节　企业参与职业教育办学的主要模式

一、合作教育模式

合作教育是许多国家的企业参与职业教育办学的主要模式。美国、加拿大、日本等国家在合作教育方面都具有比较悠久的历史，在职业教育领域具有一定代表性。合作教育是学校和企业联合培养学生的一种模式，这种模式注重理论学习与实践教育的结合，使学校与企业之间形成了长期稳定的合作关系，且有规范的操作流程和比较成熟的运作机制。

合作教育最早产生于美国的辛辛那提大学。该校目前已经建立了比较完善的运行机

---

① Andrew Crichton，"From Impossibility to Reality：Documenting the History of CAFCE in Canada，"http：//www.cafce.ca/＿Library/＿documents/2009-CAFCEHistory-AC.pdf，2017-08-20.

② 姜大源：《关于澳大利亚职业教育与培训体系的再认识》，载《中国职业技术教育》，2007(1)。

③ [美]杰弗里·A.康托：《美国 21 世纪学徒制——培养一流劳动力的奥秘》，185 页，北京，中国劳动社会保障出版社，2016。

制，使企业、学校、教师、学生之间实现全方位的协调合作。学生通常被分为两组交替进行教学和实践；交替周期根据专业不同而不同。在实践期间，学生可以获得劳动报酬。1919年，美国德雷塞尔大学引入合作教育，目前，其合作单位遍布美国各州和国外部分地区，校内90％的大学生都参与合作教育，成为目前美国高校合作教育的典范。美国职业教育中的合作教育是在市场机制下形成的企业和学校的合作模式。学校自主办学，保证了学校在合作教育中的决策权。在宏观层面，合作教育有完善的法律法规予以保障，包括国会通过立法拨款支持合作教育发展。在微观层面，学校与企业之间会依法签订合同，保障学生的人身安全、医疗保险、权利与义务等。在具体运行中，合作教育形成了以学校为主导的管理方式。学校设有专门机构和专职人员负责合作教育的管理运行。合作教育协调员在学校、学生、雇主、教师、社会等几方面发挥联络、协调和组织作用。

1957年，滑铁卢大学将美国的合作教育引入加拿大，并在加拿大成功推广。目前滑铁卢大学的合作教育已经成为具有世界影响的产学合作模式。在合作教育模式下，学生的学习包括工作学期和学习学期，二者交替进行。学生一般先进入学习学期，经过一段时间（4个月或8个月）的学习后，进入工作学期，开始全职工作，并获得相应报酬。学生毕业时不仅要完成规定的学术课程，而且要有在不同公司工作的经历。

日本的合作教育被称为产学官合作，即产业界、学校和政府在职业教育与培训中作为重要的参与主体协同合作。政府在合作教育中发挥着重要的推动作用。日本产学官合作的类型如下。①知识的共同创造：企业和职业学校通过共同研究、委托研究、提供奖学金等方式参与知识的创造。②知识的转移：企业主要通过专利交易、技术转移、技术咨询、聘用学校研究人员等实现知识的转移。日本设立了技术转移中介机构，目的是提高日本大学科技成果向产业界转移的成功率。③基于知识的创业：一种是以院校为基础衍生出企业，另一种是建立创业型大学。

总体而言，在国外的合作教育模式中，企业全程参与办学过程，在学习管理、教学计划制订、课程改革、师资培养等方面都发挥重要作用。同时，国家还为合作教育提供了法律和政策保障。合作过程中，学校也建立了严格、规范的管理制度，保障合作教育的顺利运行。

二、学徒制模式

学徒制模式是一种通过工作本位的学习来培养从业技能和实践能力的办学模式，其办学主体主要是企业，采用边实践边学习的方式，将劳动力的就业与教育及企业的生产实际紧密联系起来。[①] 学徒制模式是国际职业教育培训比较受欢迎的一种办学模式。英国、澳大利亚、加拿大、美国等都采取了不同形式的学徒制模式举办职业教育与培训。国际劳工组织在2012年审议20国集团（G20）国家学徒制培训情况时发现，学徒制对一个国家带来

---

① 郗海霞：《发达国家职业教育办学模式与经验启示》，载《天津大学学报（社会科学版）》，2011(2)。

的好处远不只是明显增加该国公民的就业机会。①

英国的学徒制具有非常悠久的历史，其古代的传统学徒制为现代学徒制奠定了基础。20世纪90年代，为使青年更好地实现从学校到工作的过渡，1993年英国政府开始借鉴传统学徒制模式制订新的学徒计划，并于1994年在14个行业推广，使现代学徒制发展起来。21世纪初，在政府的大力支持下，英国现代学徒制经历多次改革形成了目前的学徒培训制度。英国现代学徒制采取"宽进严出"的标准：只要年龄超过16岁并在校完成了11年级学习的人都可以参加学徒制项目，但学徒期满后要经过严格的职业资格评估。现代学徒制分为中级学徒制、高级学徒制和高等学徒制，与国家职业资格制度相结合。每个学徒制项目都有一个由企业和行业技能委员会制定的学徒制框架。所有框架均包括能力本位要素、知识本位要素和可迁移的技能要素。学徒期满后学徒可以获得国家职业资格、技术证书和关键资格等的认证。② 英国学徒制虽然历史悠久，但与澳大利亚、德国、法国等国相比，仍有较大的发展空间。为此，2015年12月，英国商业、创新与技能部发布了《英国学徒制：2020年发展愿景》（English Apprenticeships：Our 2020 Vision），为现代学徒制制订了五年发展规划，从以下五方面提出了改革愿景和行动措施：提高学徒制的质量和认可度；发挥雇主的主导作用；鼓励所有背景的人参加学徒制并为其提供发展路径；建立长期学徒制度；为学徒制提供长期可持续的资金支持。通过实施现代学徒制，英国希望解决学校职业教育与企业实践之间脱节的问题，培养理论联系实际的新型劳动者。

澳大利亚新学徒制产生于20世纪90年代后期，包括多种形式，如学徒制、受训生制、完全在岗的正规培训、TAFE学院的脱产培训、私人培训等。学徒可在培训机构和企业交替学习。在新学徒制模式下，政府、行业企业、培训机构各司其职，协同合作。政府从宏观上分析并确定国家资格；行业企业负责具体实施，聘用学徒；培训机构与行业企业合作，共同负责相关培训。由于澳大利亚具有相对完善的国家资格框架制度，所以不同形式的学徒制培训都能与各级证书相对应。学徒获得相应证书后可与雇主签订雇佣合同。在工作期间，学徒还可以边工作边继续接受更高一级的职业培训。

加拿大的学徒制是一种发展相对成熟且系统的技能人才培养模式。在学徒制中，政府发挥统筹协调作用，学徒、企业、技术培训学校、行业协会和省工业训练局共同参与。加拿大学徒制的学制为四年。学徒每年有10个月在所在企业相关岗位上班，有两个月在技术培训学校学习。学徒每学年进行考试，考试合格后才能进行下一学年学习。学徒完成培训项目后，可获得省工业训练局统一颁发的职业资格证书。在全国认可的培训项目中，学徒参加全国统一的红色印章考试后，可获得全国认可的职业资格证书。③

美国的学徒制借鉴了欧洲学徒制的一些做法，虽然不及欧洲学徒制产生的影响大，但也

---

① ［美］杰弗里·A.康托：《美国21世纪学徒制——培养一流劳动力的奥秘》，18页，北京，中国劳动社会保障出版社，2016。

② 刘亮亮、李雨锦：《英国现代学徒制改革的新动向：2020发展愿景》，载《职业技术教育》，2016(6)。

③ 李胡：《从加拿大学徒看职业培训制度的设计》，载《职业》，2017(20)。

有较悠久的历史。1911 年，威斯康星州最先建立了注册学徒制体系，1937 年颁布了《国家学徒制法案》(National Apprenticeship Act)，2008 年对该法进行了修订，为学徒制培训提供了制度基础和最低标准。此外，美国联邦政府还通过工作机会税收抵免等政策激励企业招收拥有学徒身份的员工。越来越多的州也积极采取资助措施鼓励企业参与注册学徒制。在注册学徒制中，学徒与雇主达成书面协议(契约协议或注册协议)。协议的形式和格式由州政府指定的管理学徒制的机构(通常是州劳工部门)或美国劳工部学徒办公室确定。协议说明了学习的行业或技艺及培训的时间。在协议规定的培训期内，雇主为学徒支付确定数额的工资。若学徒达到培训标准，雇主需每隔 6 个月为学徒递增加薪。同时，雇主也可以获得一些税收优惠。[①]注册学徒制涵盖了中学和中学后教育阶段，其培训进程"起始于中学，通过中学、企业和社区学院建立合作伙伴关系，完成注册学徒制培训"[②]。注册学徒制是企业驱动的一种活动，使企业、学徒和教育机构之间形成了合作伙伴关系。这种模式将实践美国劳动力体系的培训与教育，使学徒企业、政府乃至整个美国经济和社会均受益。

三、"双元制"模式

德国的"双元制"职业教育模式不仅为德国的经济腾飞做出了重要贡献，而且闻名于世，成为许多国家职业教育模仿的对象。在"双元制"职业教育模式中，学生接受的教育包括两部分：一部分是在企业接受职业技能培训，另一部分是在职业学校学习专业理论知识和普通文化知识。其中，企业是职业教育的主体，处于核心地位。学生一周中 3/4 的时间都在企业度过。学校是进行理论教学和普通文化课教学的地方，处于辅助地位。学生一周中 1/4 的时间在学校度过。这种模式的典型特点是培训机构、受训者身份、培训人员、经费来源等都是双重的。培训机构包括企业和学校两个不同的单位，以企业为主。受训者在企业是学徒身份，与企业签订培训合同；在学校是学生身份，享有学生的权利和义务。培训人员包括理论课教师和企业的实训教师：理论课教师主要承担普通文化课和专业理论课的教学工作；企业的实训教师则在技能培训中为学徒提供具体实践方面的指导。经费来源有两个渠道：企业培训的费用完全由企业承担；职业学校的经费由联邦、州和地方政府负担。

四、集团化办学模式

集团化办学模式是 20 世纪六七十年代以来国外形成的一种办学模式。集团化办学模式以核心教育主体为龙头，以创建、兼并、联合、合资等方式联合其他职业教育主体，由

---

① ［美］杰弗里·A. 康托：《美国 21 世纪学徒制——培养一流劳动力的奥秘》，3 页，北京，中国劳动社会保障出版社，2016。

② ［美］杰弗里·A. 康托：《美国 21 世纪学徒制——培养一流劳动力的奥秘》，190 页，北京，中国劳动社会保障出版社，2016。

职业教育、行业管理部门、企业等以契约或资产为联结纽带而组成的职业教育办学联合体。① 这种模式有政府主导型、行业企业主导型、院校主导型、自愿联盟型等多种形式。② 在每种类型中，企业都不同程度地参与其中。在政府主导型集团化办学中，政府通过学徒培训计划、技术准备计划等建立校企联盟，以培养符合产业界要求的人才。在院校主导型办学模式中，有以技术合作开发为目的的研发式联盟，如德国的技术转移中心或技术创新中心，这些中心依托学校，实行企业化运作，为企业服务。企业主导型是企业直接参与职业教育办学的模式，通常由大型公司或私营培训机构联合举办，其授课教师以企业家、工程师为主，其办学目标是培养企业或行业所需要的相关职业人才或技术人才。在企业主导型集团化办学中，企业在市场驱动下发挥核心作用，企业之间深度合作，通过资源共享的方式培养企业需要的高质量人才。

总体而言，国外主要发达国家的企业参与职业教育办学的主要经验可以概括为以下几点：第一，具有比较悠久的历史，目前已经进入校企深度合作阶段；第二，企业参与职业教育办学有相对完善的法律保障和有力的政策和资金支持，从而保证了企业参与的有效性和长期性；第三，企业成为职业教育治理体系中不可或缺的主体，通常作为代表与政府、学校、社会组织等一起参与职业教育外部治理，同时也作为董事会或其他委员会成员参与职业院校的内部治理；第四，企业通过在职业教育中发挥主导作用、引领性作用或与职业院校建立合作伙伴关系等多种方式积极参与职业教育的运行过程；第五，企业参与职业教育办学的经费来源多样化，既有政府的直接拨款和经费补贴，也有企业自筹的经费，还有其他社会团体或私人的捐赠；第六，企业参与职业教育办学在质量上得到了保障，通过建立企业培训认证制度等监督保障机制确保企业办学质量达到一定标准；第七，企业参与职业教育办学的模式日益多样化，即各国形成了颇具特色的职业教育与培训模式，其中常见的模式主要有合作教育、学徒制、"双元制"和集团化办学等。

企业参与职业教育办学是我国目前加强校企合作、深化产教融合的重要举措，得到了政府和职业院校的积极响应。《国务院关于加快发展现代职业教育的决定》明确指出要健全企业参与制度，通过研究制定相关法律法规和激励政策，深化产教融合，鼓励企业举办或参与举办职业教育，发挥企业办学的主体作用。国外发达国家为我们推动企业参与职业教育办学、调动企业的积极性、选择适当模式、完善各项政策措施等提供了重要的经验。但如何调动企业的积极性、制定哪些法律法规、采用何种政策和模式都需要建立在我国国情的基础上，对我国社会、经济和文化背景进行分析，扎根我国本土，借鉴国外先进经验，采取适宜的行动。

---

① 郗海霞：《发达国家职业教育办学模式与经验启示》，载《天津大学学报(社会科学版)》，2011(2)。
② 匡瑛、石伟平：《职业教育集团化办学的比较研究》，载《教育发展研究》，2008(Z1)。

第十章 借鉴与启示

从各国的国家技能体系看，企业的有效参与是技能人才培养的重要保障。从各国促进企业有效参与的经验看，明确企业在技能培训体系中的主体地位，以完善的法律制度、有效的参与机制和合理的激励保障制度保障企业主体地位的落实是各国普遍的经验。这对于我国促进企业有效参与职业教育办学，改善当前职业教育校企合作"一头冷、一头热"的现状具有重要的借鉴意义。

第一节　我国职业教育办学主体的内涵分析①

办学主体是教育研究中的核心概念。关于办学主体的含义，有两种观点。第一种观点将办学理解为举办学校，认为"谁投资谁就是办学主体"，即办学主体就是投资举办教育的主体。第二种观点将办学理解为经营管理学校，认为"办学权在谁手里谁就是办学的主体"，即办学主体是经营管理学校的主体。从管理学的角度看，投资举办教育和经营管理教育的观点分别反映了教育的"立"和"办"的问题："立"是"设立"，反映学校是谁设立的，为谁所有，是"所有权"的问题；"办"是"经营""管理"之意，反映学校由谁经营管理，是"管理权"的问题。在管理上，"所有权"与"管理权"是不同层次的概念，在主体上既可以保持一致，也可以由不同的主体来担任。②

从我国的职业教育发展历程看，坚持不断扩大教育投入力度，积极整合社会资源举办职业教育，缓解教育需求与教育供给之间的矛盾一直以来是职业教育发展的主旋律。受此影响，长期以来，我国职业教育办学更多考虑的是"立"的问题，此时的教育主体更多被理解为投资举办教育的主体。

进入 21 世纪，面对我国经济转型加速和推进现代产业体系建设对高素质、高技能人才的需求，大力发展职业教育成为国家意志。2002 年、2005 年，国务院先后召开了两次全国职业教育工作会议，颁发了《国务院关于大力推进职业教育改革与发展的决定》和《国务院关于大力发展职业教育的决定》；2010 年，《国家中长期教育改革和发展规划纲要（2010—2020 年）》明确指出大力发展职业教育。此后，我国职业教育得到前所未有的重视和发展，职业教育体系逐步得到完善。中等职业教育学生数量得到稳步回升，高等职业教育规模得到迅速发展，分别占了高中教育阶段和高等教育阶段的"半壁江山"。职业教育发展模式逐步由外延式发展向内涵式发展悄然转变，同时质量逐渐成为职业教育发展的核心问题。职业教育办学重点逐步由"立"向"办"转变，同时职业院校的管理和运行得到了更多的关注。职业教育办学主体的概念范围由举办主体的单一指向拓展到举办主体和管理运营主体更为宽泛的内涵。

因此，职业教育办学主体的内涵是动态发展变化的，是随着职业教育发展阶段以及职

---

① 潘海生、马晓恒：《职业教育中企业办学主体地位的内涵解读及政策启示》，载《职教论坛》，2014(22)。
② 张兴：《高等教育办学主体多元化研究》，博士学位论文，华东师范大学，2002。

业教育外部环境的发展而不断变化的。立足于经济社会转型、构建现代产业体系和满足人们终身学习的需要以及我国职业教育现有的发展阶段，我们可以将职业教育办学主体定义为通过举办、管理、运行和评价等活动参与职业教育，培养高质量技能人才的相关组织和个体，具体包括政府、行业企业、职业院校、科研机构、社会组织等。这些主体不仅是职业教育的投资举办者，也是职业教育的经营管理者。它们在职业教育运营与管理过程中处于不同的地位，承担不同的责任，基于自身的利益诉求，按照约定的利益机制和运行机制，共同参与职业教育的运营管理，实现职业教育质量的有效提升。

第二节　企业是我国职业教育的办学主体

依靠行业企业办学，加强教育与生产劳动和社会生产实践相结合，是我国职业教育改革与发展始终坚持的一个重要方针。在职业教育的发展过程中，企业与职业教育相互支持、互相渗透、优势互补、资源互用、利益共享，在人才培养、技术创新和社会培训方面展开密切的合作，因此企业是职业教育重要的办学主体。

一、企业是职业教育重要的办学主体

直接实施职业教育是企业参与职业教育办学最直接的方式。在国外，许多大型工业企业根据自身需要，独立投资举办与企业生产经营基本一致的职业技术学校。所以学校是企业的重要组成部分；学生同时具备学校学生和企业徒工的身份；教学过程与学生参与工作融为一体。国家通过政策对企业举办职业教育的行为进行引导与鼓励。[1]

在我国，企业一直以来是职业教育重要的办学者。早在洋务运动时期，很多职业学校就是为了满足实业的需要由企业所创办的。新中国成立以后，1958 年，《国务院关于教育工作的指示》就提出了国家举办与厂矿、企业、农村合作社办学等并举的职业教育办学方针。除教育部门办学之外，各部委、各企业以及地方用人单位也都根据生产建设发展的需要，举办各种类型的职业学校。改革开放之后，面对职业教育快速发展的需要，企业在职业教育中扮演着重要的角色。[2] 1993 年，《中国教育改革和发展纲要》指出职业教育和成人教育主要依靠行业企业、事业单位办学和社会各方面联合办学。1996 年，《中华人民共和国职业教育法》从法律层面确立了企业举办职业教育的合法地位。进入 21 世纪，国家鼓励企业举办职业教育始终是职业教育发展战略的重要组成部分。2002 年《国务院关于大力推进职业教育改革与发展的决定》、2005 年《国务院关于大力发展职业教育的决定》指出有条件的大型企业可以单独举办或与高等学校联合举办职业技术学院。2010 年，《国家中长期

---

① 祝爱武：《责任与限度：高等教育办学主体研究》，博士学位论文，南京师范大学，2012。

② 黄日强、邓志军：《国外企业如何参与职业教育》，载《中国职业技术教育》，2004(5)。

教育改革和发展规划纲要(2010—2020 年)》提出鼓励行业组织、企业举办职业院校。

20 世纪末，伴随着教育体制改革的不断深入，虽然我国对国有企业举办职业教育的办学体制进行了调整，将一部分由企业举办的职业教育学校转移到教育主管部门，使企业举办的职业院校的数量和经费投入相应减少，但企业依然是职业教育最重要的办学主体之一。特别是随着我国经济发展方式转型和产业结构升级与调整对高素质技能工人的需求不断增强，不少企业根据企业发展战略，通过组建职业教育集团、在企业内部独立设置或依托一些职业院校实施职业教育，积极尝试将职业教育纳入自身的企业发展战略，例如苏州工业园区、海尔集团等许多大型企业都在内部举办了职业院校。中国南车、淮北矿业等大型企业则依托现有的职业院校实施职业教育，形成了校企紧密合作的办学模式。

二、企业是职业教育重要的办学管理主体

除了直接举办职业院校以外，充分发挥自身技术、资金、人员、设备等方面的优势，全方面地参与到职业教育人才培养过程中，是企业参与职业教育办学更为普遍的模式。

(一)企业是职业教育发展战略的重要决策者

构建相应的组织机制和平台，创建行业企业影响职业教育政策和发展方向关键点的组织体系是行业企业参与职业教育办学的有益经验。行业企业加入职业教育决策机构、职业资格标准制定和认定机构、课程开发机构等参与方式有利于职业教育满足行业企业的发展需求。澳大利亚的国家培训局、国家行业培训顾问委员会、州行业培训顾问委员会、国家行业技能委员会和国家质量委员会的组成人员主要以行业代表为主。这些行业代表在职业教育政策制定、职业教育发展规划确定、国家能力标准制定、国家资格框架构建以及树立企业本位的教学指导思想等方面发挥着重要作用。英国培训与企业咨询委员会、资格与课程署等行政管理机构中的企业代表在数量和影响力上均占有一定优势。德国在政府层面建立了行业主导的组织体系，在国家、州和地方层面建立了行业培训咨询委员会，保障了行业企业对职业教育的指导以及职业教育与企业的有机联系。[①]

随着我国职业教育的快速发展，政府通过积极促进行业组织的发展，不断提升行业企业在职业教育发展中的影响力。近年来，我国教育部牵头成立了 59 个行业教学指导委员会，并出台了《教育部关于充分发挥行业指导作用　推进职业教育改革发展的意见》，明确指出行业是连接教育与产业的桥梁和纽带，在促进产教结合，密切教育与产业的联系，确保职业教育发展规划、教育内容、培养规格、人才供给适应产业发展的实际需求等方面，发挥着不可替代的作用。我国要通过创造良好的政策环境和资金支持，鼓励行业组织、企业举办职业学校，鼓励委托职业学校进行职工培训；鼓励并支持行业组织在相关的职业技能竞赛活动中，积极探索建立行业指导、参与职业教育的督导机制；通过行业组织的作用，将职业教育纳入行业产业发展规划，将产业需求和技术标准引入职业教育，促进职业

---

① 刘红：《企业参与职业教育的发展状况与思考》，载《中国职业技术教育》，2011(29)。

教育服务产业能力的提升。

(二)企业是创新职业院校办学模式的重要主体

除了单独举办职业院校以外,企业还通过资金投入、设备捐赠、实训基地共建、员工培训、合作科研等方式积极参与职业教育办学,与职业院校优势互补、互利共赢,成为企业参与职业教育办学的普遍形式。

从我国职业教育的发展看,在企业参与职业教育办学的过程中,企业根据自身能力,形成了冠名班、订单班、校中厂、厂中校、校企一体化办学、集团化办学等参与程度不同、形式多样的职业教育办学模式。有的企业采取不同的方式参与职业教育办学;有的企业根据自身的发展需要,通过向职业院校捐赠设备或资金,在职业院校开设冠名班、订单班,获取满足企业需求的技能人才;有的企业充分发挥自身的优势,加强与职业院校的合作,通过租用厂房、土地等形式与职业院校实现资源互相整合,采取校中厂、厂中校的模式,将生产性的实践活动与学校教学活动有机整合,在满足企业利益需求的同时,有效解决了学校办学资源不足的问题,实现了企业利益和学校利益的双赢;还有的企业通过股权与职业院校合作成立实体办学机构,将企业的技术创新、人才培养和社会服务有机整合在一起,积极探索产教共融的机制与模式。近年来,组建职业教育集团、实施集团化办学成为企业积极参与职业教育办学的重要模式。集团化办学按照产业规律,将企业集团化经营模式引入职业教育,旨在依托行业、联合企业、整合资源,实现资源共享,促进教学链、产业链、利益链的有机衔接,形成政府、行业企业、院校、个人多方主体联合举办职业院校的集团办学机制。

(三)企业是职业教育人才培养的具体实施者

为引导职业院校树立面向产业需求的办学理念,满足企业对技能人才的需求,企业通过理事会、董事会或咨询委员会、专业建设委员会、教学指导委员会、教学质量监督机构等管理机构和通道直接参与职业院校的人才培养方案制订、专业建设、课程设置、教材开发、师资共建、实训基地建设等工作,将行业企业用人标准融入职业教育办学的全过程,形成了"人才共育、过程共管、成果共享、责任共担"的合作机制。具体内容如下。

一是参与职业院校人才培养方案的制订,将企业用人标准引入职业院校人才培养方案,提升职业教育满足产业发展的能力。二是通过构建具有鲜明职业教育特色的校园环境、实训环境和教室环境,将工业文化融入校园文化,创新职业教育教学环境建设。三是根据岗位技能变化,参与职业院校的专业设置,与职业院校共同开发课程与教材,以岗位标准对接专业标准和课程标准。四是通过提供实习岗位、共建实训基地、参与专业培养方案制订等积极构建工学结合的人才培养环境,创新人才培养模式,形成顶岗实习、订单培养、现代学徒制等多种人才培养模式。五是通过为专业教师提供企业实习实践机会,选派专业技术人员担任兼职教师,加强教师和技术人员的交流,建设"双师型"教师队伍,提高职业教育师资水平。

第三节　加强企业参与职业教育办学的政策建议

企业是职业教育重要的办学主体，这不仅是企业自身发展的需要，也是构建现代职业教育体系，保障职业教育可持续发展的必然选择。虽然当前政府主导、行业指导、企业参与的职业教育办学体制得到了广泛的认同，企业参与职业教育办学的体制机制不断完善，企业参与职业教育的办学模式和人才培养模式不断推陈出新，但它们依然不能弥补企业参与职业教育办学在法律制度、体制机制、经济激励等方面的不足。

一、加强法律制度建设，确保企业在职业教育中的主体地位

以法律的形式规定国家、行业企业和职业教育与培训的提供者在职业教育中的权利、责任和义务，并建立一套监督体系，使行业企业参与职业教育办学有法可依是巩固企业职业教育办学主体地位的保障。在德国，《联邦职业教育法》《联邦职业教育促进法》《手工业条例》《青年劳动保护法》《企业基本法》《实训教师资格条例》以及各州的职业教育法和学校法等对企业履行职业教育与培训责任起到了很强的约束和推动作用。在澳大利亚，宪法、职业教育法、教师法、《培训保障法》《工作场所关系法》等一系列职业教育法律法规，确立了企业在职业教育办学中的地位、责任和权限，使企业参与职业教育办学的行为有法可依。英国最早规定企业在职业教育中地位的法律可以追溯到 1563 年颁布的《艺徒培训章程》。随后《都市培训法》《技术教育法》《巴尔福法案》《产业训练法》《职业培训法》等一系列法律，从法理层面上确保了企业在职业教育中的主体地位，通过法律不断提高企业在职业教育中的话语权，逐步形成以企业为主导的职业教育体系。[①]

在我国，伴随着政府主导、行业指导、企业参与的职业教育办学机制逐步确立，制定职业教育办学法规、推进职业教育制度化发展成为必然。在此背景下，《中华人民共和国职业教育法》《职业教育校企合作促进条例》等相关法律法规的修订或制定工作逐步展开。《教育部关于职业院校试行工学结合、半工半读的意见》《教育部关于充分发挥行业指导作用　推进职业教育改革发展的意见》等一系列相关政策纷纷出台，部分地方性的职业教育法规也陆续出台。它们就加快建立健全政府主导、行业指导、企业参与的办学机制，推动职业教育适应经济发展方式转变和产业结构调整的要求，培养大批现代化建设需要的高素质技能型专门人才提出了意见。2018 年 2 月，教育部等六部门印发了《职业学校校企合作促进办法》，对校企合作中企业、学校的责任和义务、合作形式、促进措施、监督检查等进行了规定，鼓励有条件的企业举办或者参与举办职业学校，使企业培训的学习成果与职

---

① 和震：《职业教育政策研究》，105～118 页，北京，高等教育出版社，2012。

业学校教育实现互认和衔接，保证企业在参与职业教育办学过程中享受到相关优惠政策，充分调动企业参与校企合作的积极性；还在积极筹备《中华人民共和国职业教育法》的修订工作，力争使校企合作在立法层面予以确定。企业作为职业教育办学主体的法律制度环境初步建立。

在中央的大力倡导下，自 2009 年开始，我国一些地方先行先试，陆续出台了正式的校企合作地方法规，通过相关法规与政策鼓励、约束校企各方参与职业教育校企合作的动机、责任和权利，为企业参与职业教育办学创造良性的发展环境。

在法律法规方面，宁波市在全国最早出台了《宁波市职业教育校企合作促进条例》，并制定了《〈宁波市职业教育校企合作促进条例〉实施办法》。其后，辽宁沈阳市、河南开封市、河南三门峡市、浙江上虞区、河北唐山市等地也纷纷出台了本地的校企合作促进条例。苏州市出台了《苏州市职业教育校企合作促进办法》。大连市在出台《大连市人民政府关于推进职业教育校企合作实施意见》《职业教育行业指导实施意见》《职业教育集团建设工作实施意见》等一系列政策措施之后，开始着手《大连市职业教育校企合作促进条例》制定工作。其他地(市)的校企合作促进条例也正在制定过程中。山东、广东出台了省级职业教育校企合作促进条例。杭州市、重庆市、常州市则出台了系列化的校企合作政策。北京市教育委员会和北京市交通委员会联合制定并下发了特定行业的校企合作促进办法。（见表 10-1）

表 10-1 我国部分地(市)出台的职业教育校企合作法规与政策[①]

地(市)	校企合作法规与政策
宁波市	《宁波市职业教育校企合作促进条例》 《〈宁波市职业教育校企合作促进条例〉实施办法》
大连市	《大连市职业教育校企合作促进条例》(进入立法程序) 《大连市人民政府关于推进职业教育校企合作实施意见》 《职业教育行业指导实施意见》 《职业教育集团建设工作实施意见》
杭州市	《杭州市人民政府办公厅关于促进中等职业教育校企合作的若干意见》 《杭州市中等职业学校学生实习管理办法》 《杭州市中等职业教育实习经费管理办法》 《杭州市中等职业教育学生学籍管理办法》 《关于进一步规范和完善中等职业学校外聘教师管理制度》
北京市	《北京市交通行业职业教育校企合作暂行办法》
重庆市	《重庆市教育委员会、重庆市旅游局〈关于开展旅游职业教育现代学徒制人才培养模式试点工作的通知〉》
沈阳市	《沈阳市职业教育校企合作促进办法》

① 龙德毅：《中国职业教育校企合作年度报告(2012)》，6 页，北京，高等教育出版社，2014。

续表

地(市)	校企合作法规与政策
青岛市	《青岛市职业教育校企合作促进条例》
开封市	《开封市职业教育校企合作促进办法》
上虞区	《上虞市职业教育校企合作促进办法》(2011 年)
三门峡市	《三门峡市职业教育校企合作实施办法》
唐山市	《唐山市职业教育校企合作促进办法》
常州市	《关于加强职业教育校企合作办学的指导意见》
十堰市	《关于进一步加强职业教育校企合作的意见》
天津市	《滨海新区职业教育校企合作促进条例》
襄阳市	《关于大力推进职业院校专业设置与地方支柱对接工作的实施意见》
潍坊市	《潍坊市人民政府关于大力推进校企合作　加快技能型人才培养的实施意见》
丹东市	《丹东市人民政府办公室关于大力推进我市职业教育校企合作的实施意见》
晋江市	《晋江市人民政府关于支持中等职业教育发展的若干意见》

　　但整体来说，现有的法律制度环境还不能切实改变企业参与职业教育办学积极性不强的困境，还不能满足有效提升职业教育服务产业升级的能力的需求。基于此，我国需要尽快完成《中华人民共和国职业教育法》等国家层面法律法规的修订和制定工作，积极着手部署其他相关法律法规的修订或制定工作，推动企业参与职业教育办学的国家法律制度体系的建立和完善。同时，我国要鼓励地方先行先试，积极开展地方性的职业教育政策制度的创新与探索，一方面构建地方性的职业教育制度环境，另一方面总结有益经验，为国家层面上法规的制定提供支撑。①

二、引入竞争机制，鼓励企业直接举办职业院校

　　长期以来，我国积极推行政府主导下的多元化的职业教育办学体制，所以职业教育是以政府开办的各种职业学校为主体实施的。为了提高行业企业参与职业教育办学的效率，我国需要转变政府职能，减少对办学具体行为的干预，在办学体制上主张多元化办学，并为这种多元化办学创造合理的环境与条件。富有竞争性的环境是有效促进参与者不断提高效率、降低成本，不断督促行业企业提高职业教育质量的保证。我国具体需做到以下几点。

　　首先，通过修订、完善《中华人民共和国民办教育促进法》等相关法律，完善政府财政

---

① 黄才华：《行业企业参与中等职业教育教学改革的对策研究》，载《中国职业技术教育》，2008(12)。

补贴、税收减免、征地优惠和允许合理回报等方式鼓励、引导、规范行业组织或大型企业单独举办职业院校。

其次，允许企业以资本、知识、技术、管理等要素参与职业教育办学并享有相应权利，积极探索与发展股份制、混合所有制职业院校，探索企业参与职业教育办学的有效形式。

再次，改变政府直接划拨职业教育资助的方式，推行职业教育券、训练信用卡等制度，积极推进政府购买职业教育的市场化的拨款方式，使得企业举办的职业院校与其他主体举办的职业教育机构处于公平竞争的发展环境。

最后，建立企业举办职业院校的资格制度，明确企业举办职业院校所必须具备的条件和所需提供的培训内容及要求，对不同类型的企业参与职业教育办学进行分类引导，提高企业参与职业教育办学的有效性。

三、加强体制机制创新，构建企业参与职业教育办学的立体性组织体系

澳大利亚国家职业教育研究中心的报告指出："行业能够影响职业教育政策和发展方向的关键点在于组织体系。"[1]积极构建和完善行业企业参与职业教育办学的机制是确保企业参与职业教育办学主体地位，增强企业在职业教育办学中的话语权和影响力的重要保障。（见图 10-1）

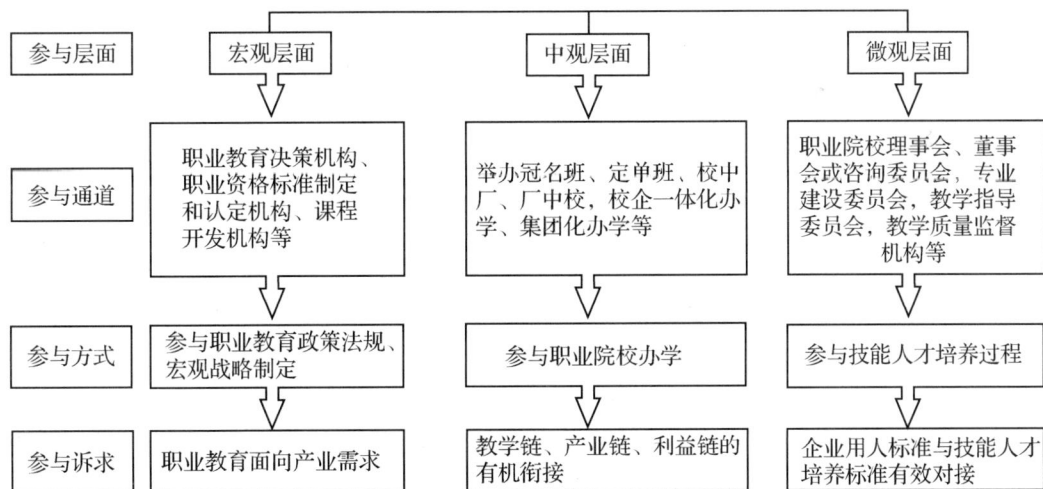

图 10-1 企业参与职业教育办学的体制机制[2]

首先，在宏观层面，我国要不断完善职业教育工作部际联席会和地方职业教育联席会

---

① 潘海生、王世斌、龙德毅：《以体制机制创新引领校企合作深入发展》，载《中国教育报》，2013-11-05。
② 潘海生、赵琳琳：《技能偏好型技术进步理论视域下企业参与职业教育的理论分析》，载《职业技术教育》，2016(31)。

制度，增强行业企业代表的话语权，确保行业企业在职业教育政策制度、发展战略、统筹规划等方面发挥更为重要的作用。

案例 1[①]：2011 年 10 月，在湖北襄阳市，襄阳市人民政府主导，联合襄阳高新技术开发区以及经济和信息化委员会、财政局、人社局、教育局、农业委员会、卫生局、文化旅游局等行业主管部门，联合汽车产业协会等两个行业协会和东风汽车股份有限公司等 22 个紧密型合作企业成立了由市长任理事长、分管副市长与学院院长任副理事长的合作办学理事会，组建了秘书处和发展规划、人力资源、技术服务、经费筹措 4 个工作组，制定了理事会成员选任制度、理事会会议与报告制度、理事会议事制度、理事会监督制度、《理事会工作小组运行管理办法》《校企合作基金会章程》等，推动了政校企行深层次合作，提升了高等职业教育的综合实力与企业的核心竞争力。

案例 2[②]：大连市人民政府牵头成立了由发展和改革委员会、经济和信息化委员会、教育局、人社局、财政局等多部门联合组成的职业教育校企合作协调委员会，宏观掌控全市校企合作的方向，负责制定校企合作的法规、政策和实施战略。根据产业发展的特点，大连市成立了由教育局和人社局牵头，以行业协会、企业和职业院校为主体的职业教育行业指导委员会，作为职业教育校企合作的具体实施和组织指导者，以发挥提供产业发展和行业人才需求信息、制定职业岗位及技能标准、指导职业院校进行专业与课程建设、搭建就业供需平台、指导校企合作等职能，并总结推广"工学交替、校企合一、前校后厂、自办产业、教学工厂、校企集团"等校企互动模式，在院校和企业建立校企协作机构，通过校企合作实现教育功能和产业功能的辐射。

案例 3[③]：杭州市建立了职业教育联席会议制度，强化政府主导。市政府牵头成立了由教育局、人社局、发展和改革委员会、旅游委员会、财政局等 12 个部门组成的杭州市职业教育联席会议，从市级层面对校企合作进行管理，搭建了教育部门与其他部门、行业企业等之间高效沟通的平台。联席会议实行例会制，专题研究和协调职业教育校企合作的规划、重大制度的制定和实施等工作。

其次，加强以行业教学指导委员会为主的行业组织能力建设，充分履行其在预测行业人才需求、制定人才培养规格和专业建设标准、实施人才评价等方面的责任，有效地增强行业企业在职业教育中的话语权。

案例 4[④]：为切实调动企业参与职业教育办学的积极性，杭州市教育局大胆创新，通过组建职业教育集团、专业指导委员会等形式，将学校、行业企业等市场主体和人才培养的各个环节有机地结合在一起，形成了行业与区域纵横交错的崭新局面，切实增强行业企业在校企合作过程中的话语权。同时，杭州市教育局还专门针对职业教育集团和专业指导委员会的工作，开创性地出台了相关的工作指导意见，从制度上对职业教育集

---

① 龙德毅：《中国职业教育校企合作报告(2012)》，7 页，北京，高等教育出版社，2014。
② 龙德毅：《中国职业教育校企合作报告(2012)》，8 页，北京，高等教育出版社，2014。
③ 龙德毅：《中国职业教育校企合作报告(2012)》，9 页，北京，高等教育出版社，2014。
④ 龙德毅：《中国职业教育校企合作报告(2012)》，9 页，北京，高等教育出版社，2014。

团和专业指导委员会的工作予以规范。迄今杭州市共建立了 19 个职业教育集团，建立了汽修、商贸、旅游、园林等 15 个市级中等职业教育专业指导委员会。此外，杭州市通过建立企业参与职业教育协作联盟，推动企业参与职业教育办学。2012 年，杭州市主动创新校企合作机制，成立了由企事业单位、行业协会、中等职业学校按照平等自愿原则组成的企业参与职业教育协作联盟。该协作联盟集聚了 30 多家优秀知名企业，以协作联盟章程为行为准则，以建立健全校企合作和产教结合新机制为主要任务，全面推进职业教育与企业发展在人才培养培训、专业建设、技术与人才交流、人力资源提供、技术开发与服务、科研成果转化等各方面的交流合作，扩大了校企合作的社会影响，促进了企业和职业教育共同发展，有效构建了企业与中等职业学校相互支持、互惠互利、协作共赢、全面合作的新机制。

案例 5[①]：首先，大连市政府以职业教育园区建设为契机，为校企深度合作提供标准。首批入驻职业教育园区的职业院校，率先启动校企深度合作试点，使迁址与校企深度合作下的教育教学体制、机制改革同步进行。职业教育园区的建设通过引入先进的职业教育与企业运营理念，广泛汲取国内外的先进经验，从管理运行模式、实训基地建设、专业教学体系等方面，全面探索校企深度合作的运行机制，形成校企合作创新模板。其次，大连市政府注重以职业教育集团建设为引领，架构支撑校企合作的骨干实体。大连市将于 2020 年实现职业教育集团覆盖 90% 以上的职业院校和 50% 以上的区域内大中型企业的目标。最后，大连市政府积极搭建校企合作交流平台，组织校企合作洽谈会，协助校企进行联络并确定合作意向；组织校企合作总结会，树立典型，推广经验，查找问题，提出改进办法，推动校企合作稳步开展。

案例 6[②]：为了推进校企合作，2011 年，在厦门市教育局、物流协会、软件协会的积极推动和参与下，厦门市物流校企合作服务中心、厦门市软件校企合作服务中心先后成立，以理事会为纽带，将物流协会、软件协会旗下的重点企业吸纳为理事会成员，与各高职院校组成新的"家庭"，定期组织开展"家庭"成员会议，同时开展高职大学生物流设计大赛、软件服务外包教师培训项目、编写教材等活动，搭建了人力、科技、教学资源等相互支持、相互促进的公共平台。

再次，以职业教育集团为主要形式，通过集团化经营模式，加大行业企业参与职业教育办学的力度，实现行业企业与学校的资源整合共享，促进教学链、产业链、利益链的有机衔接。

最后，完善行业指导委员会、专业建设委员会、职业教育协作联盟等组织体系及运行机制，拓宽行业企业参与职业教育办学的通道，确保企业切实参与职业院校人才培养方案制定、专业建设和课程开发、师资队伍建设、实训基地建设等人才培养过程。

---

① 龙德毅：《中国职业教育校企合作报告(2012)》，10 页，北京，高等教育出版社，2014。
② 龙德毅：《中国职业教育校企合作报告(2012)》，11 页，北京，高等教育出版社，2014。

四、加强激励与约束，增强企业参与职业教育办学的责任意识

责任与权利是相对的范畴。企业具有追求利益最大化的组织属性，因此，在明确企业作为职业教育办学主体地位的同时，政府应采取各种强制和鼓励措施，不断增强企业参与职业教育办学的责任意识。

首先，建立约束机制，强化企业投入职业教育的责任意识。为解决职业教育发展所需大量经费的问题，各国政府纷纷出台各种政策，规定企业按照一定条件在一定时间内提取或缴纳一定比例的职业培训基金。各国对这些资金进行统一分配和发放。我国对企业缴纳培训基金也做出了相关规定。为了适应职业教育的发展，我国可以在现有政策的基础上，制定企业定期提取职业教育经费的标准，建立相应的提取机制，将经费纳入国家职业教育经费分配和发放体系，用于支持职业教育发展。[1]

其次，建立激励机制，鼓励企业参与职业教育办学。从国外看，许多国家通过税收减免、专项资助、专项基金等经济工具有效地激发了行业企业参与职业教育办学的积极性。[2]《中华人民共和国职业教育法》也提出了要多渠道筹集职业教育发展基金。社会各界对此呼声很高。一些地方因地制宜，设立了地方性的校企合作基金，对企业参与职业教育办学进行正面的宣传、引导和激励。而国家层面的职业教育基金却出于种种原因一直没有建立起来。面对职业教育的快速发展，建立职业教育发展基金大势所趋。国家相关部门和地方政府可以通过财政投入、社会捐赠、企业培训基金归集等方式多渠道筹集职业教育发展基金。基金主要用于支持职业教育的基本建设，弥补职业教育的办学成本。基金还应具有激励功能，通过树先进、立典型，推动职业教育发展，推动学习型企业的建立和企业参与职业教育办学的社会责任意识的增强。

案例7[3]：常州市在分析职业教育校企合作制约因素、总结职业院校校企合作成功经验的基础上，由常州市教育部门会同财政、税务等部门，对国家制定的促进校企合作的政策文件进行梳理，充分运用国家政策指导校企合作，激发企业参与职业教育办学的积极性，制定了常州市《关于加强职业教育校企合作办学的指导意见》，具体包括以下内容。第一，各类企业要按照相关文件规定提取并合理使用职工教育与培训经费，用于本企业的职工培训与高技能人才的培养，其中高技能人才培养经费不低于50％；对于企业与职业院校合作开展"订单式"人才培养，企业承担的部分支出从企业自留职工教育经费中列支。第二，对企业资助和捐赠职业院校用于教学和技能训练活动的资金和设备费用予以税前扣款等优惠。第三，根据企业与职业院校签订的实习合作协议，支付职业院校学生在企业实习的报酬、意外伤害保险等费用。第四，对职业院校开展技术开发、技术转让、技术咨询、技术服务取得的收入，免征营业税、企业所得税。第五，对企业与职业院校共同开展产学

① 龙德毅：《中国职业教育校企合作报告(2012)》，17～26页，北京，高等教育出版社，2014。
② 李传双：《国外企业参与职业教育激励机制探究与启示》，载《中国高教研究》，2011(6)。
③ 龙德毅：《中国职业教育校企合作报告(2012)》，12～13页，北京，高等教育出版社，2014。

研结合，研究开发新产品、新技术、新工艺所发生的技术开发费用予以税前扣除。第六，对积极开展校企合作，承担师生实习任务、实习培训，组织开展"订单式"培养工作显著的有关人员、优秀企业兼职教师给予适当奖励。

　　案例8①：杭州市政府积极建立和完善以政府财政投入为主体的经费保障机制，不断加大对校企合作的投入力度。根据《关于促进中等职业教育校企合作的若干意见》精神，杭州市建立了以政府财政投入为主体的校企合作经费保障机制，采用了专项经费和奖励性补助经费两种不同的经费投入方式。其中，专项经费主要是为了确保中等职业教育校企合作正常运作而安排的资金，纳入教育主管部门或学校的年度经费预算，包括各项校企合作的运作经费、中等职业学校学生实习经费、专业课教师进企业实践锻炼经费、外聘兼职教师经费等。以外聘兼职教师为例，2011—2012学年，全市中等职业学校共聘外聘兼职教师近600名，共投入经费近1500万元。除专项经费外，为解决校企合作的突出问题，杭州市市级财政以项目建设为主要依据给予奖励性补助经费，这些项目主要包括中等职业学校示范性实训基地建设项目、优秀职业教育校外实习基地建设项目以及市级校企合作职工教育培训示范基地建设项目三项。另外，相关部门还正在积极研究制定政策和办法，对因接纳中等职业学校学生实习而增加成本（物耗、能耗以及指导教师、管理人员的劳务费等）的企业，给予适当的税收优惠和财政补助。2012年，全市投入1.34亿元，有效推动了中等职业教育校企深度合作。

　　案例9②：大连市为了推进职业教育校企合作深入发展，设立了校企合作奖励与支持资金，用于奖励校企合作效果好、贡献大的企业和职业院校，支持企业一线技术人员到职业院校兼职授课，支持职业院校的专业教师和学生到企业进行岗位实践，支持行业组织指导职业院校围绕校企合作进行专业建设和教学改革。此外，大连市还专门设立了职业教育集团建设支持资金，用于集团运行、校企共建生产和研发中心建设、专业和课程开发、院校师生与企业技术人员互动、技术和工艺研发、集团企业化运行等项目。

　　案例10③：福建晋江市政府在《晋江市人民政府关于支持中等职业教育发展的若干意见》中，积极引导、激励企业积极参与职业教育办学，建立并完善相应的政策法规、管理办法，不断提高企业的主动性和积极性。具体措施如下。第一，鼓励中等职业学校积极引企入校，为在校学生提供实习场所、就业机会，给予企业租金等方面的优惠。第二，鼓励中等职业学校与企业合作，开展采用专业冠名等形式的"订单式"教育，且学员在晋江市企业实现就业的，每培训30人给予职业学校1万元经费补助；对企业实施"订单式"培养的相关费用予以税前扣除。第三，企业接收学生实习、教师实践或为学校提供实训设备的支出，按税法规定在税前扣除；根据企业与中等职业学校签订的实习合作协议，支付中等职业学校学生在企业实习的报酬和为实习学生在特殊工种上支付的人身安全保险费，允许在税前扣除；企业产生的与中等职业学校学生实习、教师实践活动有关的住宿、耗材、技术

　　① 龙德毅：《中国职业教育校企合作报告（2012）》，13～14页，北京，高等教育出版社，2014。
　　② 龙德毅：《中国职业教育校企合作报告（2012）》，14页，北京，高等教育出版社，2014。
　　③ 龙德毅：《中国职业教育校企合作报告（2012）》，15～16页，北京，高等教育出版社，2014。

指导和管理人员补贴等有关费用，按税法规定，在税前扣除。第四，建立奖励表彰制度，对在接收教师、学生实习实训和捐赠学校实训设备等方面做出重大贡献的企业，授予荣誉称号。第五，保证职工教育培训经费的足额提取。一般企业按照职工工资总额的 1.5％足额提取教育培训经费；从业人员技术要求高、培训任务重、经济效益较好的企业可按 2.5％提取。除国务院财政、税务主管部门另有规定外，企业产生的职工教育经费支出，不超过工资、薪金总额 2.5％的部分准予税前扣除；超过部分，准予在以后纳税年度结转扣除。第六，支持中等职业学校开展缺编教师经费包干改革试点，实行定额补助，每年财政预算不少于 200 万元，用于支持中等职业学校面向企事业单位聘请高技能人才、专业技术人才、能工巧匠担任专兼职专业教师或实习指导教师。第七，鼓励初中毕业生就读本市中等职业学校旅游服务性专业。对招收每班 30 人及以上的，市财政给予中等职业学校 5 万元奖励；对学习旅游服务性专业且毕业后在本市服务满一年的，给予每生 2000 元奖励。

最后，加强社会环境建设，提升企业的社会责任意识。企业是社会系统的组成部分，无法脱离特定的社会关系而存在。因此，企业的目标除了实现利润最大化之外，还应致力于全面考虑其生产经营活动对所有利益相关者的影响，主动尽"企业公民"的责任和义务。因此，我国一方面应通过立法对企业承担社会责任进行强制约束；另一方面，要通过社会舆论、激励政策、观念引导，将社会责任纳入现代企业管理理念之中，引导企业树立"只有融入社会责任的财富才是真正意义的财富"的观念。[①]

---

① 王迎新、黄日强：《借鉴发达国家经验完善我国企业投入职业教育的保障机制》，载《成人教育》，2010(9)。

参考文献

北京师范大学国际与比较教育研究院．国际教育政策与发展趋势年度报告 2015[M]．北京：北京师范大学出版社，2016.

陈时见，冉源懋．欧盟教育政策的历史变迁与发展趋势[M]．北京：高等教育出版社，2016.

范立民．外国高等教育政策研究[M]．天津：天津人民出版社，2013.

菲利克斯·劳耐尔，鲁珀特·麦克林．国际职业教育科学研究手册（上册）[M]．赵志群，等，译．北京：北京师范大学出版社，2014.

贺国庆，于洪波，朱文富．外国教育史[M]．北京：高等教育出版社，2009.

姜大源．当代世界职业教育发展趋势研究[M]．北京：电子工业出版社，2012.

教育部教育规划与战略研究理事会秘书处．建设中国特色、世界水平的现代职业教育体系[M]．北京：教育科学出版社，2014.

杰克·基廷，等．变革的影响——九国职业教育与培训体系比较研究[M]．北京：首都经济贸易大学出版社，2016.

瞿葆奎．教育学文集·日本教育改革[M]．北京：人民教育出版社，1991.

匡瑛．比较高等职业教育：发展与变革[M]．上海：上海教育出版社，2006.

劳伦斯·A．克雷明．美国教育史：殖民地时期的历程（1607—1783）[M]．周玉军，苑龙，陈少英，译．北京：北京师范大学出版社，2003.

李继延，等．中外职业教育体系建设与制度改革比较研究[M]．上海：复旦大学出版社，2014.

李剑鸣，杨令侠．20 世纪美国和加拿大社会发展研究[M]．北京：人民出版社，2005.

梁凌洁．高职院校校企合作创新办学研究[M]．成都：西南交通大学出版社，2013.

梁绿琦．高等职业教育研究资料选编[M]．北京：北京理工大学出版社，2010.

梁忠义，金含芬．七国职业技术教育[M]．长春：吉林教育出版社，1990.

梁忠义，李守福．世界教育大系·职业教育[M]．长春：吉林教育出版社，2000.

梁忠义．战后日本教育研究[M]．南昌：江西教育出版社，1993.

卢双盈，李向东．职业教育学[M]．北京：兵器工业出版社，1998.

齐再前．基于博弈论高等职业教育校企合作长效机制研究[M]．北京：科学出版社，2016.

饶从满，梁忠义．当代日本职业训练[M]．太原：山西教育出版社，1997.

日本国立教育研究所．日本教育的现代化[M]．张渭城，徐禾夫，等，译．北京：教育科学出版社，1980.

沈学初．当代日本职业教育[M]．太原：山西教育出版社，1996.

宋海涛，李婉琳．国外职业教育[M]．沈阳：沈阳出版社，2001．

陶秋燕．高等技术与职业教育的专业和课程——以澳大利亚为个案的研究[M]．北京：科学出版社，2004．

滕大春．美国教育史[M]．北京：人民教育出版社，2001．

王桂．日本教育史[M]．长春：吉林教育出版社，1987．

王天一，夏之莲，朱美玉．外国教育史（上、下）[M]．北京：北京师范大学出版社，1993．

王英杰．美国高等教育的发展与改革[M]．北京：人民教育出版社，2002．

王英杰．美国教育[M]．长春：吉林教育出版社，2000．

王珍，王宪成．中外职业教育比较[M]．天津：天津科学技术出版社，1997．

王仲达．加拿大教育动态与研究（1996—1998）[M]．北京：教育科学出版社，1999．

吴式颖．外国教育史教程[M]．北京：人民教育出版社，2003．

吴文侃，杨汉清．比较教育学[M]．台北：五南图书出版有限公司，1992．

吴雪萍．国际职业技术教育研究[M]．杭州：浙江大学出版社，2004．

吴中仑，罗世刚，张耘．当今美国教育概览[M]．开封：河南教育出版社，1994．

吴遵民．教育政策国际比较[M]．上海：上海教育出版社，2009．

翟海魂．发达国家职业技术教育历史演进[M]．上海：上海教育出版社，2008．

周蕖．中外职业技术教育比较[M]．北京：人民教育出版社，1991．

朱文富．日本近代职业教育发展研究[M]．保定：河北大学出版社，1999．

安真真，匡瑛．英国职业教育体系改革方案——构建企业主导的职业教育体系[J]．职教论坛，2012（31）：87-90．

陈晶晶，沈敏敏．加拿大现代学徒制的发展、问题与改革[J]．比较教育研究，2015（6）：102-107．

丁文利．英国职业教育质量保障体系及其对我国的启示[J]．教育与职业，2014（20）：21-23．

董仁忠，杨丽波．澳大利亚职业教育与培训系统演变——基于政策的分析[J]．外国教育研究，2015（2）：108-116．

方友忠，马燕生．法国学徒制人才培养模式和资助方式[J]．世界教育信息，2015（22）：38-40．

封云，金自如．新形势下创新校企合作形式的意义及途径[J]．教育与职业，2014（35）：28-29．

凤智．英国职业教育发展的挑战与趋势[J]．世界教育信息，2013（14）：43-44．

付雪凌．从STW到STC：世纪之交美国职业教育改革走向[J]．职业技术教育，2005（10）：72-75．

傅春长，皮国萃．加拿大社区学院教育职能研究[J]．继续教育研究，2012（6）：180-183．

高育奇．德国职业教育的特色及其对我国职业教育的启示［J］．教育与职业，2007(21)：58-59．

古翠凤，熊丽莎．日本企业参与职业教育的态度变迁及启示［J］．河南科技学院学报，2016(8)：55-57．

谷溪．以百年理工学院为例谈加拿大职业教育的特点及启示［J］．教育与职业，2011(12)：102-103．

关晶．法国现代学徒制改革述评［J］．全球教育展望，2013(4)：104-111．

黄日强．澳大利亚职业教育的经费［J］．外国教育研究，2004(9)：61-64。

黄日强，邓志军．国外企业参与职业教育综述［J］．中国职业技术教育，2003(21)：31-32．

黄日强．行业协会在加拿大社区学院职业教育中的作用［J］．东华理工大学学报(社会科学版)，2012(1)：52-57．

黄日强，张霞．论职业教育与企业的相互参与［J］．职业技术教育，2004(16)：17-20．

黄日强，张霞．英国职业教育的行政管理［J］．河南职业技术师范学院学报(职业教育版)，2005(2)：49-52．

霍丽娟，刘新起，李虎斌，等．企业参与校企合作的意愿调查与分析——以河北省企业为例［J］．职业技术教育，2009(34)：35-39．

贾秀芬，田思路．金融危机下日本企业职业教育的新发展［J］．职业技术教育，2009(22)：82-87．

姜大源，王泽荣，吴全全，等．当代世界职业教育发展趋势研究——现象与规律(之二)——基于纵向维度递进发展的趋势：定阶与进阶［J］．中国职业技术教育，2012(21)：5-20＋25．

姜群英，雷世平．职业教育校企合作立法的思考［J］．职教论坛，2010(34)：72-74．

姜振鹏．"双师型"师资队伍建设浅谈［J］．中国职业技术教育，2002(6)：32．

蒋建微．《卡尔·柏金斯法案》的历史演变及启示［J］．职业技术教育，2006(34)：82-84．

焦红丽．澳大利亚职业教育培养模式及启示［J］．国家教育行政学院学报，2012(4)：92-95．

鞠玉华．日本战前职业教育制度的形成和发展［J］．外国教育研究，1999(1)：53-56．

李德方．中日高等职业技术教育发展状况的比较［J］．江苏技术师范学院学报，2005(1)：16-19．

李济球．高等职业教育校企深度合作中企业动力调查与思考［J］．宁波职业技术学院学报，2011(3)：4-8．

李俊，王继平．德国企业内职业培训的多维度探析——基于成本—收益、社会合作及质量保障的视角［J］．德国研究，2014(2)：90-101＋127．

李科科，刘繁东．日本社会转型时期的职业教育管理体制改革［J］．江苏技术师范学院学报(职教通讯)，2009(9)：36-40．

李荣生．法国校企合作实践及对我国的启示[J]．中国培训，2007(5)：14-16．

李文英，刘云．战后日本高等职业教育的发展特点[J]．日本问题研究，2013(4)：80-83．

李晓阳．探析美国、加拿大职业教育教学模式的关键词[J]．职教论坛，2011(6)：90-92．

李兴洲，肖珊，朱明．加拿大职业教育管理体制的特色探析[J]．教育研究，2014(9)：127-133．

李延平．政府主导下的澳大利亚职业教育公平[J]．外国教育研究，2009(7)：73-77．

李元元，邱学青，李正．合作教育的本质、历史与发展趋势[J]．高等工程教育研究，2010(5)：22-29．

李正，贾卫辉．加拿大合作教育项目认证及其启示[J]．高等工程教育研究，2012(3)：113-120．

李忠，亓婷婷．德国企业作为职业教育主体的法律保障及其启示——基于德国《联邦职业教育法》的文本分析[J]．职教论坛，2017(4)：86-91．

林英．高职院校校企合作现状及构建机制的调研[J]．中国大学教学，2011(7)：85-88．

林玥茹，石伟平．澳大利亚保障职教吸引力的基本经验及启示[J]．职教论坛，2017(13)：88-92．

刘金红，姜乐军．加拿大社区学院发展对我国高职教育发展的借鉴与启示[J]．职业技术教育，2011(32)：93-95．

刘文胜．德国"双元制"职业教育的启示——应确立企业的主体地位[J]．教育教学论坛，2015(10)：228-229．

刘艳春，刘春，王洪斌．美国和加拿大学徒制比较及对我国工学结合的启示[J]．职业技术教育，2011(19)：90-93．

陆建平．澳大利亚职业教育培训机制的变革[J]．教育发展研究，2008(9)：71-73．

陆素菊．战后日本普通中等教育阶段职业预备教育的发展历程[J]．比较教育研究，2007(3)：78-81．

罗丹．德国企业参与职业教育的动力机制研究——基于"双元制"职业教育模式的分析[J]．职业技术教育，2012(34)：84-88．

马金强，蓝欣．日本企业职业教育的现状与发展趋势[J]．中国职业技术教育，2008(9)：33-35．

牟晓青，于志涛．美国职业技术教育最新改革述评[J]．外国教育研究，2013(3)：55-62．

聂伟．论企业职业教育责任的缺失和承担[J]．中国职业技术教育，2011(6)：11-14．

欧阳媛，张永敬．中外高等职业教育校企合作比较研究[J]．教育与职业，2015(18)：27-29．

桑凤平.日本职业教育促进产业发展的经验及其借鉴[J].教育研究,2012(6):150-154.

施雨丹.日本高等职业教育发展的趋势[J].中国职业技术教育,2003(32):54-56.

孙德岩,赵树仁.日本职业教育一百年[J].教育科学研究,1986(3):43-46+51.

孙佳鹏,石伟平.澳大利亚职业教育的市场化[J].职教论坛,2013(34):87-89.

孙文平.澳大利亚职业教育特点分析[J].职教论坛,2006(23):56-58.

谭永平.企业参与职业教育存在的问题及对策[J].教育与职业,2016(13):35-37.

唐智彬,石伟平.比较视野中的职业教育校企合作[J].职教论坛,2012(19):86-90.

万军梅,唐锋.德国"双元制"职业教育中的企业参与培训模式研究[J].职教论坛,2013(18):92-96.

王红英,胡小红.企业参与高职教育成本与收益分析——基于中、德、澳的比较[J].教育发展研究,2012(23):58-62.

王军.日本明治时代职业教育发展战略初探[J].外国教育研究,1987(3):36-43.

王世斌,潘海生.行业组织参与职业教育校企合作的现状、经验及其启示[J].中国职业技术教育,2012(33):40-42+64.

王淑萍,王淑敏.澳大利亚职业教育的政府支持与课程设置[J].河北广播电视大学学报,2008(2):63-65。

王帅.战后日本职业教育办学模式上的三点变化[J].职教论坛,2007(11):59-61.

王伟,冯树清.德美企业参与职业教育经验及对我国的启示[J].广州职业教育论坛,2012(12):56-59.

王文槿.关于校企合作的企业调查报告[J].中国职业技术教育,2009(2):23-25+41.

王晓辉.变革中的法国职业教育[J].外国教育研究,2000(1):57-64+56.

王雁琳.英国职业教育改革中市场和政府的角色变迁[J].职业技术教育,2013(4):84-89.

王益宇.英国职业教育体系的特点及启示[J].成人教育,2012(8):120-122.

王志恒.从加拿大社区学院的管理看校企深度融合[J].中国职业技术教育,2013(4):27-32.

吴雪萍,周婷婷.澳大利亚职业教育与培训改革新动向[J].职业技术教育,2013(13):78-83.

徐聪.德国企业参与双元制职业教育的因素分析[J].职业技术教育,2014(16):85-89.

徐平,徐建中.美国合作教育运行机制分析及借鉴意义[J].黑龙江高教研究.2007(1):35-37.

徐朔.国际职业教育的基本模式及国别比较[J].外国教育研究,2005(8):65-69.

许可.英国职业教育发展助推器——英国文化委员会[J].中国成人教育,2015(15):143-145.

严平.日本高等职业教育发展研究[J].大学(学术版),2012(11):59-66+58.

杨眏婧．澳大利亚职业教育运行机制的基本特征及对我国的启示[J]．现代教育管理，2012(9)：119-123.

杨金凤．加拿大职业教育学徒制对我国高职教育的启示[J]．职业技术教育，2015(32)：78-80.

易烨，石伟平．澳大利亚新学徒制的改革[J]．职教论坛，2013(16)：89-92.

于含，李辉，黄永平．高职院校校企合作的意义、问题及改进措施[J]．教育与职业，2014(23)：34-35.

于学涛，李征．加拿大社区学院的经验与借鉴[J]．中国职业技术教育，2004(5)：55-56.

余祖光．职业教育校企合作的机制研究[J]．中国职业技术教育，2009(4)：5-11.

喻忠恩，姚楚英．企业参与职业教育：日本的经验及启示[J]．职教论坛，2012(36)：93-96.

远藤晃贤，李德方．日本的职业技术教育：职业高中的发展现状及改革[J]．职教通讯，2004(6)：11-13.

张凤娟，陈龙根，罗永彬．美国企业参与职业教育的动机与障碍探析[J]．比较教育研究，2008(5)：86-90.

张俊峰．日本如何发展职业技术教育[J]．日本问题研究，1998(2)：43-45.

张世专，朱小玉．澳大利亚职业教育发展趋势[J]．世界教育信息，2007(7)：10-13.

张锁柱．日本发展职业教育的主要途径[J]．日本问题研究，1998(4)：40-45.

张伟贤．关于职业教育校企合作现状的思考和建议[J]．教育与职业，2011(9)：38-39.

赵树萍．日本的高等职业教育的发展与特点[J]．中国成人教育，2009(44)：123-124.

赵为粮，谭绍华．中国—澳大利亚职业教育合作的启示与实践[J]．中国职业技术教育，2009(21)：5-8.

赵鑫．日本高中职业教育的发展[J]．中国职业技术教育，2007(35)：59-60.

赵彦彬．日本近代发展职业教育的经验及其启示[J]．河北大学成人教育学院学报，2006(1)：33-35.

周辉，夏燕．美国校企合作发展模式的研究与实践[J]．吉林省教育学院学报，2017，33(2)：108-110.

周加仙，石伟平．20 世纪美国中等职业教育模式的历史演变[J]．外国教育资料，2000(2)：64-66＋45.

朱利军．借鉴美国校企合作模式 探索合作教育新途径[J]．高等继续教育学报，2014(4)：48-51.

朱旭东．日本早期职业教育现代化释论——读《日本近代职业教育发展研究》有感[J]．日本问题研究，2000(1)：33-37.

柴丽萍．加拿大高校合作教育研究[D]．天津：天津师范大学，2012.

陈静漪．中国义务教育经费保障机制研究[D]．长春：东北师范大学，2009.

陈玲霖．日本近代职业教育政策变迁研究[D]．南京：南京师范大学，2014.

樊丽文．职业教育校企合作中学生实习法律制度研究［D］．天津：天津理工大学，2014.

高晓辉．新时期高等职业教育校企合作的困境与对策研究［D］．石家庄：河北师范大学，2013.

贾凡．高职院校校企合作现状及对策研究［D］．咸阳：西北农林科技大学，2015.

李彬彬．基于"职业能力开发基本计划"的日本公共职业训练研究［D］．大连：辽宁师范大学，2014.

李进．美国联邦政府职业教育政策变迁研究［D］．南京：南京师范大学，2014.

刘庆斌．美国高等职业教育法制化研究［D］．兰州：西北师范大学，2004.

吕红．澳大利亚职业教育课程质量保障的研究［D］．重庆：西南大学，2009.

荣艳红．美国联邦职业技术教育立法研究（1917—2007）［D］．保定：河北大学，2008.

宋玲玲．中美两国高等职业教育校企合作的比较研究［D］．保定：河北大学，2015.

唐莉霞．战后日本企业内部职业教育的历史考察［D］．重庆：西南大学，2006.

田潇．日本职业生涯教育研究［D］．天津：天津大学，2012.

汪璐．澳大利亚 TAFE 学院办学模式研究［D］．桂林：广西师范大学，2010.

王娇．高等职业教育校企深度合作保障机制的研究——以广西建设职业技术学院为个案分析［D］．桂林：广西师范大学，2015.

王龙香．21 世纪以来澳大利亚职业教育政策研究［D］．重庆：西南大学，2012.

王英刚．中国与加拿大高等职业教育管理模式比较研究［D］．秦皇岛：燕山大学，2013.

吴振荣．日本中等职业教育办学模式研究［D］．西安：陕西师范大学，2008.

杨红荃．职业教育校企合作中的法律制度建设研究［D］．武汉：武汉大学，2013.

杨丽波．职业教育社会伙伴关系研究［D］．上海：华东师范大学，2012.

姚恺帆．高职院校学生顶岗实习的现状、问题与对策研究［D］．重庆：西南大学，2012.

赵成．中国产学合作教育发展策略研究［D］．北京：北京交通大学，2006.

赵敏．美国职业教育立法研究［D］．苏州：苏州大学，2008.

朱春秋．行业协会参与职业教育保障机制研究［D］．沈阳：沈阳师范大学，2011.

Alison Taylor. Mapping the Field of VET Partnerships[J]. *Vocations and Learning*，2009(2)：127-151.

Alison Taylor. The Challenges of Partnership in School-to-Work Transition[J]. *Journal of Vocational Education and Training*，2006，58(3)：319-336.

Andrew Sharpe，James Gibson. The Apprenticeship System in Canada：Trends and Issues[J]. *CSLS Research Report*，2005，23(1)：1-20.

Charles Alpheus Bennett. *History of Manual and Industrial Education up to 1870*[M]. Peoria：The Manual Arts Press，1926.

Erica Smith，Andy Smith and Ian Hampson，et al. How Closely do Australian Training Package Qualifications Reflect the Skills in Occupations? An Empirical Investigation of Seven Qualifications[J]. *International Journal of Training Research*，2015，13（1）：49-63.

Frank B. Waterous. From Salomon's House to the Land-Grant College：Practical Arts Education and the Utopian Vision of Progress[J]. *Educational Theory*，2010，39（4）：359-372.

Hamilton Ross Smith. *Development of Manual Training in the United States*[M]. Charleston：Biblio Bazaar，2009.

H Rainbird. *Vocational Education and Training in the United Kingdom*[M]. London：*Routledge*，2010.

I Abeysekera. Issues Relating to Designing a Work-Integrated Learning Program in an Undergraduate Accounting Degree Program and Its Implications for the Curriculum[J]. *Asia-Pacific Journal of Cooperative Education*，2006，7（1）：7-15.

John E. Lyons，Bikkar S. Randhawa and Neil A. Paulson. The Development of Vocational Education in Canada[J]. *Canadian Journal of Education*，1991，16（2）：137-150.

Louis B. Wright. *The Cultural Life of the American Colonies*[M]. New York：Harper and Row Pub. Inc. ，1957.

Marvin Lazerson，Norton Grubb. *American Education and Vocationalism：A Documentary History，1870-1970* [M]. New York：Teachers College Press，Columbia University，1974.

M T Kiley. The Supply of Skilled Labour and Skill-biased Technological Progress[J]. *Finance & Economics Discussion*，1999，109（458）：708-724.

Paul Gallagher. *Community Colleges in Canada：A Profile*[M]. Vancouver：Community College Press，2009.

Robert Francis Seybolt. *The Evening Schools of Colonial New York City*[M]. Aflbany：University of the State of New York，1921.

Stephen Patrick Rice. *Minding the Machine：Languages of Class in Early Industrial America*[M]. Berkeley：University of California Press，2004.